실패에 대하여

실패에 대하여

아무도
말하지 않은
인생의
다른 이름

베벌리 클락 지음
서미나 옮김

HOW TO BE A
FAILURE AND
STILL LIVE
WELL

ⓗ현암사

시작하며

✳

실패하고
어떻게 살아갈까

10년 넘게 뱀파이어의 역사를 조사하며 완성한 소설인 엘리자베스 코스토바의 『히스토리언』의 첫 장면은 실패를 탐구하는 여정에 잘 어울리는 출발점을 보여준다. 젊은 학자가 늦은 시간에 대학교 도서관에서 연구하고 있다. 그런데 책상에서 기이한 책 한 권을 발견한다. 볼록한 책등, 가죽으로 제본된 아주 오래된 책. 적힌 것 하나 없는 표지에는 활짝 펼친 날개와 금방이라도 덮칠 듯한 발톱이 있는 용 그림만 달랑 하나 있을 뿐이다. 누군가 이 책을 두고 갔다. 누가, 대체 왜 두고 갔단 말인가? 젊은 학자는 지도교수에게 이 '무서운 물건'을 보여주며 의견을 묻는다. 교수는 놀라기는커녕 서재 책장의 구석 높은 곳에 손을 뻗어 비슷하게 보이는 책을 하나 꺼내온다. '오랫동안 잊고 살았네. 아니, 잊으려고 노력했지. 그런데도 내 어깨 뒤를 언제나 의식할 수밖에 없었지.' 교수는 책이 꽂혀 있던 책장을 바라보며 말한다. '가장 위의 선반에 내 실패가 있다네. 생각하고 싶지 않은 것도 있고'

실패는 눈과 마음에서 멀리 떨어져 있어야 하는 존재처럼 보인다. 실패를 경험하면 마치 뱀파이어의 공격 대상이 된 느낌이다. 피가 모조리 빨려 쪼글쪼글한 모습으로, 껍데기만 덩그러니 남게 된다. 나의 정체성과 의미가 공격받는 것 같다. 저 소설 속 지도교수처럼 실패를 모두 감추고, 우리 존재의 중요성을 보여줄 것들만 내세우고 싶은 마음이 밀려온다. 어스름한 선반에 감춰두려는 것이 실패만은 아니다. 어쩌면 실패보다 더욱 피하고 싶고, 건드리기조차 싫은 주제인 상실도 있다. 하지만 아무리 피하려고 해도, 실패와 상실에서 숨기란 불가능하다. 그럼에도 상실과 실패의 복잡한 연결성을 생각해본다면 우리가 상실과 실패를 두려워하는 이유, 그리고 풍성한 삶을 살기 위해 역설적이게도 이 두 가지를 받아들여야 하는 이유를 더 깊게 이해하게 될 것이다.

먼저, 너무나도 사색하기 힘든 주제인 실패와 상실이라는 쌍둥이처럼 비슷한 이 두 개념에 대해 분명히 하고 넘어가자.

누구도 실패를 비껴가지 못한다. 정도는 다르겠지만 어떻게든 우리 경험에 침투하기 마련이다. 시험에서 떨어진 경험이나 반에서 독보적으로 꼴찌를 한 시험이 생각날지도 모른다. 실연이나 이혼, 비난과 배신으로 끝난 관계가 떠오를 수도 있다. 면접을 망친 적이 있거나 혹은 재능이 부족해서 원하는 직업을 갖지 못한 사람도 있다. 실망, 좌절, 충격을 겪은 이 모든 경험이 '실패'라는 한 단어 아래에 놓인다. 이런 경험에 따라오는 공통분모는 책임감이다. 나(또는 당신)는 공부를 열심히 하지 않았다. 나(당신)는 열심히 일하지 않았다. 나(당신)는 충분히 준비하지 않았다. 실패를 인정하기는 몹시 어렵기 때문에 우리는 인정하지 않으려고 놀랄 만한 행동을 하며 버티기도 한다. 이력서에 거짓 정보를 적거나 다른 사람에게 실패의 책임을 전가하는 것이 그 예다.

하지만 실패는 절대 혼자 따로 떨어져 있지 못하는 개념이다. 성공의 의미에 따라 실패의 모습도 달라지기 때문이다. 이는 맥락이 중요하다. 학교에서의 실패는 결혼 생활 실패와 다르다. 축구나 야구 경기에서 지는 것은 실직과 다르다. 마찬가지로 문화적 규범도 실패의 의미를 결정한다. 중세시대의 실패는 당시 수용된 종교 사상의 체제로 해석되었다. 따라서 사회구조도 종교적으로 정해졌다. 신에게 부여받은 역할을 올바르게 수행하는 것이 가장 중요했다. 오늘날은 문화적 가치가 성공과 실패에 관해 우리가 이해하는 방식을 결정한다. 그러므로 1장에서는 현대 사회에서 실패가 형성되는 과정을 살펴보려고 한다. 이 시대의 성공과 실패는 경제적 기준으로 이해되므로, 이제 우리 삶은 직업적 위치와 부로 평가받는다. 즉, 21세기의 좋은 삶은 실패를 피하고 성공을 쟁취하는 데 달렸다.

실패는 성공의 그림자로 작용한다. 실패를 했다는 사실 자체보다는 성공을 생각하는 편이 훨씬 쉽다. 그래서 사람들은 실패에 긍정적인 표를 달기 좋아한다. **최종적인** 성공을 성취하는 데 꼭 필요한 과정이라고 주장하기도 한다. 자기계발서 시장은 온갖 문제를 갖다 놓고, 난관을 승리로 바꾸는 저자의 확실한 비법을 내놓는다. 《파이낸셜 타임스》의 칼럼니스트이자 경제학자인 팀 하포드Tim Harford가 집필한 인기 있는 책은 제목 그대로 『실패에서 성공이 시작하는 이유Why Success Starts with Failure』°가 있다고 단언한다. 하포드는 사업가가 실패를 마주할 때 꼭 따라야 하는 '성공적으로 적응하는 비결'을 제시한다. 그는 미래의 성공을 이루기 위해 반드시 실패를 이용해야 한다고 말한다. 실패는 그저 성공하는 과정에서 일어나는 시행착오다. 그가 말하는 취지는 분명하다. 배울 점을 찾기 위해 실패를 보라. 미래의 성공을 위한 씨앗이 들어 있을 것이다.

실패의 낙관적인 모습을 장려하는 사람은 하포드 외에도 여럿 있다. 《허핑턴 포스트》의 창립자 아리아나 허핑턴Ariana Huffington은 21세기 뉴스 미디어계를 다시 세웠다고 해도 과언이 아니다. 하포드와 마찬가지로 허핑턴도 성공하기 위해서 실패가 중요하다고 말한다. 홈리스가 판매하는 잡지인 《빅이슈》와 진행

° 국내에서는 『어댑트』로 출간되었다.

한 인터뷰에서 허핑턴은 어머니의 지혜가 성공적인 삶에 도움을 주었다고 밝혔다. 그녀는 다음과 같이 말했다. '실패는 성공의 반대가 아닙니다. 실패는 성공의 발판이지요.' 허핑턴의 삶은 이 원칙에 따라 세워졌다. 그렇다면 이 잡지를 파는 노숙자들도 그녀가 이룬 아찔할 정도로 높은 성공의 위치까지 오를 수 있다는 의미일까. 허핑턴과 비슷한 주장을 한 다른 사업가도 있다. 애플의 창립자 스티브 잡스는 1994년에 한 인터뷰에서, 성공적인 사업가가 되려면 '기꺼이 실패할 준비가 되어 있어야 한다.'라고 했다.

사실 대단한 기업가들이 말하는 성공의 비결은 그들의 신봉자들이 생각하는 것만큼 단순하지 않다. 아리아나 허핑턴은 케임브리지 대학을 나온 데다 유명 언론인이었던 버나드 레빈Bernard Levin을 스승으로 꼽았다. 애초부터 실패로 시작한 삶이 아니다. 스티브 잡스는 입양아였지만 유복한 가정에 입양되었다. 성공하려면 실패가 필요하다는 그들의 주장을 믿는다고 치더라도 모든 사람이 성공하지는 못한다. 현대에서 통용되는 실패와 성공의 모습은 경쟁의 관점으로 형성되기 때문이다. 성공하기 위해서는 당신이 몸담은 분야에서 다른 사람을 이겨야 한다. 승자를 가려내면 자연스레 패자도 생기기 마련이다.

승자와 패자 이야기는 정치 세계에서 빈번하게 보인다. 선거는 승자와 패자를 결정한다. 정치를 다루는 언론계는 이 경쟁이 만들어내는 에너지를 바탕으로 번창한다. 전혀 놀랍지 않다. 최근의 가장 기가 막히는 정치적 실패의 여파를 겪으며 나는 지금이 책을 쓰고 있다. 영국의 총리 데이비드 캐머런은 영국이 유럽연합 회원국으로 남을 것으로 국민투표 결과를 예상하고 이를 내세워 2015년 총선에서 큰 모험을 강행했다. 당시 그의 움직임은 뛰어난 수완을 발휘한 신의 한 수로 보였다. 하지만 캐머런 총리의 기대와는 반대로 2016년 국민투표에서 유권자들은 유럽연합을 탈퇴하는 데 찬성하는 표를 던졌다. 아무런 계획도 없이, 언제 끝날지도 모른 채 경제적, 정치적으로 전례 없는 불안정이 이어졌다. 캐머런 총리의 정치적 야망은 순식간에 추락하여 재만 남았다. 석 달 후 그는 영국 총리직에서 사임했을 뿐만 아니라 정치계에서 완전히 떠나고 말았다.

캐머런 총리는 승리를 놓고 내기를 걸었지만 결국에는 실패했다. 하지만 정치는 경솔한 내기와 비교할 수 없다. 정치인이 내린 결정은 단순히 그들의 꿈과 희망을 넘어서 공동체에도, 정치적 힘겨루기에 관심이 없는 평범한 사람에게도 영향을 미친다. 1983년부터 92년까지 노동당 당수였던 닐 키넉Neil Kinnock은 그가 겪은 실패의 경험과 사회적 영향의 관계를 잘 표현했다. 1992년 총선에서 예상치 못하게 노동당이 패하게 되어 키넉이 당수직을 사퇴했을 때, 그와 아내인 글레니스(그녀는 이후에 유럽의회의 의원으로 선출된다)는 '실망과 무너지는 절망'의 감정을 넘나들었다. 키넉이 진정 실패감을 느낀 이유는 그의 정치적 야망이 끝나서가 아니었다. 5년간의 보수당 집권 동안 노동당 실패의 여파를 그대로 받으며 혜택에서 멀어질 공동체 때문이었다. '퇴보한 것에 대해 분노를 느낍니다. 경제, 산업, 문화, 도덕이 퇴보할 것입니다. 이 결과는 제가 아니라 다른 사람들에게 미칠 것입니다.'

정치에서 개인과 공동의 실패는 쉽게 분리될 수도 없고, 분리되어서도 안 된다. 개인적이고 사적인 사건으로 실패를 해석하면 아주 간단하겠지만, 실패를 개인적 차원으로만 생각한다면 앞으로 이 책에서 살펴볼 사회적 영역을 간과하게 된다. 실패는 절대로 개인의 행동으로만 해석할 사건이 아니다. 주변의 사회적, 정치적 맥락도 실패를 형성하는 원인이기 때문이다. 이와 동시에 실패를 경험한 개인의 깊은 감정 역시 무시할 수 없다. 이런 감정을 파고듦으로써 실패와 상실의 연결성이 가장 분명하게 보이기 때문이다. 실패와 상실은 동일하지는 않지만, 이 둘은 중요하고 유의미한 방식으로 상호작용한다. 실패와 상실의 연결성은 정신분석학적으로 살펴볼 수도 있다.

정신분석학자 안나 프로이트°는 소중한 것을 잃었을 때 일어나는 감정을 연구했다. 물론 '불행하고 슬픈' 감정이 드는 것은 맞다. 하지만 '빼앗긴' 감정도 드는데, 이것은 잃은 대상에 실제 가치를 넘어선 무언가가 존재한다는 사실을 암시한다. 그녀는 우리가 이것을 이해하기 위해서는 표면 아래로 들어가야 한다고 말한다. '정신 깊숙이 있는 여러 층에서 비롯되는 감정'의 뿌리가 모습

° Anna Freud. 정신분석의 창시자인 지그문트 프로이트의 딸로, 프로이트와는 달리 자아가 사회적으로 훈련될 수 있는 능력의 중요성을 강조했다.

을 드러내려면 주의 깊게 봐야 하기 때문이다. 안나 프로이트의 주안점은 성인이 되어서 무언가를 잃은 경험과 우리가 잊은 어린 시절의 기분을 잇는 감정적 연결성을 찾는 것이다. 그녀는 특히 '사랑받지 못하고, 거부당하고, 무시당한' 기분을 주목해서 본다.

한편, 내가 초점을 두는 실패의 감정은 방향이 다르다. 패배의 불쾌함을 경험할 때 마음속에 다른 무언가가 있다는 점에서는 안나 프로이트와 같지만 내가 탐구하고자 하는 바는 이런 불쾌한 기분이 새로운 차원의 가능성을 연다는 점이다. 새로운 차원은 어린 시절의 경험을 뛰어넘어 영향을 미칠 것이다. 이를 가능하게 하려면 다른 한 가지 주제, 상실도 살펴봐야 한다.

상실은 엔트로피의 법칙으로 흐르는 세상에서 변화하는 존재라면 겪게 되는 필연적 현실을 나타낸다. 우리는 태어나서 발달하고 성장한다. 그리고 노화를 거치면서 능력은 감퇴한다. 강함에서 약함으로, 건강에서 질병으로, 삶에서 죽음으로 움직인다. 우리가 맺은 관계와 우리 자신은 우리보다 훨씬 거대한 요인의 지배를 받는다. 즉, 삶은 언제나 변화의 영향을 받는 대상이다.

상실은 인간이 통제하지 못하는, 불가피한 사건이다. 반면 실패는 통제력의 가능성을 내비친다. 열심히 공부한다면 시험에 합격할 수 있을 거야(하지만 당락은 시험 문제에 좌우될 때가 많다). 결혼 생활에 충실하면 이혼할 가능성이 적어질 거야(배우자의 의지 그리고 사랑과 욕망의 변덕에 따라 달라질 때가 많다). 이는 자기의 운명을 통제하고 성공의 크기를 계획하는 것이 거의 불가능한 현실임을 보여준다. 대부분의 일은 불확실하다. 사람은 타인과 분리되어 행동하지 않는 사회적인 존재이기 때문이다. 하지만 통제하지 못하는 현실을 마주할 때일수록 우리는 책임감을 더욱 강조하며, 성공과 실패를 통제할 수 있다고 가정한다.

이렇게 불확실한 것을 통제하려는 욕구가 일어나면, 일단 상대적으로 대처하기 쉬워 보이는 실패의 안경을 끼고 상실을 바라본다. 왜 암에 걸렸습니까? 담배를 피웠나요? 비만이었습니까? 대체 무엇을 했길래 암에 걸렸지요? 또는 대체 무엇을 안 했길래 병에 걸렸습니까? 하지만 마지막에 이르러 질병, 노화, 죽음을 맞닥뜨리면 통제력은 사라지기 마련이다. 이런 행동에는 한계가 있다.

상실을 위한 공간을 마련하는, 더 나은 삶의 방법이 있을까? 닿기 힘든 높은 선반에 있는 상실을 옮겨, 삶과 우리 관계의 중심에 둘 방법이 있을까?

이것은 위협적인 생각일지도 모른다. 삶의 위태로움, 건강 뒤에는 질병이 따르고 삶 뒤에는 죽음이 따른다는 사실과 사람들이 진정 맞닥뜨리기 원할까? 삶과 우리의 관계를 폄하하려는 것이 아니다. 나는 오히려 상실이 삶에 들어오도록 공간을 허락하면 좋은 삶을 향한 가능성이 열릴 것이라고 생각한다. 상실에 주의를 기울임으로써 우리는 삶에서 진정 중요한 것을 확인하고 소중히 여기게 된다. 이 방법은 실패를 대하는 우리의 생각에도 영향

을 끼칠 것이다. 사실 실패가 대단하면 얼마나 대단할까? 우리가
성공을 좇을 때, 이것이 좋은 삶의 유일한 모습이라는 이야기를
들을 때, 잠시 멈춰서 사실인지 고민해봐야 한다. 성공을 향한 현
대 사회의 집착으로 의미 있는 삶을 형성하는 데는 한계가 있다.
따라서 이 책은 삶의 주된 척도를 성공이라고 생각하는 사람들에
게 질문을 던지는 데 목적이 있다. 성공보다 실패의 경험이 좋은
삶을 일구는 데 훨씬 도움이 된다고 나는 감히 말하고 싶다.

실패와 상실의 관계에 관심을 두게 된 이유는 내 개인적인 경
험 때문이다. 페미니스트 학자들은 개인과 정치의 연결성에 오랫
동안 관심을 가져왔다. 어떤 사상가도 글을 써야겠다는 욕구를
불어넣는 주제에서 완전히 동떨어진 위치에 있지는 않다. 오드리
로드°는 유방암에 걸린 경험을 바탕으로 흑인 여성에게 불리한
미국 의료제도에 이의를 제기했다.[1] 미셸 르 되프°°는 학교에서
경험한 성차별을 바탕으로 여성들이 학자로서 여전히 가볍게 여
겨진다고 문제를 제시했다.[2] 점점 더 다양한 분야의 학자들이 자
기의 생각을 형성한 살아있는 경험에 관심을 두고 있다.

고통스러운 개인적 경험과 씨름하는 사람은 아픔의 측면
을 솔직하게 드러내는 경우가 많다. 신학자이자 여행자 벨든 레

°   Audre Lorde. 미국의 시인이자 페미니스트. 인종적 소수자로서 그리고 동성애
자로서 자신의 정체성을 공공연하게 밝히며 활발한 작품 활동을 했다.

°°   Michèle Le Doeuff. 현대 프랑스 철학자이자 페미니스트.

인Belden Lane은 힘든 어린 시절과 어머니의 죽음으로 겪은 어려움을 받아들이기 위해 사막을 걷고 사막 교부를 연구하였다.[3] 로런스 하탑Lawrence Hatab은 육체적, 정신적 질병과 고투한 19세기 철학자 프리드리히 니체의 글을 읽고 안도감을 느꼈다고 말한다.[4] 니체의 분투는 하탑이 느끼는 소외감을 달래는 위로가 되었다. 한편 마크 오클리Mark Oakley는 병원에 소속된 사제로서 자기의 소명에 질문을 던지게 만든, 24살 청년의 고통스러운 죽음을 목격한 사건을 말하며 신에 대해 논한다.[5]

1999년 나는 첫 아이가 될 뻔했던 배 속 아기를 유산했다. 출혈이 아주 심했다. 기운을 차렸을 때 나는 죽지 않았다는 점에 안도해야 했다. 그 후 몇 년 동안 내 삶의 위태로운 본질을 몸소 경험하는 일이 연달아 일어났다. 시험관 아기를 갖기 위해 노력했으나 실패했고 입양도 성공하지 못했다. 마침내 우리는 부모가 되지 못할 것이라는 결론에 이르렀다. 슬프고 속상하고 때로는 좌절감이 밀려오는 시간이었다. 그러나 전적으로 망연자실한 시간만은 아니었다. 오히려 우리 관계를 풍성하게 하고 더 끈끈하게 만든 시간이라고도 말할 수 있다. 그리고 나의 삶에 가장 중요한 사람, 힘들고 고통스러운 시간에 함께 걸어준 사람이 누구인지 정확하게 알게 해주었다.

그럼에도 힘든 경험에서 얻는 '좋은' 것을 말하기에는 노력의 한계에 부닥친 고통을 그럴싸하게 포장하는 느낌이 없지 않다. 다시 말하지만 나는 분명 상실의 경험을 겪었다. 부모가 된다는 희망의 상실, 원하는 것을 항상 가질 수 있다고 생각한 자신감의 상실. 마지막 결과를 향해 전심을 다했던 노력의 한계도 겪었다. 그 경험은 너무나도 참담했다. 롤링 스톤즈의 노래 가사를 빌려 말하자면, 우리는 '원하는 걸 항상 가질 수는 없었다.you cna't always get what you want' 인간의 힘과 통제에는 한계가 있다. 바로 이때 프랑스의 정신분석학자 자크 라캉이 말한 것처럼 실재the Real에서도 가장 실재인 죽음 자체에 봉착한다.

상실의 경험은 곧 실패감으로 바뀌었다. 나는 출산이라는 과목에서 실패한 기분이었다. 더 나아가서는 **여성으로서** 실패한 감정이 들었다. 실패를 성으로 구분하는 현상은 낯선 현상이 아니다. 2장에서 살펴보겠지만 여성으로서 실패는 모성과 육체적 아름다움과 같은 여성의 정체성을 형성하는 기반의 덧없는 본질을 알아차리는 것이다. 실패와 상실의 상호연결성은 수치심으로 느껴질 때가 많다. 실패와 상실을 겪은 개인의 삶은 사회적으로 만들어낸, 적극적으로 장려되는 이상적인 삶의 모습에 부합하지 못한다. 당연하게도 그 당시 내가 견디기 가장 힘들었던 것은 행복하게 웃는 가족의 사진이었다. 이런 가족을 꾸리지 못한다는 상실감 때문만은 아니었다. 인간의 삶에서 가장 평범한 모습에 나는 들어갈 수 없다는 수치심이 들어서였다.

실패와 상실의 경험은 아주 복잡하게 얽혀 있으므로 앞으로 이 연결성의 매듭을 푸는 데 시간을 할애해야 할 것이다. 하지만 우리가 실패와 상실의 고통에 머무는 데 조금만 인내심을 가진다면, 우리 자신과 세상을 이해하는 데 틀림없이 더 나은 새로운 위치에 도착할 것이다. 실패와 상실을 경험할지라도 더 좋은 삶을 살 것이다. 어쩌면 경험하기 때문에 더 나은 삶을 살지도 모른다. 희망과 약속은 바뀌지 않는다. 상실감은 절대로 완전히 없어지는 마음이 아니기 때문이다. 내 경험을 비추어 보자면, 삶이 귀중하고 위태롭다는 사실을 절실히 일깨우는 경험을 오히려 삶의 중간에 두는 방법을 찾게 된다. 삶이 너무나 위태롭기에 그토록 귀중한 것이 아닐까.[6]

내가 이 책을 쓰게 된 데는 다른 이유도 있다. 이 사건 역시 실패에 따라오는 감정의 복잡함을 보여준다. 2009년 나는 교수가 되었다. 기념했던 순간의 행복은 재빠르게 하락하여 내 연구와 글을 향한 불만족으로 변했다. 교수가 연구를 발표하지 않으면 퇴출당하는 요즘 대학교의 조건에 맞추기 위해 글을 쓰는 기분이 들었다. 내가 **원해서** 쓰는 글이 아니었다. 나는 글을 쓰는 시늉만 하는 가짜 같았다. 어떻게 써야 할지 정말 몰라서 쓰기를 포기한 책도 한 권 있다. 컴퓨터에 앉아서 모니터가 뚫어지도록 봤지만 쓸 말이 하나도 없었다. 그 책을 포기하자 또 다시 실패자가 된 기분이었다. 책이 실패했다기보다 내가 실패한 것이었다.

이것은 동떨어진 경험이 아니다. 정신분석학자 스티븐 그로스Stephen Grosz는 '승리는 곧 패배'이기 때문에 성공이 실패로도 경험되기 쉽다는 점을 주목했다. 이 의견은 역설적으로 들리지만 그가 제시하는 이야기는 충분히 공감할 만한 내용이다. 그의 내담자 한 명이 건축대회에서 우승하여 중국에 갈 기회가 생겼다. 기분 좋게 나서는데 지갑을 잃어버렸다는 사실을 알게 되었다. 들뜬 기분은 어느새 날아가고 그날 저녁은 우울하게 끝났다. 이상하게 전개된 이 상황에 대한 스티븐 그로스의 해석이 흥미롭다. 성공에는 새로운 삶이 따라오지만 이것이 **더 나은** 삶인 것은 아니다. 지갑을 잃은 사건은 내담자의 두려움을 보여준다. 새로운 모험을 시작하여 앞으로 돈을 많이 벌겠지만, 자기 자신을 잃을지 모른다는 불안에서 오는 감정이었다.

이 이야기는 우리가 패배에도 관심을 가질 필요가 있다는 사실을 말해준다. 내 경험으로 돌아오자면, 내 인생에서 가장 중요한 단계를 열어준 교수 임명이 오히려 불만족과 실패감을 불러왔다. 이런 식으로 살면 안 된다는 느낌, 무언가가 부족하다는 생각이 강하게 들었다. 이 시기는 2008년 세계 금융 위기의 여파와 맞물렸다. 영국에서는 이 위기를 이용하여 새로운 '긴축의 시대'를 부추겼다. 이 정책 때문에 시행된 공공부문 비용 삭감에 분노하여, 나는 처음으로 정치에 참여하게 되었고 결국 2012년에 지역 의원으로 선출되었다. 이 정치 경험을 시작으로 나는 집단적 활동이 주는 기쁨과 좌절을 모두 맛보았다. 2015년 총선의 결과를 주목하길 바란다. 내가 소속된 노동당은 보기 좋게 패했다. 당이 조금이나마 회복세를 탈 모습이 보이긴 했지만 선거 결과의 미래는 여전히 불분명했다. 나와 당의 관계도 변했다. 나는 우리가 향하는 방향에 비판적이었다. 당에 여전히 가입되어 있었지만, 한때 당에서 느낀 내 목적의식은 사라지고 말았다.

실망과 불만을 마음에 품고 지내던 중 한 권의 책 덕분에 내 위치를 다시 되돌아보게 되었다. 바로 폴 틸리히°의 『흔들리는 터전』이었다. 그의 명성은 아내인 한나 틸리히Hannah Tillich가 그와 함께 지낸 시간을 솔직하게 털어놓은 회고록 때문에 다소 흔들리긴 했다.[7] 하지만 그럼에도 나에게는 삶을 더 깊이 이해하는 가능성을 여는 데 그의 연구가 큰 역할을 했다. 물에 빠져 익사할 지경이었으므로 그 사람의 삶을 인정하지 않아도 그가 던지는 구명조끼까지 거부할 수는 없었다.

깊이에 관한 이야기는 요즘 세대에 어울리지 않는다. 소비자본주의는 피상적인 것, 돈으로 살 수 있는 것에 만족하도록 부추긴다. 영악한 사상가들은 깊은 내면을 낡아서 신빙성이 없어진 말인 '영혼'[8]이라 치부하고, 이를 피하라고 말한다. 과학자들은 인간 의식을 뇌에 있는 화학물질 정도로 격하한다. 이러한 현실을 배경으로 실패와 상실에서 오는 부정적인 감정을 대처하는 데 가장 좋은 방법은 약물인 듯하다. 슬픔은 약물만 적절히 복용하면 쉬이 지워지는 감정이 되었다.[9]

틸리히의 책은 대안을 제시한다. 상실과 실패의 순간에 우리는 존재의 본질과 마주한다. 이 경험으로 진정 중요한 것에 다가

° Paul Tillich. 독일 태생의 신학자이자 철학자. 20세기 최고의 신학자 중 한 명으로 꼽힌다.

갈 기회를 얻는다. 틸리히는 한 걸음 더 나아가서 고통스러운 경험이 없다면 삶의 표면만 건드린 채, 인간의 피상적 의미에서 더 나아가지 못한다고 강력하게 말한다. 그의 표현은 시적인 느낌마저 든다.

> 내가 생각하는 나의 모습이 완전히 무너질 때,
> 이상적인 모습에 대한 기대치에 전혀 맞지 않는 행동을 할 때,
> 지진이 인식의 표면을 흔들고 파괴할 때,
> 비로소 우리 존재의 깊은 곳을 바라볼 마음이 생긴다.

학창 시절에 나는 이 문구를 침실 벽에다 걸어 두었다. 이 문구가 나를 오래도록 따라다녔다는 사실은 앞으로 제기될 주장에 관해 많은 것을 이야기한다. 실패와 상실의 과정은 평생 지속될 것이다. 살면서 우리는 어떻게 삶을 더 풍요롭고 만족스럽게 살지 스스로에게 질문할 순간을 몇 번이고 마주하게 된다. 이 책에서 나는 실패와 상실을 다시는 겪지 않는 방법을 제시하지 않는다. 이는 불가능하다. 다만 위태롭고 아름다우면서도 어떻게 보면 무서운 세상에서 삶을 더 완전하게 경험하도록 하는 가치와 실천 방법이 있다는 사실을 말하고 싶다.

실패와 상실은 삶을 더 만족스럽게 사는 방법을 발견하는 데 중요한 역할을 한다. 틸리히는 이렇게 말했다. '깊이 들어가지 않고는 깊이를 알 수 없다'. 불안과 혼란은 더 잘 사는 방법을 보는

새로운 관점을 줄 것이다. 틸리히가 말하는 깊이를 경험하려면 현대 사회에서 성공적인 삶의 요소를 바라보는 지배적인 관점을 다른 각도로 볼 필요가 있다. 경쟁으로 만들어진 개별적인 단위로 개인의 삶을 바라보는 것에 익숙하다면, 삶을 더 넓은 전체와 연결하는 방법을 모를 확률이 높다. 우리의 삶이 연결되어 있다는 점을 알고, 서로의 역할을 이해한다면 성공과 실패에 관한 가장 중심이 되는 개념을 다르게 바라보게 될 것이다.

좋은 삶을 살기 위해서는 인간중심주의에 의문을 제기해야 한다. 이 사고방식은 '내가 세상의 중심'이라는 생각뿐 아니라 인간이라는 종이 우주의 심장이며 다른 모든 생명은 우리를 중심으로 돈다는 생각을 조장한다. 바로 이 자기중심주의 또는 자기 집착증은 우리가 지구에 이바지할 수 없도록 방해하며, 이 세상에서 보낸 삶을 되돌아보지 못하는 존재로 전락시킨다.

실패로 위축되거나 상실에서 달아나기보다 코스토바 소설에 등장하는 뱀파이어 사냥꾼의 선례를 따르는 편이 훨씬 낫다. 어렵고 힘든 여정이 될 것이다. 성수holy water와 마늘을 잔뜩 들고 나서야 할지도 모른다. 하지만 삶의 실패와 상실을 재고한다면 새로운 길이 나타나리라 믿는다. 실패와 상실이 남긴 상처를 영원히 지울 수는 없겠지만 상처는 당신이 살았다는 증거를 보여준다. 이 책에서는 실패자가 되고 상실과 함께 살아내는 법, 그리고 그 몸부림의 결과로 좋은 삶에 이르는 법을 이야기할 것이다.

차 례

1장 **21세기식
좋은 삶**

실패에 관한 연구는 고된
출퇴근길을 당연하게 여기던
어느 날 그 당연함의 이면을 파헤치고
싶은 갈망에서 시작되었다.

나는 거의 6년간 옥스퍼드와 런던을 오가며 출퇴근했다. 차가 막히기로 유명한 25번 고속도로로 진입하는 분기점에 이르기 직전, 쭉 뻗은 도로의 담벼락에 있던 낙서가 아직도 기억에 남는다. 아쉽게도 지금은 다른 낙서와 그림으로 덮였지만, 엄청난 크기의 글씨였기 때문에 런던으로 몰려드는 자동차, 버스, 트럭에 타고 있던 모든 사람의 눈에 띄었을 것이다.

'나는 매일 왜 이 짓을 하며 살고 있을까?'

환경운동가, 통근에 지친 사람, 지긋지긋한 차량 행렬에 신물 난 주민 중에 누군가가 이런 글귀를 썼겠지 싶었다. 그러나 누가 썼는지보다 더 중요한 것은 그가 던진 질문이다. 잘 산다는 것이 무엇인지 모두에게 물음을 던지는 멋진 자극제였기 때문이다. 위치도 절묘해서 이 단순한 글귀는 지나가는 모두를 향하고 있었다. 이 질문에 우리는 모두 다르게 대답할 것이다. '선택권이 없으니까. 런던에 직장이 있잖아.', '런던은 집을 구하기 힘들 뿐더러 집값이 어마어마하다고. 그러니까 내가 사는 동네에서 직장이 있는 런던까지 통근해야만 해.', '나는 북적거리는 런던이 좋아.', '출퇴근 길이 내 삶의 일부인걸. 이걸 안 한다면 도대체 뭘 할 수 있을까.'

이 질문의 답은 개인의 선택을 반영하는 데에 그치지 않고, 우리가 어떻게 살아야 하는지 말해주는 강력한 서사를 드러낼 수도 있다. 담벼락에 낙서한 예술가는 글귀를 읽는 사람이 스스로 물어보도록 질문을 던졌다. 이번 장에서는 다음 두 가지를 이야기함으로써 그 질문에 답할 것이다. 첫째, 21세기 개인의 삶에서 일의 의미와 둘째, 우리가 살고 있는 방식, 중요하다고 여기는 것에 '왜'라는 질문을 넌졌을 때 우리에게 일어날 변화를 보고자 한다.

'왜'라고 묻는 순간, 고된 일상으로 달려가는 중이라 할지라도 우리는 하던 일을 멈춘다. 그리고 당연하게 생각한 모든 것을 재고할 공간을 만든다. 저 낙서의 질문이 내 머릿속에 남았던 이유는 매일 서둘러 일하러 갔다 다시 집에 오는 일상을 감수하면서까지 얻으려는 결과물이 무엇인지 생각하게 만들었기 때문이다. 하지만 이것은 비단 나만의 문제가 아니었다. 매일같이 수백만 명이 출퇴근길에 매여 있기에, 25번 고속도로의 교통체증은 내 꿈과 희망을 더 큰 맥락에서 보게 해주었다.

무엇 때문에 우리는 이렇게 살까?

실패에 관한 연구는 고된 출퇴근길을 당연하게 여기는 통념의 이면을 파헤치겠다는 내 갈망에서 시작되었다. 출퇴근길 이면에는 책임감 있는 시민의 삶과, 21세기식 좋은 삶의 의미에 관한 어마어마한 이상이 내재되어 있다. 그리고 그 이상의 본질에는 성공이 무엇인지 보여주는 경제 중심 사고와 실패를 피하기 위해 꼭 따라야 하는 행동수칙이 있다. '왜'라는 질문이 힘이 있는 이유는 이 분주함이 실제로 성취감을 주는지 생각하게 만들기 때문이다. 물론 불만 없이 통근하는 사람도 있을 것이다. 하지만 장담하건대 허둥지둥 출근하는 사람 대부분은 길에서 쓰는 시간을 나와 비슷하게 여기리라 본다. 바로 잔인한 필연이다.

정신 건강을 나타내는 통계는 스트레스의 어떤 측면이 현대인의 삶과 분명한 연관이 있다는 사실을 보여준다. 2018년 11월 영국 보건안전청 Health and Safety Executive이 발표한 수치에 따르면 결근의 반 이상이 스트레스 관련 질병으로 나타났다.[1] 연구는 2017년부터 2018년 사이에 직장과 관련된 스트레스나 우울증, 혹은 불안증세로 1천 5백만 명의 근무일이 손실을 입었다고 보고했다. 근로자가 스트레스의 영향을 가장 많이 받는 직종은 교육, 보건 복지, 행정 및 국방과 같이 공공사업 분야로 나타났다.[2] 또한 미국 질병통제예방센터가 2013년 진행한 연구는 매해 미국 성인 1천 880만 명이 우울증을 겪고 있다고 밝혔다. 충격적인 수치는 근로 인구의 거의 10퍼센트가 한 번은 이런 증세에 시달린다는 사실을 뜻한다.

25번 고속도로를 서둘러 달리며 나는 출근길이 얼마나 불행한지 생각할 때가 있었다. 왜 이렇게 살까? 이렇게까지 할 필요가 있을까? 언제쯤이면 끝날까? 밖에서 보면 나는 감사하게 여길 좋은 직장이 있었다. 삶에 점수를 매기는 외적 기준에 따르면 나는 성공한 사람으로 보였을 것이다. 괜찮은 월급, 좋은 집, 사회적 지위 모두 가졌으니까. 그렇다면 도대체 왜 25년이 지나도 생생히 기억할 만큼, 담벼락의 질문이 내게 큰 충격을 주었을까?

질문의 중요성을 알기 위해서 지난 40년간 스며든 좋은 삶의 표상을 살펴봐야 한다. 이 시대를 장악하는 이념 안에서, 삶의 의미는 경제활동을 하는 경제단위로서 개인의 모습과 얽히게 되었다. 좋은 삶을 누리는 것은 경제단위로서 성공하느냐에 달려있다. 바로 이 개념에서부터 실패를 조사할 것이다. 업무량이 좋은 삶으로 이어진다는 주장은 통찰력이 부족함을 드러낼 뿐이다. 더 나은 삶의 방식은 분명 존재한다. 하지만 성공하려는 집착을 내려놓고, 현재 체제에서 실패가 어떤 의미인지 관심을 가질 때 비로소 더 나은 방식이 우리 앞에 나타날 것이다.

어떻게 '좋은 삶'을 실현할까

대학교수로서 나도 학문적 분석의 한계점을 잘 인지하고 있다. 학자가 하는 말은 너무 추상적인 데다 일상생활에서 동떨어진 것처럼 보이기도 한다.[3] 학계에서 사용하는 용어나 이론은 명료하기보다는 모호하고, 분명하기보다는 혼란스럽다. 내가 가르치는 학생 대부분도 이 점은 분명 동의할 것이다. 하지만 비판적 분석은 우리가 속한 사회를 다른 각도로 생각하는 데 도움이 된다. 특정 사회의 구성원으로서 자기가 속한 '우리 상황'을 보기는 쉽지 않다. 마치 금붕어가 수조의 유리벽이나 물을 보지 못하는 것처럼, 우리도 환경적 요소가 우리 모든 움직임을 정한다는 사실을 보지 못한 채 헤엄칠 뿐이다.

우리는 주변 환경을 당연시하므로 당연한 것을 **제대로 보려면** 의식적으로 노력해야 한다.[4] 왜 그렇게 하냐는 질문에 단순히 '원래 그런 거니까.' 또는 '항상 그렇게 해 왔으니까.'라고 대답한다면 아주 간단할지도 모른다. 그러나 비판적 사고는 안일한 태도를 넘어서도록 하는 힘이 있다. 공기를 마시는 일상처럼 당연하게 여긴 세상을 낯설게 보는 힘이다. 새로운 시각으로 보면 기존의 방식에 의문을 품게 된다. 자신이 지닌 세계관의 한계를 인정하고 나서야, 앞으로 살아갈 방법을 다시 생각할 수 있다.[5]

이 과제에 착수하기 위해서 지난 40년간 이 사회를 형성한 강력한 이념에 대해 말하는 경제사학자와 경제사회학자의 글을 살펴보고자 한다.[6] '신자유주의'라고 불리는 이 세계관은 18세기 유럽 계몽주의 사상의 중심에 자리 잡은 인간의 의미를 토대로 세워졌다. 계몽주의자는 개인이 이성적, 자주적, 독립적, 선택능력이 있는 존재라고 생각했다. 현대로 들어와 이 의미가 변형되면서 개인의 삶은 **시장에서** 합리적으로 선택하는 능력으로 정의된다. 신자유주의 경제체제 아래에서 경제의 범위는 삶의 모든 방면으로 확장되었고, 그에 따라 이성적이며 선택능력이 있는 주체를 주장한 계몽주의 개념도 함께 변화했다. 오늘날 개인의 선택능력은 좋은 삶에 필요하다고 여겨지는 물건을 소비하고 구매하는 능력으로 표현된다.

신자유주의의 주장, 특히 이 체제가 일에 부여하는 가치를 살펴보면 일이 어떻게 우리 삶의 형태를 빚어냈는지 드러나며, 동시에 경제적 성공이 좋은 삶의 모습과 동일시되는 것이 밝혀진다. 사회학자 데이비드 하비David Harvey는 신자유주의 강령을 정의하는 정치·경제적 방침을 간단명료하게 설명했다. 그는 우리의 행동 방식이 이러한 방침의 영향을 받았다고 말한다. 이런 정책이 어떻게 우리 삶에 영향을 끼치는지 살펴보기 위해 하비가 사용한 개념을 하나하나 뜯어보며 원인을 살펴보자.

**신자유주의는 본질적으로 정치·경제 정책이론이다. 개인
이 사업을 일으킬 자유와 능력을 놓아줌으로써 사유재산권,
자유 시장, 자유 무역을 핵심 가치로 내세우는 제도적 틀에서**

인간이 가장 번영하고 행복할 것이라고 주장한다.

특정 경제적 제도를 도입하면 좋은 삶(잘 살아가는 것)을 실현할 수 있다는 생각. 사업이 자유롭고 시장이 규제에서 풀리고 국가 무역이 원활해야 개인이 자유로워진다는 생각. 하비를 포함한 경제적 자유주의자들은 이 이념이 어떻게 작용하는지 꼭 밝혀야 한다고 봤다. 그들은 다른 대안이 없다고 주장했다.[7] 2008년 세계 금융 위기가 닥치면서 무역으로 세계를 연합한다는 낙관적인 시각이 혼란스러워진 이후로 신자유주의에 관한 논의는 수면 위로 더 드러났지만, 내셔널리즘이나 사회주의 신념과 달리 신자유주의의 형태는 쉽게 확인하기 힘든 모호한 면이 있다. 한 가지를 예로 들자면 신자유주의가 무엇인지 정확하게 알고 자기 자신을 '신자유주의자'라고 밝히는 사람조차 거의 없다. 따라서 지금부터 '지금 하는 일을 왜 하는가?'라는 질문에 답하는 데 진정 도움이 되는 과정이라 여기고, 조심스럽게 하나하나 짚어 보자.

경제사학자 필립 미로스키Philip Mirowski는 신자유주의의 엄청난 성공이 이 세계의 문제를 일으키는 원인의 일부라고 주장한다. 지난 40년간 신자유주의의 핵심 사상인 개인주의, 자유 무역, 사유재산권, 그리고 국가의 간섭이 제한된 시장 이론이 여러 방법으로 도입되면서 다양한 문화적 맥락을 반영하기도 했다.[8] 따라서 신자유주의는 쉽게 정의할 수 있는 균일한 정치 이론이라기보다 '이동 가능한 축제'에 가까웠다. 마찬가지로 스콧 펙Scott Peck

도 신자유주의를 사상계의 '러시아 인형'에 비유하고, 여러 가지 '뒤섞이고 모양이 바뀌는 형태'라고 설명했다.

신자유주의가 거둔 엄청난 성공 때문에 오히려 이 체제를 명확하게 정의하기 어려워졌다. 우리는 다른 길이 없다고 결론 짓게 되었다. 그러나 내가 이 책을 집필하는 지금(2018년)의 세태를 보면, 하비, 미로스키, 펙이 밝힌 의견도 더는 확실하지 않다는 기분을 떨쳐버릴 수가 없다. 2016년부터 정치적 혼란을 겪으며 기존 체제에 실망하는 사람이 상당수 나타나고 있다. 영국에서는 데이비드 캐머런David Cameron 전 총리가 영국의 유럽 연합 탈퇴 여부를 결정하기 위해 국민 투표를 실시하였고, 그 결과 경제 공동체를 떠나기로 결정되었다. 영국은 1970년대부터 유럽연합의 회원국이었으나 이제 이 체제가 효율적이지 않다고 생각하는 국민이 많아졌다. 미국에서는 기업가이자 유명 인사였던 도널드 트럼프가 대통령으로 당선되었다. 힐러리 클린턴은 패배했다. 클린턴은 기존의 방식을 지속할 안정적이고 자격이 있는 후보였으나 변화를 원하는 유권자에게 호소력이 없었다. 헝가리에서는 재선된 대통령인 오르반 빅토르Viktor Orban가 유럽연합의 중심에 '반자유적 민주주의'를 건설하고 싶다는 의사를 드러냈다. 과거 40년간 지속된 확실성은 이제 확실해 보이지 않는다. 무언가 변하고 있다. 아무도 무엇이, 왜, 어떻게 끝날지 답을 줄 수는 없지만.

나는 70년대에 유년 시절을 보냈는데, 내 어린 시절도 지금과 비슷하게 정치적 격변이 있었다. 아이의 눈으로 바라본 정전의 짜릿함이 생각난다. 싱크대 밑에 있는 초를 꺼내려고 쏜살같이 달려간 것, 반짝이는 빛으로 타들어 가는 마법 같은 불꽃이 기억난다. 식사 준비에 꼭 필요했던 전기가 없어서 우리 가족은 익힐 필요가 없는 음식이나 아버지의 낡은 캠핑용 가스레인지로 데울 수 있는 간단한 요리를 저녁으로 먹었다. 촛불 옆에서 놀이를 하고 옛날이야기를 들었다. 8살짜리 아이였기에 나는 평소와 다른 신나는 일 이면에, '광부들'이라고만 알던 정체 모를 조직과 정부 사이에 갈등이 벌어지고 있다는 사실을 알지 못했다. 제일 좋아하는 텔레비전 방송과 파업이 동시에 있어서 못 보게 되는 날이면 짜증이 날 때도 있었다. 나는 정치에 관해 처음으로 배운 순간을 기억한다. 파업하는 광부들을 돌려보내야 한다고 내가 떼를 쓰듯 말하자 어머니는 광부들이 위험한 환경에서 아주 열심히 일한 만큼 원하는 것을 받을 권리가 있다고 가르쳐주었다.

어린 시절 장면들이 비추는 모습은 하나의 경제 체제가 다른 체제에 자리를 내어주면서 벌어진 거대한 투쟁이다. 8살 아이가 이해하기는 어려웠겠지만 정전을 일으킨 여러 사건은 정치와 경제의 합일점이 무너지며 빚어진 일이었다. 제2차 세계대전 이후, 재건 과정에 있던 국가들은 경제학자인 존 메이너드 케인스John Maynard Keynes의 사상을 수용했다. 케인스는 국가를 전쟁으로 무너진 국민의 삶을 개선할 능력이 있는 적극적인 조직이라고 여겼다. 영국은 케인스의 접근방식을 도입하였기 때문에 복지국가, 국민건강보험, 무료 교육, 국영화 사업이 이루어졌으며 주요 산업이 국민의 손에(적어도 국민이 뽑은 대표에게) 맡겨지게 되었다.

1970년대 정치적 위기가 연달아 일어나자 케인스 경제학은 도전을 받았다. 석유 파동, 높은 실업률, 노사 분쟁, 인플레이션, 국가 재정 위기, 불황 등 잠잠한 날이 없었다.[9] 맞물린 위기가 몰고 온 파문에 제대로 대응하지 못하자 정치인들은 골치 아픈 문제를 해결하기 위해 새로운 사상을 찾아 나섰다. 이때 생긴 정치 공백기에 몽페를랭회Mont Pelerin Society에 영향을 받은 사람들이 비집고 들어왔다. 몽페를랭회는 1940년대 후반, 정치철학자 프리드리히 하이에크Friedrich von Hayek를 중심으로 활동한 경제학자와 철학자 단체였다. 이들은 케인스의 사상과 그것이 낳은 사회 구조를 공포로 보았으므로, 정부의 간섭주의 정책이 개인의 자유를 위협한다고 여겼다.

케인스식 경제정책에 반하는 사상을 꾸준히 전파한 결과 몽페를랭회에 영향을 받은 세력은 1970년대 정치와 경제가 혼란할 때를 틈타 결국 기회를 잡았다.[10] '정치인의 귀와 마음'을 사로잡은 덕에, 미국 로널드 레이건 대통령(1981-1989)과 영국 마거릿 대처 총리(1979-1990)는 그들의 사상을 도입하여 실행했다. 이 두 정부의 중심에는 시장 경쟁력, 기업과 개인의 자유가 보장될 때 비로소 국가가 성공할 수 있다는 신념이 있었다. 이 목표를 이루기 위해서 목적의식을 가져야 하는 영역은 사업뿐만이 아니었다. 대처주의Thatcherism와 레이건주의Reaganomics는 '모든 방면에서 경쟁과 경쟁력을 극대화하고, **삶의 모든 영역에 시장원리가 퍼지**

도록 해야 한다.'라는 지침을 요구했다.

'삶의 모든 영역에 시장원리가 퍼지도록 하는 것'

케인스주의의 한 가운데에 국가가 있었다면, 대처와 레이건이 실행한 새로운 경제체제에서는 국민과 국가가 요구하는 바를 공급하는 구조의 중심에 '시장'이 있다고 본다. 경쟁을 강화하도록 시장과 기업의 자유를 보장하는 것은 정부의 정책에 중요한 사안이 되었다. '규제 완화 정책'은 유행처럼 번졌고, 성공에 필요한 창의력을 억누른다고 생각되는 관료주의적 형식과 절차를 끊어냈다. 새로운 사업 기회를 만들기 위해, 사업 활동의 영역을 확장하려고 합심으로 노력했다. 국가는 관례적으로 무역과 관련된 영역에서만 물러나지 않고 결정적으로 사회 복지 영역에서도 발을 빼 민간복지에 새로운 기회를 창출하고자 했다.[11]

정부의 새로운 정책은 단순히 자본 환경을 재건하는 데서 끝나지 않았다. 비평가들이 지적하듯, 시장경제체제는 경제 혁명에만 필요한 사업 정책이 아니다. 사회가 '새로운 자본주의' 체제하에 번영하기 위해서는 **'새로운 종류의 사람'**이 요구되기 때문이다.[12] 한 사회의 요구사항에서 벗어나 경제가 철저히 세계로 뻗어가듯, 개인도 모두가 연결된 새로운 시대의 요구에 발맞추는 사람이 되어야 했다.[13] 결과적으로 정부는 국민의 안정적인 직장을 보장하는 산업 정책을 개발하는 데서 점차 멀어지면서, 기업이 필요하다고 주장하는 값싼 노동력을 제공하는 '유연한' 노동법을 만들어, 기업이 이 국가 저 국가 자유롭게 옮겨 다니도록 허가해 주었다. 중도 좌파 정당 역시 시장경제에 의문을 제기하지 않고 오히려 새 경제체제가 주장하는 바를 받아들였고 결국 우파와 좌파 모두 신자유주의 시장 경제의 원리를 도입했다.

그 결과 공영화에서 민영화로, 공공복지에서 민간복지로 옮겨가며, 자기의 행동에 책임지고 시장경제체제에 따라 목표를 성취하려고 노력하는 자유로운 개인의 모습이 요구됐다.[14] 개인 책임에 관한 이론은 신자유주의의 매력처럼 보였다. 그때부터 개인에게 상품의 생산자라기보다 소비자라는 역할을 부여했으며, 따라서 삶에 대한 책임은 개인의 구매능력으로 결정되었다. 여기서 우리는 하비의 경제 원리가 개인 삶에서 어떻게 실현되는지 확인할 수 있다. 자유의 몸으로 자기 인생을 온전히 떠맡으며, 직접 모든 일을 처리하는 중요한 사람이 되는 것이다. 인생을 어떻게 시작했든, 어디 출신이든 상관없다. 지금부터는 내가 만들어낸 결과만으로 평가받을 것이다.

모두 고무적인 이야기긴 하지만, 너무 기뻐하기 전에 경제의 역할을 주의해서 보자. 개인을 자유롭게 하는 것은 무엇인가? 주택을 소유하려면 경제적 자원 없이는 불가능하다. 좋은 삶을 위해서 물질적 자원이 필요하다고 강조하는 현상은 단순히 물건을 구매하는 차원을 능가한다. 설령 집과 같이 규모가 큰 소비도 만족을 주지 못한다. 개인의 자유가 시장에서 하는 선택으로 표현된다면, 개인은 당연히 선택하는 데 꼭 필요한 물질적 자원을 가져야 한다. 돈이 없으면 학비를 내야 하는 학교에 다닐 수도, 좋은 학교에 다니기 위해 좋은 학군에 있는 근사한 집을 살 수도, 대학교에 가는 혜택을 누릴 수도 없다. 의료와 교육마저도 새 신발을 살 때처럼 물질적 자원을 소유했는지 여부에 의존하게 된다.

이런 결과는 전혀 낯선 현상이 아니다. 케인스 경제학은 경제적 불평등을 인지하고 이런 문제를 다룰 방법을 (어느 정도는) 찾았었다. 하지만 새 자유주의가 남긴 자취는 **노골적으로** 그리고 **오로지** 경제 원칙만으로 삶을 세웠다. 오늘날 인간의 의미는 '현명한 동물'인 **호모 사피엔스**로 만든 이상적 원리에서 멀어져 '경제적 인간'인 **호모 에코노미쿠스**를 토대로 한 원리로 흘러가고 있다. 경제적 인간은 지식의 숭고함을 좇지도 않고, 우리 인류를 나타내는 선good을 추구하려고도 않는다. 우리는 경제적 단위로서 언제, 어디서든 자기의 경제적, 사회적, 정치적 운명을 개척해야만 한다.[15]

모든 것이 '금융화' 되었다.[16] 다시 말해 경제적 요인을 벗어나서는 개인도, 관계도, 아무것도 논할 수 없다. 돈이 문제가 되지 않는 상황을 포함하여 시장의 역할은 모든 영역과 활동으로 확장되고, 이런 현상은 특히 인류가 이해되는 방식에 영향을 미쳤다. 인류는 '철저하게 시장 행위자이며 **언제나 어디서나 오직 호모 에코노미쿠스**homo economicus'라는 형상으로 비친다. 경제적 요인의 영향을 받지 않는 것은 아무것도 없고, 인간도 마찬가지다. 모든 것이 이런 식으로 걸러지다 보니, 우리가 정치적 결정으로 세워진 사회에 산다는 사실을 망각하기 쉽다. 이런 모습이 '자연스럽게' 보일지 모르지만 우리가 '왜'라는 질문을 하게 된다면 다른 방식의 존재 가능성에 마음을 열게 된다.

신자유주의식 세계관이 경제성에 두는 가치를 볼 때, 일이 개인의 경험을 형성하는 데 중요한 역할을 한다는 사실은 놀랍지 않다. 바로 이런 점에서 성공과 실패의 서사가 힘을 휘두르며, 따라서 우리가 대체 무엇 때문에 매일 이렇게 사는지에 대한 답을 찾을 수 있다.

삶의 모든 영역에 '일'이 있다

호모 에코노미쿠스로 사는 것 그리고 경제력 있는 남자나 여자가 된다는 것은 어떤 의미일까? 인간에게 중요한 가치가 변하면서 개인을 이해하는 방식을 정립하는 데 일의 역할은 점점 커졌다. 일이 삶에서 차지하는 역할과 이해되는 방식은 항상 변화하기 마련이다.[17] 변화가 불러오는 파장은 개인과 공동체에 가혹할 때도 있다.

토머스 하디Thomas Hardy는 산업화가 19세기 농촌에 미친 영향을 소설 속에서 생생하게 그려낸다. 소설 『테스』에서 하디는 여주인공 테스와 노동자들이 처음으로 탈곡기를 접하는 장면을 묘사한다. 이 획기적인 기계는 수확 일을 더 쉽고 효율적으로 만들어 준다고 했다. 하지만 기계의 출현은 테스와 노동자에게 자유를 주는 경험으로 다가오지 않았다. 오히려 '붉은 폭군'으로, 지옥을 닮은 불같은 야수처럼 보였다. 기계가 불러온 비극은 처음의 불길한 예감보다 훨씬 끔찍했다. 필요한 일꾼의 수가 대폭 줄면서 노동자는 일자리를 잃거나 단순 작업만 하는 기계 같은 신세로 전락했다. 불행은 여기에서 끝이 아니었다. 해고당한 노동자들은 먹고살기 위해 산업혁명으로 생겨난 도시로 이주해야 했다. 이런 이동은 삶의 양식에도 막대한 영향을 끼쳤다. 대대로 내려오던 땅과 집안의 깊은 유대감이 불행히도 영원히 끊기고 말았다. 이 책의 인물들처럼 어쩌면 우리 역시 일을 바라보는 방식이 변한다는 사실을 예민하게 감지하지 못했다. 그럼에도 그 변화는 삶의 양식을 바꾸었고, 그중에서도 특히 성공의 모습을 이용하여 좋은 삶의 개념을 새로이 만들어냈다.

과거 세대에는 일하는 공간이 분명하게 정해져 있었다. 긴 노동시간을 고려했을 때 결코 쉽지는 않았지만 적어도 일터에서 행해지는 노동과 일터 밖의 삶을 구분할 수 있었다. 일은 힘들고 고되었지만 일이 개인에게 영향력을 행사하지 않는 종료 시간이 있었다. 아버지의 직장생활은 따분하고 반복적인 일의 연속이었겠지만, 일이 끝나면 지역의 보이스 브리게이드Boys' Brigade°에서 봉

○   전 세계적인 청소년 기독교 단체

사하며 보람을 느낄 여유가 있었다.[18]

신자유주의가 지배하는 세상은 직장 밖에서 다른 일을 할 여유가 거의 없다. 다른 사람과 언제든 연락을 주고받도록 만든 기술의 출현은 받아들일 만하다. 나조차도 왓츠앱과 페이스북 같은 애플리케이션으로 손쉽게 친구나 가족과 연락할 수 있는 스마트폰을 좋아한다. 그러나 다른 사람과 연결해주는 바로 이 스마트폰 때문에 업무 이메일과 나의 거리는 클릭 한 번에 불과하며, '근무 시간 외'에도 언제든 업무 전화나 문자를 받을 가능성이 있다.

우리 대부분은 일이 끝나고 여가가 시작되는 선을 분명히 긋지 못한다. 사업가가 휴가 중에 바다에서 전화를 받는 장면은 더이상 일부 일 중독자만 공감하는 모습이 아니다. 또한 일이 가정에 침범하는 경험도 소위 '사회적 지위가 높은 직업'이라 불리는 법조계, 교육계, 의료계, 공직에 몸담은 사람만의 것이 아니다. 최저 노동시간을 보장하지 않는 제로 아워zero-hour 계약직과 단기계약직이 증가함에 따라 여가의 일부를 반납하면서까지 일을 찾고 지원하는 과정을 반복해야 한다.[19] 심지어 실업자들은 새 일자리를 찾는 데 할애하는 시간이 원래 징해진 '근무시간'보나 너 길다고 느낀다.[20]

어째서 일이 삶의 모든 영역으로 확장되었을까? 이런 세태는 신자유주의가 개인을 재구성했다는 사실을 아주 분명하게 보여준다. 시장 가치를 우선시하고 삶의 모든 영역에 업무적 요구사항을 적용하는 경제 체제를 유지하기 위해 필요한 조건은 일과 가정 사이의 공간을 무너뜨리는 것이다. 근로자는 특정 회사나 조직에서 일하는 사람으로 그려지지 않고, 대신 자기의 재능, 강점, 성과를 팔아서 시장을 독점할 책임이 있는 작은 사업체 즉, '인적 자원human resource'으로 간주된다. 글로벌 자본주의가 실현되면서 '평생직장'은 대부분 파괴되거나 야유의 대상이다. 삶의 일부로서 한 가지 역할을 지시하는 명칭인 '근로자'가 아니라 이제 우리는 **'자기 자신을 시장에 내놓는 사업가'**로 비친다.

사업가 정신이 개개인에게도 스며들면서 사람들은 신자유주의식 좋은 삶을 이루는 데 일이 어떤 역할을 하는지 이해하게 되었다. 일단 리처드 브랜슨Richard Branson, 일론 머스크Elon Musk, 아리아나 허핑턴Arianna Huffington 같은 사람들은 제쳐두자. 이들처럼 특정한 형태의 사업 활동을 하는 사람은 실제로 '사업가'다. 오늘날은 직업에 상관없이 **모든 사람**이 사업가의 방식을 따라야 한다. 그렇다면 사업가가 된 개인이 어떻게 행동하도록 요구되는지 살펴보자. 이제 개인은 자기의 경제적, 사회적, 정치적 운명을 만들고 책임져야 하는 상황에 놓였다.

나는 매일 이 짓을 왜 할까?
'나는 책임감 있는 시민으로서 사회의 생산적인 구성원이
되기 위해 출근의 중요성을 잘 알기 때문이다.'

이런 방식으로 인간이 이해될 때 우리가 일에서 성취감을 찾

으려는 현상은(어쩌면 일에서만 성취감을 얻는 현상) 당연한 결과다.[21] 일터에서 우리는 '자신을 만들고, 발견하고, 탐구하도록' 요구받는다. '나는 매일 이 짓을 왜 할까?'라는 질문에 대답은 현실적인 고찰에서 관념적 고찰로 바뀐다.

나는 매일 이 짓을 왜 할까?
'나 자신과 내 잠재력을 알기 위해서 한다.'

일이 인간의 활동을 규정짓는 주된 방식이 되면서, 일터는 개인이 의미를 발견하는 유일한 공간이 되었다. 하지만 분명한 것은 우리가 일하는 기업과 조직은 근로자가 성취감을 느끼는지 전혀 관심이 없다는 사실이다. 기업가나 관리자의 입장에서는 근로자가 적응을 잘하고, 혁신적이고, 책임감 있고, 열정적이고,[22] 끝없이 바뀌는 요구사항에 잘 맞추는지 신경쓸 뿐이다. 일터에서 얻으라고 하는 '성취감'은 개인에게 도움이 된다기보다 오히려 고용주에게 득이 될 확률이 높다. 그렇다고 일이 성취감을 준다는 주장이 근로자의 요구를 들어주려고 회사나 조직이 발 벗고 나서서 도와준다는 의미도 아니다. 실제로 최근 몇 년 사이, 고용한 직원을 전혀 책임지지 않고 '자영업'의 범위를 가차 없이 확장한 비즈니스 모델이 점점 늘어나는 추세다. 이런 사업의 흔한 사례가 우버나 딜리버루다.[23] 우리 아버지 세대를 책임진 온정주의와 판이하다.

아버지는 이불 공장에서 일했는데 회사 근처에 우리 가족의 거처를 제공해준다는 사실에 전적으로 고용주를 신뢰할 수 있었다. 신자유주의식 사업 방식을 지지하는 사람은 이런 관계가 사라진 것을 좋은 현상으로 볼 것이다. 아버지 같은 근로자가 고용주의 절대적인 통제와 고용주에게 의지하는 상황에서 벗어났다고 보기 때문이다. 하지만 허름하고 비싼 집에 살며 힘들어하는 오늘날의 저임금 근로자도 과연 그렇게 생각할까.

사업가만 존재하는 새로운 세상에서 사라진 것은 비단 온정주의만이 아니다. 개인이 공동체의 일부라는 생각도 사라졌다. 이 사회의 가장 중요한 덕목인 경쟁은 삶의 모든 영역에 적용된다.[24] 하이에크에 의하면 경쟁은 '권위의 강제적이고 독단적인 중재를 받지 않으면서 우리가 하는 활동이 서로 조정될 수 있는 유일한 방법'이기 때문이다. 그는 경쟁 속에서 갈등을 극복하고 사회가 문제를 해결한다고 생각했다. 하지만 이 주장이 인간관계에서 어떻게 적용되는지 살펴보면 우리가 타인을 경쟁상대로 보아야 자유를 얻을 수 있다는 결론이 나온다. 이런 관계는 사업, 개인의 노력, 또한 정부의 전략에도 적용된다.

정부가 노숙자나 빈곤층을 포함한 경제적 불평등 문제를 해결하는 방법을 살펴보자. 오늘날의 정부는 부를 재분배하는 정책을 세우기보다 '기회의 평등'이라는 정책을 만든다.[25] 이것이 무슨 말일까? 사람들이 서로 경쟁하는 '공평한 경쟁의 장'을 만들려 한다는 의미다. 이런 과정에서 가장 우수하고 훌륭한 사람과 덜 우수한 사람이 가려진다고 한다. 흔히 성공에 필요한 능력은 기술이라고들 말하고 기술을 배우기만 하면 이론상으로는 모든 사람이 성공할 수 있다. 새로운 세상에서 성공하려면 개인은 자기 자신에게 투자하고 '승리를 좌우하는 대인 관계를 잘 관리'하여 승자의 모습을 익혀야 한다. 교육은 적응력을 가르침으로써 학생에게 일의 세계를 준비시키는 수단이 되었다.[26]

그럼에도 경쟁 사회에서 모두가 성공하지는 못한다. 승자가 있는 곳에는 패자도 있다. 성공이 있는 곳에는 실패도 있다. 공평한 경쟁의 장을 만들기 위해 시도했다면 경쟁의 결과를 꺼림칙하게 느낄 필요가 없다. 당신은 성공할 '기회'가 있었다. 성공하지 못한다면 이는 당신의 책임이다. '패배자'는 '용기 없는 사람', '약한 사람', 또는 '재능이 부족한 사람'이라서 성공하지 못한 것으로 치부된다. 사회는 세계화된 고용시장에 잘 대응하고 융통성 있는 사람과, 그렇지 못한 사람으로 나뉘었다.

그렇다면 성공한다는 의미가 무엇일까? 예상했겠지만 모든 것이 금융화의 지배를 받는 현상은 성공한 삶의 이미지를 형성하는 데 막대한 영향을 미쳤다. 2016년 미국 대선에서 예상을 뒤엎고 당선된 도널드 트럼프는 사업가로서 성공한 이미지 덕을 톡톡히 보았다. 트럼프의 재벌 생활방식은 국가의 차기 'CEO'에게 걸맞은 거대한 성공을 보여줌으로써 지지자에게 환영받았다. CEO라는 단어 자체가 실상을 보여준다. 공익을 위해 헌신하는 정도로는 정치인이 되기 부족하다. 이제 정치인은 성공적인 기업을 경영하듯 국가를 경영할 수 있어야 한다. 트럼프의 호화로운 삶이 성공의 증거로 이해된다는 점을 주목하자. 트럼프 타워에 있는 금으로 만든 엘리베이터는 품위 없고 퇴폐적인 것이 아니라 오히려 사업적 감각을 보여주는 증거로 치켜세워진다.

성공은 현재 무엇을 가지고 있느냐에 따라 결정될 뿐 그것을 어떻게 가지게 되었는지는 중요하지 않다. 바로 이런 점이 일을 열심히 하면 원하는 것을 가질 수 있다는 주장의 결점이다. 트럼프 지지자들은 트럼프의 아버지가 도중에 트럼프에게 백만 달러를 준 것, 그리고 어려움을 겪을 때마다 트럼프가 사업에서 발을 빼려고 했다는 사실을 고려하지 않는다. 중요한 것은 오로지 성공한 개인으로 비치는 트럼프의 모습이다. 물질적 부는 성공한 삶의 가장 중요한 지표가 되었다.

성공이라는 것이 그렇다. 성공을 보여줄 만한 물질적 증거가 없으면 실패자로 낙인 찍히기 쉽고 사소한 이유로 타인의 판단 대상이 된다. 1986년 마거릿 대처 총리는 실패자가 무엇인지 다음과 같이 신랄하게 표현했다.

'26살이 넘은 사람이 버스를 타고 있으면 스스로 실패자라 여겨도 좋다.'[27]

이런 발언은 이 시대가 말하는 성공의 취약성을 드러낸다. 성공은 주로 타인이 우리를 보는 시선에 달려 있다. 성과나 업적 같이 겉으로 과시할 만한 요소를 잣대로, 남들에게 성공한 사람으로 보이는 정도가 달라진다. 이런 기준이 과연 삶의 의미를 평가하는 최선인지 의구심이 드는가. 잔혹한 소설을 읽는 데 문제가 없다면 브렛 이스튼 엘리스Bret Easton Ellis의 소설 『아메리칸 사이코』(1991)가 이런 의문을 날카롭게 지적해놓았으니 읽어봐도 좋을 것이다. 성공한 투자은행가인 패트릭 베이트먼은 사이코패스이며 연쇄살인범이다. 이 소설을 1980년대 무절제한 삶을 풍자한 작품으로 보는 의견도 있지만, 엘리스의 의도는 그 당시 화려함이 대변하는 성공의 공허함을 겪은 자신의 경험을 마주하기 위해서였다.

나는 패트릭 베이트먼처럼 살았다. 자신감을 주고 스스로 더 나은 사람이라고 느끼게 해줄 것 같았던 소비주의의 공허함에 빠졌다. 내 기분은 오히려 바닥을 내리쳤고, 자존감도 더 떨어졌다.

부와 특권으로 규정되는 '성공'을 이루어도 자기 자신을 실패자라고 생각할 수 있다.

성공의 전리품마저 없다면 얼마나 더 나빠질까. 사회가 강조하는 책임감의 어두운 면이 어렴풋이 보인다. 성공은 개인이 자기의 재능과 기술을 얼마나 잘 활용하는지에 달렸다. 하지만 불평등이 기저에 깔린 사회 구조 따위는 아무도 주목하지 않으며,

구조에 도전하고 저항하고 구조를 재건설하는 방법을 모색하는 것 역시 간과하기 일쑤다. 대신 가치의 중립적 심판자 역할을 하는 시장에 모든 것을 건다. 당신이 가난하거나 실업자라면, 이는 **당신의** 잘못이다. 당신은 개인이 통제하지 못하는 경제적 요인의 희생자가 아니라, 운명을 책임져야 하는 사람이다.[28] 운이 좋다면 오늘날이 요구하는 근로자가 되도록 도와주는 훈련 프로그램에 참여할 것이다. 최악의 경우 미로스키가 '일상 신자유주의Everyday Neoliberalism'라고 표현했던 일상적인 잔인함casual cruelty에 노출될 것이다. 가난한 실업자는 이제 계층으로 규정되지 않고 무책임한 개인으로 간주되므로 '열심히 일하는' 사람이 표출하는 분노의 표적이 되기 십상이다. 사회적 불평등으로 취약해진 사람을 보호하는 대신, 빈곤을 개인적 이유로 치부하면서 상대적으로 잘 사는 사람은 가난한 사람의 실패를 보고 위안 삼게 되었다.

실패는 심지어 오락거리의 형태가 되기도 한다. 2008년 세계 금융 위기로 새로운 '긴축의 시대'가 예고되면서 영국 텔레비전은 '빈곤 포르노Poverty Porn'라고 불리던 방송으로 넘쳐났다. 이런 리얼리티 방송은 '자격 없는 빈곤층'의 무책임한 생활방식을 폭로하는 취지로 만들어졌으며, 그들은 보조금을 받고 살아간다는 의미를 담은 '베네피트 스트리트Benefits Street'라고 불리었다.

영국의 공영방송사인 BBC마저 이런 '재미'에 빠져, 영화『헝거 게임』과 유사한 방송을 제작하도록 허가했다. '영국에서 가장 열심히 일하는 일꾼Britain's Hardest Grafter'을 선발하기 위해 실업자들을 저임금 근로자와 경쟁시키는 내용이었다.[29] 대체 어떤 오락적 요소가 있는지 알기 힘들 뿐 아니라 이런 방송은 시청자의 공감 능력을 약화하는 결과를 불러왔다. 방송을 재미있게 보려면 시청자인 당신은 그들의 곤경에 동정심을 느끼지 않아야 하기 때문이다. 미로스키는 이런 '잔인한 공연'이 불공평한 사회와 경제 체제의 수혜자에서 고통받는 사람으로 주의를 돌린다고 말한다. 시청자와 다른 세상에 사는 듯한 가난한 사람은 방송의 주연배우로 포장되지만, 결국 시청자에게 가난은 당사자의 책임으로 각인되기 때문에 그들은 '우리'의 멸시를 받아 마땅한 존재가 된다. 가난은 이제 동정보다는 조롱의 대상이다.

이런 사회 분위기 속에서 우리는 어떤 일이든 하거나 여행이라도 가는 편이 낫겠다고 생각한다. 적어도 자신만큼은 일의 세계에서 '성공'했다고 안심하기 위해서다. 일이 자의식에 미치는 결과가 바로 이런 마음이다. 일이 없는 사람은 사회에서 벌레 같은 존재로, 처한 상황 역시 그들의 탓이다.[30] 그들은 일을 구하는 데 실패한 정도가 아니라 존재 자체가 실패자다. 반면 일하는 사람은 도덕적인 사람이다. 2015년 영국 총선에서 보수당과 노동당 모두 '열심히 일하는 가정'을 돕겠다는 공약을 내세웠다. 빈번하게 쓰이는 이 문구를 비판적으로 살펴보자. 물론 그렇지 않기 바라지만 '열심히 일하는 가정'의 아이들이 막상 '열심히' 공부하지 않을 확률이 높다는 사실을 고려하면, 이 말이 얼마나 이상하게 들리는지 알아차릴 것이다. 그런데도 정치인들이 주장하는 말의 본질은 결국 열심히 일하라는 것이다.

하지만 이 주장에 반대한 역사는 아주 길다. 유대-그리스도교 전통에서 일은 인류가 불복종하여 신이 내린 저주이다.[31] 칼 마르크스Karl Marx의 관점에서 보면 자본주의 체제하의 일은 본질적으로 고통이다. 일이 인간 삶의 큰 틀을 세웠을지 몰라도, 자본주의식 일은 스스로를 자기 자신과 타인에게서 소외시킨다.[32] 완전히 다른 시각에서 보면 오로지 일에만 좋은 삶을 향한 모든 희망을 거는 모습이 이상하다. 그러나 2008년부터 세계 경제의 불안정한 상황이 시작되고 그에 따라 임금 가치가 유례없이 폭락하면서 일에 의문을 제기하는 목소리가 조금씩 발동을 걸고 있다.[33] 정치 슬로건이 주장하는 바와 달리 일은 보상해주지 않거나 타당하게 보상해주는 법이 없다. 예전에는 당신의 교육 수준으로 확실하게 가질 수 있던 직업이 이제 반드시 보장되는 것은 아니다.[34] 신입사원 자리가 부족한 현상을 보면, 학생이 정치 슬로건을 믿고 열심히 일하고 좋은 성적을 받는다고 하더라도 목표를 이루지 못할 가능성이 있다는 의미이다. 세계 경제 위기가 터지고 몇 년 후에 발행된 한 신문 기사에 희망과 현실 사이의 부조화로 빚어진 실패감이 상세하게 적혀 있었다. 기사 속 어느 젊은 여성은 학교 선생들과 소비주의 사회가 약속한 '세련된 삶'을 누리지 못하는 것에 실망스러워 했다.

저는 27살이면 프라다 핸드백을 메고, 드라마 〈섹스 앤 더

시티〉에 나오는 주인공처럼 성공해서 문화생활을 즐기고 있을 줄 알았어요. 원하면 무엇이든 할 수 있다고 교육받은 사립 학교에서 이런 기대감이 시작된 것 같아요… 그때쯤이면 결혼도 하고 직업적으로도 유망주가 되어 있을 거라고 생각했지요. 저는 대학교를 좋은 성적으로 졸업하고 꿈을 이루겠다는 기대감으로 런던에 왔어요. 개인 비서로 첫 직장을 잡았는데 절망스러웠습니다. 26살이면 정말 멋진 삶을 살고 있으리라 기대했어요. 벌써 27살인데 집을 사려면 아마 40살은 되어야 할 거예요.

삶의 의미를 강조하는 차원에서 일을 옹호한다고 해도 일에 부과된 부담감을 견디기는 힘들다. 이를 한탄하기보다 우리가 좋은 삶을 살기 위해 실제로 무엇이 필요한지 재고할 필요가 있다. 브렛 이스튼 엘리스의 경험이 부의 한계를 보여주었다면 이 익명의 젊은 여성이 토해낸 한탄은 삶의 중심에 성취와 성과만을 두었을 때 발생하는 문제점을 보여준다.[35]

현대적 삶의 또 다른 양상은 사업가로서 개인의 모습을 다시 돌아봐야 한다는 점이다. 2008년 금융 위기로 세계 자본 시장에서 정부의 역할을 최소로 하는 경제 체제의 위태로운 본질이 드러났다. 이런 세태는 신자유주의의 혹독함을 여실히 보여준다. 근로자 특히 일의 대가로 더 낮은 임금을 흔쾌히 받는 사람들은 사업체에 이득을 줄지 모르나 다른 근로자의 협상 능력은 약화된다.[36] 더군다나 불확실한 고용 정책도 한몫을 한다. 불안정한 저임금 고용환경에서 시간제나 계약직 자리에 묶인 사람이 증가하고 있다. 서비스직 종사자들처럼 낮은 임금 상황이 오래 지속된 직종만의 문제가 아니다. 고학력인 대학교 강사가 제로 아워 계약 조건으로 일하는 현상은 대부분의 직종이 훨씬 불안해지고 있는 현실을 대변한다.

이런 분위기가 정신 건강에 미치는 영향에 관해서도 연구가 많으며, 결과에 의하면 소득이 괜찮은 직장을 잃을 경우 불안감이 커지고 점점 미래를 두려워하는 증세가 나타난다고 한다.[37] 실패 후에 따라오는 경제적 파장에 대한 두려움은 최상위 부자를 제외하고 나머지 모두의 희망을 꺾는다. 유럽연합에 회원국으로 남을지 말지를 결정한 영국의 국민투표가 저임금의 뿌리라고 여겨지는 '통제 불가'인 이민을 반대하는 투표가 된 사실은 어찌 보면 당연하다. 트럼프가 미국 산업을 지키기 위해 보호 무역주의를 공약으로 내세우며 수많은 미국인의 지지를 받는 사실도 마찬가지다. 이는 일상에서 드러나는 영국인의 인종차별적 태도나 미국 작은 마을의 지역주의 문제로 볼 일이 아니다. 부유한 계층에만 유리한 경제 정책에서 소외된 사람들의 분노는 반드시 인지해야 한다.

지난 40년간 정책이나 경제 체제가 제시하는 방향과 달리 일은 좋은 삶을 안겨주지 못했다. 대부분 사회에서는 사회적 계층 이동이 드물어 부자와 가난한 사람의 격차가 더 커졌다.[38] 더군다나 자동화의 증가로 현재 인간이 하는 일의 47퍼센트 정도가 위기에 처하면서 상황은 더욱 악화하고 있다.[39] 일에서 만족감을 느낄 수 있다는 주장은 지속하기 어려울 것이다. 만일 가능하다고 해도 세계 노동인구의 13퍼센트만이 일을 하며 만족감을 느끼는 현실에 주목하자. '육체적으로 힘들고, 정신적으로 진이 빠지고, 사회적으로 피곤함을 느끼며, 근로자 대부분은 직장에서 엄청난 스트레스에 시달린다고 느낀다.' 21세기 고용환경의 참모습은 일을 충만한 삶을 가능케 하는 원동력으로 바라보면서 문제를 드러낸다. '제2의 기계 시대the Second Machine Age'가 눈앞에 있는 지금, 좋은 삶의 의미를 말하는 현 시대의 서사에서 일이 차지하는 정도가 과연 정당한지 의심해야 한다.[40] 개개인이 사업가로 사는 세상은 머지않아 끝을 맞이할 것이다. 그렇다면 다음 차례는 무엇일까?

일 너머의 것을 들여다보기

성공을 추구하고 실패를 피한 삶을 좋은 삶이라고 말하기는 적절하지 않아 보인다. 잘 살기 위해서 실패를 피하려다 보면 불만족과 불안이 너무 커진다. 그렇다면 다른 관점으로 생각해보자. 활동적인 삶을 사는 것은 인간의 행복에 핵심적인 요소로 보인다. 직장을 잃으면 울적해지고, 사회적인 활동을 하지 않으면 외로움을 느끼기 마련이다. 일을 하지 않는다면 우리가 하는 활동은 어떤 모습일까?

1958년 출판된 『인간의 조건』에서 정치 철학자 한나 아렌트는 '비타 악티파vita activa' 즉, '활동적 삶the active life'에 주목하는데 이것은 아렌트가 인간 본성의 중심에 있다고 생각한 개념이다. 그녀는 활동적 삶의 의미를 세 가지 영역인 노동labour, 일work, 행위action을 조사함으로써 철저히 탐구한다. 아렌트의 분석 덕분에 우리는 모든 형태의 활동에 '일'이라는 단어를 습관적으로 사용하는 상황을 그저 보이는 대로 받아들이지 말아야 할 필요성을 깨닫는다. 그녀는 일의 개념을 '낯설게 바라보도록' 만듦으로써, 인간으로서 잘 산다는 의미가 무엇인지를 다른 관점으로 보게 하였다. 이 관점은 좋은 삶의 주요 특징으로 일을 꼽는 사람들이 제시한 성공과 실패에 의문을 던진다.

아렌트는 '노동'에서 먼저 시작한다. 노동은 자연 세계에 대항하는 인간의 끊임없는 분투다.[41] 또한 인간의 창조 능력을 방해하는 자연의 작용을 막기 위한 인간의 시도를 대변한다.[42] 노동의 특징은 끝이 없다는 것이다. 이런 무익한 특징은 왜 지배 계급이 노예나 하인을 고용하면서까지 노동의 부담에서 벗어나려 했는지를 보면 여실히 드러난다. 20세기 후반의 가장 중요한 페미니스트로 꼽히는 저메인 그리어Germaine Greer는 노동의 무익함을 강하게 주장했다. 그녀는 분별 있는 세상이라면 집안일이 오래전에 없어져야 했다고 말한다. 그에 의하면 먼지를 터는 일과 씨름하는

노동은 지루하고 무의미하다. '비생산적인 활동의 무의미한 반복'
이며 집안일을 '여러 가지 강박 장애'로 보는 편이 나을 것이다.

아마 그럴지도 모른다. 한편 아렌트는 노동과 자연의 순환이
긴밀하게 연결되어 있다고 보았다. 저메인 그리어는 노동에 포함
된 과정 자체가 끝이 없다는 이유로 노동에 반대했다. 지금 글을
쓰면서 나는 정원을 내다보고 있다. 잔디가 너무 길어서 풀이 무
성하다. 조금 이따 전지가위와 잔디 깎는 기계를 들고 나갈 생각
이다. 당분간은 보기 좋겠지만 다음 달이 되면 똑같은 일을 다시
해야 한다. 이러니 정원 가꾸는 일이 싫을 수밖에 없다! 아렌트는
이런 노동의 무익함을 강조하는 반면 현대 사회가 건설되며 생긴
이상한 점을 발견하는데, 이것이 두 번째 영역인 '일'을 이해하는
데 영향을 주게 된다. 산업화 이후 소비는 삶에서 구조화된 기준
이 되었고 이런 현상은 '끝없이 노동하는 과정'을 더 중요하게 만
들었다. 얼마 지나지 않아 고물이 될 상품과 변덕스러운 패션은
'우리의 전체 경제가 낭비 경제로 변했다'는 현실을 보여준다.

아렌트가 말하고자 하는 예시를 하나 살펴보자. 우리 집에 있
는 주전자가 몇 주 전에 폭발했다(물론 실제로 '폭발'한 것은 아니
다.) 주전자를 살펴보니 뚜껑을 열 때 누르는 단추가 더는 작동하
지 않는다는 것을 알게 됐다. 어떤 물건이든 결국은 고장이 나게
만들었을 것이라며 남편과 나는 냉소적인 결론을 내렸다. 하기
야, 주전자를 5년이 아니라 25년간 사용할 수 있다면 돈을 벌려
는 회사가 왜 주전자를 만들겠는가? 남편은 결국 새 주전자를 사

러 백화점으로 나섰다.

노동의 끈질긴 반복이 모든 인간 활동의 궁극적 무익함을 보여준다면, 일은 인간 삶에 영구성의 **환상**을 심어준다. 앞에서 언급했듯이 노동은 정원을 가꾸는 일처럼 시작과 끝이 없다. 인간이 '신체적 삶의 과정에 일어나는 주기적인 움직임에 갇혀 있는 것'을 보여줄 뿐이다.

언뜻 보기에 '일'은 다를 것 같다. 노동에는 없는 목적의식이 일에는 있다. 노동은 자연의 작용에 끝이 없다는 사실을 상기시킬 뿐이다. 하지만 일의 세계는 이 사실을 거부한다. 우리가 만드는 물건은 노동자가 맞서는 자연의 작용보다 더 영원해 보인다. 물건은 우리가 부수지만 않으면 계속 존재한다.[43] 주전자를 생각해보라. 인간이 환경을 통제한다는 느낌을 받을 때 우리가 자연의 세계에 의존할 수밖에 없다는 사실을 망각한다. 하지만 자연의 작용은 우리 주변에서 항상 일어나며 우리의 일부이다. 자연의 힘을 제어할 수 있다는 환상을 심어주는 물건을 만들어낸다고 하더라도 인간은 확률과 변화의 세계에 존재하는 한 부분일 뿐이다.

일하는 행위는 궁극적 결과를 달성하도록 몸과 마음의 방향을 돌리는 것이다(반짝이는 새 주전자의 부품을 만드는 사람을 떠올려보라). 아렌트가 '효용성의 원칙utility principle'이라고 부른 개념을 살펴보자. 일을 미화하는 세상에서 물건이든 생각이든 상관없이 무언가를 논할 때 가장 중요한 질문은 '사용'에 관한 것이다. 유용성usefulness(효용성)은 '인간 세상과 삶에서 궁극적 기준'이 되었다.

성공과 실패에 관해 우리가 논의한 사항을 떠올려보라. 당신은 얼마나 유용한 사람인가?

이렇게 분주하게 사는 이유가 뭘까?
'내가 얼마나 유용한 사람인지 증명하고, 결과를 달성하기 위해 내 재능을 발휘하고 있다는 것을 보여주기 위해서다.'

내 첫 직장은 로열 셰익스피어 컴퍼니라는 극단이었는데, 나는 홍보 담당 부서에서 행정 비서로 근무했다. 가끔 할 일이 없을 때 종이 한 장을 들고 건물 주위를 걷곤 했다. 한번쯤 이렇게 해보길 바란다. 아마 사람들은 당신이 바쁘다고 생각할 것이다. 우리는 한가해 보이는 것을 참 싫어한다.

이런 세상에서 **쓸모없다고** 판단되는 사람에게는 무슨 일이 일어날까? 아렌트는 독일 나치가 무용지물이라고 여긴 모든 사람을 죽이려 달려들었던 공포를 글로 썼다. 또한 반노동주의anti-work 대변자인 닉 서르닉Nick Srnicek과 알렉스 윌리엄스Alex Williams가 자동화와 높은 실업률이 증가하는 시대에 생기는 '잉여 인구'에게 무슨 일이 일어날지 의문을 제기한다. 모든 것의 가치가 사용의 측면으로 평가되는 세상에서 유용성이 떨어진다고 생각되는 사람은 쓸모없는 존재다.[44]

효용성의 가치를 거부하기 위해 아렌트는 다른 가치인 깊은 생각thoughtfulness으로 주의를 돌렸다. 유용함의 원리로 세워진 세상에서 생각thought은 **철저하게 쓸모없는 것**으로 치부된다. 비판을 하려는 것이 아니라 이는 실제로 세상의 참모습을 상기시킨다. 왜냐하면 생각은 '삶 자체와 같이 끊임없고 반복적'이기 때문이다. 생각은 끝이 없고 최종 목적지도 없다. 생각은 구체적인 한 가지 결과를 목표로 두지 않는다. 따라서 마지막 지점에 도달할 수 없다. 함께 일하는 사람이 마음에 들지 않던 동료가 했던 말이 기억난다. '제가 생각해 봤는데요, 그 문제를 다시는 생각하지 않을 거예요.' 그 말에 나는 마시던 커피에다 콧방귀를 끼고 말았다. '생각은 홍역이 아니라고요. 한 번 생각한다고 다시 생각나지 않는 게 아니에요.'

생각은 목적지 없이 끊임없이 되풀이되기 때문에 아렌트는 활동적 삶의 중심에 행위action와 말speech이라는 특징을 두었다. 행위와 말은 우리를 이 세상 속에 밀어 넣는다. '노동처럼 필요 때문에 강요하지도, 일처럼 효용성을 부추기지도 않는다.' 노동과 일을 초월하는 방법으로 인간을 규정하는 것이다. 행위하며 시작하고, 또 시작할 수 있다. 우리는 언제든 '새로운 무언가를 시작할' 능력이 있다. 그리고 '행위와 말은 **사람 사이에서 이루어진다는 점**'을 잘 보기 바란다. 신자유주의 체제에서는 공동체의 역할에 관해 거의 다루지 않았는데, 그 이유는 신자유주의 지지자가 그리는 경제체제 아래에서는 안정적인 공동체를 만들 자리가 거의 없기 때문이다. 세계화된 시장은 근로자에게 '글로벌 시민'이 되도록 요구한다. 글로벌 시민은 한곳에 정착하지 않고, 사는

지역에 일터가 없어도 괜찮으며, 이웃과 협동하여 일할 필요조차 없다.[45]

하지만 아렌트는 타인이라는 존재가 인간 세상을 형성한다고 보았다. 행위는 절대로 개인의 일로 단순하게 축소될 수 없다. '행위는 고립된 상태에서 불가능'하기 때문이다. 행위는 우리를 다른 사람과 연결하고 그러므로 **예측 불가능**하다. 이런 점이 일과 뚜렷하게 구분된다. 일은 특정한 목표에 방향을 두지만, 행위는 개인들 **사이에서** 일어나므로 예측하지 못하고 결말이 열려있다.[46] 행위는 우리가 함께 만드는 사회적 공간에서 발생한다. 언제나 타인과의 관계 속에서 일어나며 결과는 자연히 타인의 행위에 따라 달라진다.[47]

아렌트는 '일'이라는 영역 아래에 묶여 있는 여러 가지 활동에 더 깊이 관여하라고 권장한다. 물론 아렌트가 상상한 방식으로 일터에서도 행위를 취할 수 있다. 하지만 예측 불가능한 **진정한** 행위는 일이 끝난 후에 실현될 가능성이 높다. 일터 밖에서 우리는 수많은 방식으로 소통하고 서로 의미 있는 삶의 방식을 찾는다. 봉사 단체, 조합, 종교, 지역 단체, 동호회, 정당과 같이 일터 밖에서 사람들이 만나는 공간을 생각하면 된다. 이런 공간에서 사람들이 모여 행위가 가져다줄 가능성에 마음을 열고 각자의 세상을 만든다. 또한 이런 활동은 경제적 성공을 좋은 삶의 기준으로 두는 관점의 한계를 보여준다. 아버지의 경험으로 다시 돌아가보자. 신자유주의식 주장에 따르면 실업의 기간이 길면 바람직하지 않으므로, 아버지는 실패자다. 하지만 금전적 보상이 없는 청년 단체에서 봉사하며 아버지는 수많은 젊은이의 삶에 깊은 영향을 주었다.

아렌트는 신자유주의 체제에서 일에 열광하는 현상을 비판적으로 평가했다. 그런 사회에서는 직종에 상관없이 일만이 의미 있는 삶에 도달하는 수단으로 비춰진다. 정말 그런가? 일을 함으로써 성취감을 느끼고, 책임감과 능력과 독립성을 모두 가진 사람이 될 것이라는 주장은 **누구에게 이득을 주는가**? 일을 함으로써 성공한다는 공식은 누구에게 혜택을 주는가? 금융 위기 이후 생활수준이 낮아지는 현상을 고려하면, 노동으로 이득을 보는 사람은 일반 노동자가 아니다.[48]

일의 대가를 받는다고 해도, 아렌트는 과연 일이 인간의 주요 기능으로 간주되어야 하는지 묻는다.[49] 물론 일을 중요하게, 긍정적으로 보는 사람도 있을 것이다. 하지만 가장 가치 있는 일이라 할지라도 인간으로 사는 의미를 알아내는 퍼즐을 본질적으로 풀어주지는 못한다. 바로 이 지점에서 아렌트의 성찰은 놀랍고도 극히 중요한 방향으로 우리를 인도한다.

노동과 일의 공통점은 무익함이다.

일은 노동보다는 가치 있어 보이지만, 그렇게 보이는 유일한 이유는 일이 생산해내는 결과가 영구적이라고 착각하기 때문이다. **무엇을 위해** 일을 하는지, 일이 자기 정체성 형성에 어떻게 도움이 되는지 묻는다면 문제의 중심에 이르게 된다.

우리는 왜 일을 하는가?

교육학자인 앤스거 앨런Ansgar Allen은 현대 사회의 정신없이 바쁘게 돌아가는 일 때문에, '계속되는 활동에 중독된 상태' 이외에 어떠한 목표도 찾기 힘들다고 말한다. 24시간, 일주일의 7일 동안 계속되는 일의 세계는 진이 빠질 뿐 아니라, 삶에 마약처럼 작용한다. 삶의 의미가 일이라는 행위에 놓일 때 가려지는 것은 무엇일까?

'나는 매일 이 짓을 왜 할까?'

이 질문은 단순히 '글쎄, 회사가 런던에 있으니까 출근길을 견뎌야지.', '살아남으려면 이 직장이 필요해.' 또는 '런던의 집값이 너무 비싸니까.' 같이 무미건조한 대답보다 더 깊이 들어갈 수 있다.

나는 이 일을 왜 할까? 이 시간과 공간에서, 내게 있는 관계와 활동 속에서, 이 순간을 살며 진정한 내가 된다는 것은 무엇일까? **나는** 누구일까? 인간으로 산다는 것은 무엇일까? 단테의 위대한 서사시 「신곡」은 이런 질문을 하며 막을 연다.

우리 인생길 반 고비에
올바른 길을 잃고서 난
어두운 숲에 처했었네.
(〈지옥편〉 제1곡)[50]

당신의 삶은 고속도로에서 달리는 차처럼 빨리 움직이지만, 이제는 삶을 돌아보며 점검할 시간이다. 일하는 삶에 질문을 던지는 일은 내가 30대 중반이 되면서 시작했다. 나는 가르치는 것이 좋았고, 때로는 글을 쓰는 것도 즐거웠다. 하지만 대학교는 점점 정부의 방침에 따라 움직였는데, 나는 동의하지 않는 정책이었고 애초에 나를 이 직업으로 이끈 활동에서 점점 멀어지는 기분이 들었다. 여러 가지 성과 관리와 감사 활동에 시달리며 배우고 가르치며 느끼는 기쁨도 점점 사그라들었다. 충분히 잘하고 있다는 느낌을 전혀 받지 못했고 항상 조금씩 부족하다고 느꼈다. 이렇게 매일 출퇴근하는 의미가 있을까? 나는 도대체 무엇을 하는 걸까?

물론 이 질문은 언제든 튀어나올 수 있다. 나는 왜 학교에 있을까? 이런 걸 공부하는 이유는 무엇일까? 한때 나를 행복하게 했던 것이 이제 왜 빛을 발하지 못할까? 왜 나는 무엇 하나 제대로 하는 것이 없을까?

우리가 하는 일에 의문을 제기하기 시작하면 마음이 편치 못하다. 특히 그 일이 의미 있는 삶을 개척하는 수단이라고 교육받

앉을 경우는 더 그렇다. 일상의 분주함에서 고개를 들어, 고된 일상 너머에 있는 우리 삶을 **진정으로 들여다본다면** 어떨까? 신학자 폴 틸리히는 더 나은 삶을 살고자 한다면 '왜'라는 질문을 반드시 해야 한다고 말한다.

역사상 가장 중요한 책 100권의 내용을 줄줄 알면서도 내적인 삶은 여전히 얄팍하거나 오히려 더 천박해진 학생을 보라. 그리고 하루하루 기계를 만지는 교육받지 못한 노동자임에도 어느 날 문득 자기 자신에게 '내가 하는 이 일에는 어떤 의미가 있을까? 내 삶의 의미는 무엇일까?' 질문을 던지는 사람을 보라.

이런 질문을 던지는 순간 우리는 이 세계가 제시하는 좋은 삶에 관한 해석과 충돌할 수밖에 없는 상황에 맞닥뜨린다. 직업의 역할이 삶에 어떤 영향을 주는지 의심 없이 받아들일 수 없기 때문이다. 자기 자신을 경영하는 성공적인 사업가가 되는 전략을 알아내는 길이 아니기 때문이다. 또한 우리가 정한, 아니 사실상이미 정해진 목표를 달성하지 못할까봐 두려워하지 않기 때문이다. 틸리히는 실존적 질문을 던졌고, 이는 인간의 활동이나 사회적 구조보다 더 큰 세상에 있는 우리 자신의 공간을 생각하도록한다. 우리는 무섭도록 짧은 시간 속에 존재하는 창조자로서, 이러한 질문을 들으면 삶의 현실을 직면할 수밖에 없다. 판단력의 안경을 끼고, 급속도로 변하는 환경에서 과연 어떤 성공이 의미 있는지 고민해야 한다.

아렌트의 말처럼, 일의 창조물이 영구적이라는 것은 사실은 환상에 불과하다. 그렇다면 도대체 일은 **왜** 하는 걸까? 현실적으로 일이 신자유주의식 사회에서 주어진, 좋은 삶의 토대의 역할을 다 할 수 있을까? 아니면 우리는 결국 다른 방법을 찾아야 할까?

성공의 서사와 전념하는 마음

우리는 좋은 삶에 꼭 필요한 조건을 얻는 방법이 일이라고 배웠다. 이런 이야기 속에는 일로 성공하는 것이 남들보다 뛰어난 사람이 되는 길이라는 믿음이 내재한다. 삶을 의미 있게 하는 활동과 태도로서 일을 더 넓은 맥락에서 생각하는 방법이 있을까? 이에 아렌트는 예술과 창의성에 주의를 기울이면 가능성이 있다고 제안한다. 예술을 그저 '돈을 버는' 수단으로 격하하며 실리적인 영역에 포함하려는 시도가 있었음에도, 여전히 그를 뛰어넘는 가치를 유지하고 있다. 예술의 가치는 여전히 이윤으로 환산할 수 없다.

철학자이자 오토바이 정비공인 매튜 크로포드Matthew Crawford는 '더 창의적인 사람'이 되어야 한다는 주장에 이의를 제기한다. 대신 크로포드는 '평범한 덕목인 주의력'이 필요하다고 했는데,

그가 '유용한 예술'이라 이름 붙인 활동을 직접 하며 깨달은 개념이다. 크로포드는 정비공으로 일하며 느낀 만족감을 적극적으로 알리는 동시에, 기술을 배우고 작업에 몰두하는 기쁨을 설명했다. 그러나 그가 연마한 기술은 '두루두루 쓰이는 능력'이 최고인 세상에서 과소평가받을 수밖에 없다. 일하는 사람에게 가장 중요한 덕목은 융통성과 적응력이기 때문이다. 하지만 그는 낡고 고장난 오토바이를 고치는 활동에서 경험한 기쁨과 성취감을 통해 일하는 삶을 다른 방식으로 바라보았다.

기계를 다루는 데 소질이 없다면 크로포드의 예시에 마음이 편치 않을 것이다. 기계를 잘 다루지 못하는 사람도 당연히 있다. 사회학자인 리처드 세넷Richard Sennett은 손을 쓰는 활동에서만 '장인정신craftsmanship'을 찾을 수 있는 것이 아니라고 주장한다. 장인의 목표는 '행위 자체에 가치를 두고 능숙해지는 것'이다. 여러 활동에서 이런 마음가짐을 먹을 수 있다. '분명하게 쓰는 노력(세넷은 이를 '정신적 장인정신'이라 부른다)', 또는 성공적 결혼생활이나 우정을 위한 '사회생활 장인정신'도 가능하다. 중요한 것은 전념하는 마음이다. 세넷은 급여를 받는 일만으로 삶의 의미를 한계 지을 필요가 없다고 말한다. 다양한 활동에 마음을 열고 시도하면 삶의 질을 높이는 의미 있는 일상이 자리 잡을 것이다.

이런 방식으로 우리가 하는 것things을 생각하면, 아렌트가 말한 핵심을 놓치지 않을 것이다. 우리가 하는 것은 본질적으로 무익하다. 우리는 불안정하고 변화하는 세상에 사는 변덕스러운 존재이기 때문이다. 그렇지만 변화가 나쁜 것만은 아니다. 인간 활동의 한계를 인식하고 나면 무엇이 삶에서 중요한지 더 깊이 생각하게 된다. 다른 방법으로 세상에서 자기의 위치를 파악할 수 있다. 가장 좋은 출발점은 여태껏 믿어 온 성공과 실패의 의미를 거부하는 것이다.

성공의 서사는 삶의 조건을 충족하는 순서에 치중되어 있다. 어떤 일을 한다, 그 일에서 성공한다, 정해진 최종 지점에 다다르면 성공을 인정받고 보상이 주어진다. 이에 크로포드와 세넷은 최종 지점보다 활동 자체를 더 중요하게 여기는 모형을 제시한다. 활동에 전념하면 의미는 저절로 모습을 드러낸다.

업적으로 이해되는 성공은 항상 불안정하다. 마지막으로 했던 일이 결국 성공을 좌우하기 때문이다. 또한, 아무리 성공해도 성공 뒤에 도사리는 그림자를 볼 수밖에 없다. 성공이 자기 자신 덕분이라면 실패도 마찬가지로 자기 탓이기 때문이다. 피에르 부르디외Pierre Bourdieu가 사회적 고통을 매머드의 설명으로 풀어놓은 『세계의 무게The Weight of the World』는 인간의 고통을 만들어낸 세계화된 경제와 정치적 권력을 말하며 '자수성가'한 사람의 비현실성을 상기시킨다. 너무나 쉽게 실패자라고 치부된 사람들이 겪은 경험, 그리고 그들의 경험을 만들어낸 비인간적 권력에 관해 소개된다. 이 책은 신자유주의 지지자가 숨기고 싶은 메시지를 드러낸다. 바로 **개인이 통제할 수 있는 범위를 넘어서는 요인이 있다**는 사실이다.

크로포드가 소개하고 세넷이 발전시킨 연구는 여기에서 바로 진가를 발휘한다. 기계든 의술이든(아니면 세넷이 말한 글쓰기나 인간관계도 상관없다) 그 과정에서 우리는 세상이 인간의 의지에 따라 항상 움직이지 않는다는 사실을 알게 된다. 우리가 원하는 바가 항상 이루어지지는 않는다. 모든 것을 고칠 수는 없고, 모든 인간관계가 회복될 수는 없고, 모든 문학 작품이 완성되지는 못한다. 일상 속에서 겪는 실패가 세상을 살아가는 우리 지위에 관해 중요한 교훈을 알려준다. 세상에서 가장 중요한 요인은 우리 의지가 아니다. 내 바람이 항상 실현되지는 않는다. 크로포드는 '기계를 수리하는 일은 자아도취 증세를 고쳐준다.'라고도 말했다. 수리해보면 확실하게 느끼기 때문이다. 부품은 망가지기 마련이고, 언제나 복구가 가능하지는 않다. 이런 사례는 '인간이 생각만큼 자유롭거나 독립적이지 않다.'라는 사실을 우리에게 다시 상기시킨다.

크로포드의 예시가 알려주듯 기술자들이 직면하는 일상적 실패는 세상의 본질을 의식하게 한다. 실패할 때, 우리는 인간이 의존적이라는 근본적인 사실을 정면으로 마주하게 된다. 우리보다 훨씬 큰 세상에 의존한다는 사실이 보이는 것이다. 우리는 대체로 그렇게 독립적인 존재가 아니다.

따라서 이 사회가 퍼뜨린 환상에 저항해야 한다. 개인이 세우는 영역을 일이라고 하는 것은 인간의 근본적 의존성을 간과하는 셈이다. 좋은 삶의 중심에 독립적인 개인이 있다는 환상을 만든다면 결국 우리 자신과 세상 사이의 연결고리는 근본적으로 끊어지고 말 것이다.[51]

풍족한 삶을 가져다준다는 신자유주의의 한계점이 서서히 드러나고 있지만 예상보다 다양한 대안은 나오지 않았다. 가장 성공적인 대안은 내셔널리즘 운동의 부활로 보이지만 서르닉과 윌리엄스가 지적한 대로 이런 운동은 '잃어버린 과거를 향한 향수'와 맞물려, 미래의 도전에 맞서기는 힘들어 보인다. 이런 여러 운동이 현재 일어나는 문제에 비효과적인 해결책을 내놓아서만은 아니다. 내셔널리즘이 제시하는 세계관은 상당히 편향되어 있어서 인종과 국적을 불문하고 모두를 개선하기보다 정치가 개입하여 특정 공동체의 권리를 더 강화하기도 한다. 특정 집단을 배제하는 정책을 가지고 좋은 삶을 주장하는 현실에 우리가 만족하지 못한다면, 모두의 연결을 촉진하는 대안을 만들 의무가 있다. 무엇이 의미 있는 일인지에 관한 크로포드의 논의, 그리고 실존적 질문을 던져야 한다는 틸리히의 제안은 불안정한 세상에서 살아가는 개인에게 방향성을 제시한다.

2장

이 세계는 왜
여성의 실패를
원하는가

지금까지 여성의 성공은
일관되게도 아름다움, 성적인 매력,
외모, 아이를 낳는 능력과 같은
신체적 특징과 관련되어 있다.

'자녀가 있으세요?' 누군가 무심코 던진 이 질문은 내게 비수가 되어 날아들곤 했다.

이 질문을 들을 때마다 속이 울렁거린다. 내 삶에서 실현되지 않은 영역을 둘러싼 고통을 최대한 드러내지 않고 대답하려고 한다. 때로는 가시 있는 말을 듣기도 한다. 그럴 때는 대개 질문하는 사람에게서 우월감이 느껴지는데, 그들은 대부분 자녀가 있는 사람들이다. '아이를 낳아보지 않으면 완전한 여성의 삶이라고 하기 힘든 것 같아요.'

이런 말을 들으면 욕을 하거나 무언가를 집어던지지 않고 대응하기가 참 힘들다. 물론 지금껏 나는 잘 참아왔다. 어쨌든 나는 예의범절을 배우며 자란 사람이니까. 그것도 영국에서. 그래도 상상하건대 내 감정을 터뜨릴 수 있다면 저녁 식사 모임이 훨씬 흥미진진했을 것이다.

여성의 성공과 실패를 탐구하는 것은 단순히 내 개인에게 깊이 박힌 실패의 감정을 해결하려는 노력 이상으로 의미가 있다. 모성에 관한 여러 질문은 내 마음을 지독하게 죄곤 한다. 아이를 가질 수 없다는, 바로 내 삶의 가장 깊은 상실을 연상하게 만들기 때문이다. 그래서 나는 이 글에서 여성의 성공과 실패를 구체적으로 살펴보고 인간이(성별이 무엇이든 간에) 통제하지 못하는 대상을 마주해보려고 한다.

앞 장에서 말했듯 성공을 추구하는 세태는 인간으로서 사는 의미를 성찰하는 데 심각한 방해요소로 작용한다. 일 그리고 '되풀이되는 활동' 탓에 우리는 인간의 삶을 불안하고 위태하게 만드는 요인을 보고도 눈을 감는다. 척 팔라닉Chuck Palahniuk은 소설 『자장가』에서 이 사회가 '소리 중독증'과 '정적 공포증'을 겪는 사람으로 넘쳐난다고 이야기한다. 소음은 사색을 몰아내고 분주함은 생각할 공간을 점령한다. 하지만 우리가 눈을 감고 무시하는 이야기들이 어쩌면 쉽게 꺼내는 이야기보다 훨씬 더 중요할지도 모른다.[1] 만일 유령처럼 우리를 따라다니는 삶의 실패에 관심을 가지면 어떨까? 실패는 성공을 향한 희망 언저리에 맴도는 유령 같은 존재다. 따라서 우리의 관심에서 밀려난 실패를 주시해보면 성공하려는 욕망을 늘 따라다니는 두려움이 잘 보일 것이다.

폴 틸리히에 의하면, 모든 인간은 변화와 우연으로 이루어진 세상에서 유한한 존재로 살아가는 불안감에 시달린다고 한다. 우리는 세상에 태어나서 세상에 의존하고 죽음의 지배를 받으므로 **비존재**non-existence(비실재non-being 또는 무not-being)가 될 위협을 항상 받는다.[2] 이런 실존적 불안은 죽음을 향한 두려움, 존재의 무의미성에서 온다. 우리는 이런 불안감을 어떻게 다룰까? 틸리히가 알아낸 사실은 감정을 통제한다고 느끼는 착각의 한 가지 형태로, 우리가 이 세상에서 언젠가 존재하지 않을 것이라는 현실을 깨달을 때 엄습하는 공포를 잠재우는 방법이다.

불안은 공포로 변하려고 발버둥친다. 왜냐하면 공포는 용기와 단합할 수 있기 때문이다.

복부에서 느껴지는 무딘 고통 또는 곁눈질로도 보이지 않는 옆의 물체 때문에 느끼는 걱정이 불안이라면, 반면 두려움은 억누를 수 있는 감정이다. 왜냐하면 구체적인 대상과 두려움을 연관 짓는 순간 우리는 그 감정에 맞설만하다고 느끼기 때문이다. 불안보다는 두려움이 마주하기도, 다루기도 훨씬 수월하다.

그렇다면 막연한 실존적 불안이 어떻게 두려움으로 바뀌어서 우리가 맞서거나 억누를 수 있는 감정이 될까? 불안은 인간이 운명을 통제하지 못한다는 현실을 깨달을 때 밀려오는 감정이다.

여성이라는 개념이 형성된 과정을 이해하면 오래도록 주변부로 밀려난 이 대상이 인간의 불안을 처리하는 데 이용됐다는 사실을 알 수 있다. 앞으로 살펴보겠지만, 여성의 신체는 역사적으로 통제하지 못하는 대상을 통제하려는 시도에서 구체적인 역할을 맡아왔다.

일의 세계에서
여성이 살아남는 법

소위 성평등이 이루어지고 있다는 직장에서 내 위치를 고려할 때 나는 성공한 사람으로 느껴야 마땅하다. 나는 20대 중반에 박사 학위를 받았고 40대 중반에 교수가 되었다. 책장에는 내가 집필한 책이 죽 꽂혀 있다. (모두 나를 뿌듯하게 하는 자산이며 감사하게도 이 책장에는 끔찍한 평가, 거절당한 기사나 책, 시작해놓고 끝내지 못한 책의 악몽이 없다.)

오래전 같았으면 여자라는 이유로 철학계에서 배제되었겠지만 오늘날 여자라는 사실은 일터에서 오히려 장점으로 작용되기도 한다. 현대 사회에서 일어난 변화는 특히 여성에게 득이 되는 것처럼 보인다. 공업이 꾸준히 줄어들고 전통적으로 남성 중심인 제조업 분야가 줄었다. 관광 산업, 영업, 매장업무, 복지를 포함하여 서비스 직종이 확장되었으므로 여성에게 유리한 상황이 펼쳐진 것 같다. 이런 직종은 여성이 더 많이 갖추었다고 짐작되는 기술, 즉 배려하고 관계를 맺고 다른 사람의 요구에 주의를 기울이는 능력을 필요로 하기 때문이다.[3] 업무 환경의 변화를 '여성화'로 표현하는 상황만 보자면 여성이야말로 서비스 중심 경제에서 가장 이득을 봐야 한다. 남성의 육체적 힘이 필요한 직업은 급속도로 사라지고 있기 때문에 일의 세계에서 누군가 실패한다면 추측하건대 남자일 것이다.[4]

하지만 상황은 그렇게 간단하지 않다. 이른바 여성적 기술이라는 능력을 반영하는 직업은 여전히 임금과 지위가 낮고 불안정하기 때문이다. 이런 상황은 내가 몸담고 있는 안정적인 학계마저 다르지 않다. 철학자이자 페미니스트 운동가인 미셸 르 되프Michèle Le Doeuff가 대학 교육계에 진출한 여성에 관해 다음과 같이 썼다. '평판이 좋은 활동이 여자를 받아들이는 순간 활동의 가치가 떨어진다.' 여기서 가치는 지위와 임금 모두를 의미한다.[5] 직업을 가진 여성의 수는 증가했지만 '여성의 직업'은 여전히 경시된다. 과거에는 여성을 배제했지만 오늘날 여성을 받아들인 영역도 마찬가지다.[6] 여성의 직장이 늘어났음에도 여성이 더 성공하지 못하는 이유를 이해하려면 변화하는 일의 형태를 더 깊게 살펴봐야 한다.

직업적으로 성공하려면 어떤 기술이 필요할까? 앞서 보았듯이 오늘날 직장에서 중요하게 생각되는 가치는 자기 자신을 상품화할 수 있는 성공한 사업가로 키우는 능력이다. 따라서 융통성이 필요하고 성공에 필요한 기술을 능동적으로 배울 수 있어야 한다. 하지만 '여성화된' 일터에서는 노동자(여성이든 남성이든)가 목표를 성취하려면 '여성적' 성향을 발휘할 것을 강요받는다.

사람은 각자의 젠더gender에 따라 행동한다고 주디스 버틀러 Judith Butler는 말한다. 버틀러는 젠더를 선천적인 것으로 보지 않고 수행성performance의 형태로 보며[7] 시몬 드 보부아르Simone de Beauvoir의 이론을 발전시켰다. 보부아르는 '여자woman'의 의미가 대개 사회가 가지고 있는 여성female의 이상적 의미를 반영한 사회적 개념이라고 주장하며 '여자는 태어나지 않고 여자로 만들어진 다.'라고 말했다.[8] 이를테면 나는 여성의 신체(가슴, 여성 생식기, 자궁, 난소)를 가지고 태어났지만 그 신체적 조건 자체만 가지고는 나를 '여자'로 만들 수는 없다. '여자가 되는 것'에 결부된 사회적 가치에 따라 행동하는 법을 배워야 한다. 나 역시 자라면서 어느 정도 여성에 걸맞은 모습이 되기 위해 노력했다.

버틀러는 보부아르의 이론을 확장하여 여성뿐 아니라 남성까지 포함한다. 모든 젠더 정체성gender identity은 수행성의 형태를 띤다. 수행성의 개념은 일터가 '여성화'된다는 의미가 무엇인지 다양한 해석을 가능하게 한다. 산업화 이후 이상적인 노동자는 '젠더 수행성에 융통성 있고 유동적으로 대처하여 신속한 태도를 취할 수 있는' 사람이다. **여성이라서** 성공할 수 있는 환경이 만들어진 것이 아니라 결국 일터에서 자기 자신을 보여주는 방법을 자유자재로 바꾸는 능력이 중요하다. 따라서 여성이라는 이유만으로는 성공할 수 없고 융통성이 당신을 성공하도록 만든다. 전통적으로 여성에게 속하는 가치는 오늘날의 일터에서 존중받지만 당신이 여성이라는 사실이 높이 평가받는 것은 아니다.

현대 사회에서 성공하려면 '일터에서 보여주는 외모, 이미지, 스타일'에 반드시 신경써야 한다. 이 세 가지 조건은 리사 애드킨스Lisa Adkins가 말하는 '여성의 미적 특징'과 관련이 있다. 물론 미적 특징 자체가 여성에게만 적용되는 조건은 아니다. 남자든 여자든 성공하려면 미적인 특성을 꼭 가져야 한다.[9] 하지만 실질적으로 남자는 쉽게 여성의 역할과 혼성 역할gender hybrids을 잘 수행한다. 심지어 남자가 성공하기 위해 하는 자기표현 방식도 별 문제없이 받아들여진다. 반면 여자들은 일과 관련된 상황에서 남성성을 수행하는 데 훨씬 어려움을 겪는다. 간단히 말해 남자는 남성성과 여성성의 역할을 모두 쉽게 가져가는 반면 여자는 여성성밖에 구현하지 못한다는 의미다.

정치계의 예시를 살펴보면 이해가 쉬울 것이다. 2016년 미국 대선 유세 현장에서 힐러리 클린턴이 조금이라도 약한 모습이 보이면 대통령이 될 만큼 강하지 못하다고 보도했다. 동시에 다른 후보자들은 힐러리가 자주 입는 '정장바지'를 꼬집어 남성성을 보여주는 모습이라고 말했다. 물론 좋은 의도로 한 지적이 아니었다. 어찌된 일인지 그녀가 남성적인 모습을 보여줄수록 여성성은 떨어지는 사람으로 비쳤다. 반면, 힐러리와 달리 도널드 트럼프가 보여주는 여러 약한 면은 섬세한 대통령의 모습으로 간주되었다. 트럼프는 미합중국 대통령이 되는 데 꼭 필요하다고 생각되는 남성성은 수월하게 구현했다. 바로 그가 남성이기 때문이었다.

금융 분야처럼 '높은 남성호르몬'이 넘쳐야 성공한다고 예상되는 업계에서도 여자가 갖춰야 할 직업적 모습에 이중 잣대를 들이민다. 사업 동료들과 인맥을 쌓는 모임에서도 여자는 반가운 존재가 아니다. 여성사업가들은 '남자들과 어울리려고 애쓸수록 자기의 품위가 손상'된다고 느꼈다. '남자처럼 행동하는 여자'가 되어도 크게 달라지는 것은 없다. 금융 회사에 다니는 한 여성은 다음과 같이 말했다. '술집에 가서 남자들과 뒤섞여 흥청망청 술을 마실 수는 없어요. 불가능한 것은 불가능합니다.' 이는 여자도 성공할 수 있는 '공정한 게임'이 아니다. 애초에 여자는 자기의 본래 모습 그대로 행동하지 못하는 분위기에서 여자보다 남자에게 훨씬 유리한 점이 많다.

성공하기 위해 무엇이 요구되는지 살펴보려면 여성이 겪는 경험을 더 깊게 봐야 한다.

여자로서 성공한다는 의미는 무엇일까?

앞서 언급했듯이, 여성의 성공은 직업적 성과로 정의되는 일반적 성공의 척도보다 훨씬 더 다양한 의미가 얽혀 있다. 게다가 여자로서 성공한다는 의미는 사회적, 역사적, 정치적인 강력한 규범으로 형성되었기 때문에 남성의 성공과 상당히 다르다.

먼저 외모와 외양을 살펴보자. 이는 소비지상주의로 형성된 사회에서 여성의 성공뿐 아니라 남성의 성공에도 중요한 요소이긴 하지만, 외모는 여성에게 여전히 더 중요한 조건이다. 자주 보이는 흔한 이미지를 무작위로 가져와보자. 젊고 아름다운 여성이 자동차, 세제, 향수를 포함하여 다양한 상품을 판다. 우악스럽게 생긴 나이든 남성 사업가(또는 기업의 회장)의 옆에는 젊은 미녀 아내가 있다. 어떤 맥락이든 여자를 묘사하는 방식은 대개 아내나 어머니다. 2016년 영국의 하원의원 조 콕스Jo Cox가 극우파에게 살해당했을 때, 콕스의 친구이자 하원의원인 레이철 리브스Rachel Reeves는 콕스의 삶을 기리는 토론에서 다음과 같이 말했다. '배틀리 스펜°의 주민들은 새 하원의원을 뽑겠지요. 하지만 어머니를 대체하지는 못합니다.' 리브스는 물론 맞는 말을 했다. 하지만 콕스가 남자였다면 그 지역의 부모였다고 표현했을까? 성공한 여성을 바라보는 관점을 알 수 있는 또 다른 예시가 있다. 2015년 6월, 71세 여성 마누엘라 카르메나Manuela Carmena가 스페인에서 마드리드의 시장으로 당선되었을 때, 언론은 '꼭 안아주는 할머니'라는 별명을 붙여 카르메나의 따뜻한 성품을 간단하게 요약해버렸다.

° 영국 웨스트요크셔 주의 선거구

여성은 단순히 자신의 성과만으로 평가되지 않는다. 여성성과 결부된 특정한 자질을 구현하는 데도 성공해야 한다. 2005년 줄리아 길라드°가 오스트레일리아의 노동당 당대표로 출마하며 유세를 벌일 때 부엌 탁자에서 사진 촬영을 한 적이 있다. 그런데 마침 탁자 위의 과일 바구니가 비어 있었다. 다른 출마자들은 이 의미 없는 물건에 상징성을 부여했다. 길라드에게 자녀가 없었기 때문에 '과일 바구니'가 비어 있고, 이는 여성성이 부족하다는 의미라는 것이다. 길라드는 '비출산'을 선택했다. 그러나 공직에 출마하는 여성이 자녀가 없으면 무언가 부족하다는 징조로 비치기 십상이다.[10] 2016년 7월 영국 총리 테리사 메이Theresa May가 보수당 대표 후보로 나섰을 때도 유사한 비판을 받았다. 다른 후보였던 안드레아 레드섬Andrea Leadsom은 메이에게 자녀가 없다는 사실을 지적함으로써 이목을 끌었다. 레드섬은 다음과 같이 주장했다.[11] '메이도 조카나 가족이 많겠지요. 하지만 저는 자녀가 있고, 제 자녀도 자녀를 낳을 겁니다. 제 손주들은 앞으로 일어날 일에 직접적으로 영향을 받을 거고요.' 아이가 없는 여성 정치인은 미래를 고려하는 능력이 떨어지기라도 하는 걸까. 정치적 자질을 증명하기 위해 남자에게 생식 능력을 묻는 사람은 거의 없다.

○ Julia Gillard. 호주 역사상 첫 여성 총리이자 이민자 출신 총리. 2010년 6월부터 오스트레일리아 제27대 총리로 취임하였다.

외모와 직업적 성취를 모두 갖춰야만 하는 여성의 성공이 가진 어두운 이면이 2006년 실행된 조사에서 밝혀졌다. 통계에 의하면 미국 여성 중 90퍼센트가 경제적으로 불안하다고 답했고, 절반에 가까운 여성들이 집도, 돈도 없이 길거리에 사는 여성 노숙자로 전락할까봐 두렵다고 말했다. 어느 여성은 자기의 두려움을 이렇게 표현했다. '주름투성이 얼굴에 너저분한 모습을 한 노숙자가 떠올라요. 그저 농담 삼아 하는 말이 아닙니다. 미래에 있을 법한 최악의 상황이에요'

노숙자의 모습을 상상한 이 여성의 이야기가 우리에게 말하는 바는 무엇일까? 바로 실패의 원인이 자기 자신에게 있다는 주장과 그 뒤에 가려진 불안감이다. 이 여성의 두려움은 단순히 직장에서 실패하고 빈손으로 길거리에 나앉는 상황이 아니다. 물론 최악의 상황이 벌어지지 않도록 예방하는 복지정책이 부족한 점을 감안했을 때, 이러한 두려움이 근거 없는 걱정만은 아니다. 하지만 주목할 점은 두려움을 표현한 방법이다. '주름투성이에 너저분한 모습'으로 살기 무섭다고 했다. 이 비유는 여성화된 일터에서 중요한 여성적 능력을 잃을까봐 느끼는 두려움이라고 단순하게 해석할 수도 있지만 더 깊은 문제를 암시하기도 한다.

우리는 앞으로 틸리히가 주장한 실존적 불안existential anxiety의 출발점을 엿볼 것이다. 이 여성이 두려워하는 실패는 육체적 상실(노화, 육체적 힘 상실)과 연관되어 있다. 물론 이런 현상은 여성뿐 아니라 모든 개인에게 적용된다. 하지만 변화의 지배를 고스란히 받는 존재로서, 인간이 느끼는 불안을 가두어버리기 위해 여성의 몸을 이용한 역사는 아주 길다. 몸은 그저 독립적인 존재가 아니다. 몸은 사회적 관습과 가치로 만들어졌다. 관습적으로 여성의 몸을 이용하여 표현된 성공과 실패를 살펴보면, 문화적 서사가 들려주는 실패라는 표면 아래에 있는, 상실을 향한 인간의 깊은 불안감을 마주하게 될 것이다.

여성이 배제된 세상, 그들이 만든 성취

어린 시절 서양 철학의 역사에서 여성의 목소리가 배제된 정도의 심각성을 알고 나서 충격에 휩싸인 순간을 기억한다. 그저 수업 시간에 언급된 여성 철학자의 수가 몇 안 되는 차원이 아니었다. 남성의 생각에서만 나온 충만한 삶의 조건을 반영하여 세계가 형성된 사실이 충격이었다. 인간의 특징은 이성, 선택, 자율성으로 정의된다. 하지만 이런 특징은 '양성 중립적gender neutral'이지도 않을 뿐더러 남성이 경험한 세상만을 반영하였으므로 성공과 성과를 같은 선상에 놓고 취급하는 이상한 태도를 보인다.

레오나르도 다 빈치의 작품인 〈비트루비우스적 인간Vitruvian Man〉은 서구 담론에서 '인간'이 정의된 방법을 보여주는 적합한 그림이다. 원의 중심에서 팔과 다리를 쭉 뻗은 이미지는 르네상스 시대의 이상적인 인간을 정확하게 담아냈다. 중간에 자리 잡은 인간의 몸은 아무 몸이나 그린 것이 아니다. 다 빈치는 우주의 움직임을 담아낸 거울로 남성의 몸을 그렸다. 모든 것은 '남자'의 가치와 활동으로 이해된다. 남성의 이상적인 모습은 모든 인간에게 적용되는 표본으로 제시된 반면, 여성의 몸은 그림에 등장하지 않았다. 남자가 세상의 틀을 만드는 것이다. 언어도 마찬가지로 여성을 배제한 '인간'이 바라보는 세상을 드러낸다. '그he, 그를him, 그의his, 남자man, 인류mankind'와 같이 남성을 총칭하는 단어는 으레 모든 인간을 의미한다. '여자'는 필요 이상의 존재이므로 주변부로 밀려난다. 남자가 인간과 동등한 존재라면 여자는 남자에 포함되는 존재다. 남성이 여성을 '포함'한다는 주장은 남성의 경험이 모든 사람의 경험을 상징한다는 입장을 허용하며, 이는 성공과 실패의 개념이 형성되는 모습에 영향을 끼친 상습범이다.

남성의 성심리psychosexual 발달과 사회화에 관한 이론을 살펴보면 성취가 성공적 삶의 표지가 되는 이유를 어느 정도 알 수 있다. 정신분석 이론에 따르면 정체성은 타고나는 것이 아니라 성취해야 한다.[12] 신체의 경험은 정신 작용이 발달하는 데 아주 중요하다. 이 이론의 연구 초기에 프로이트는 성적인 차이의 중요성을 강조하여 남성과 여성의 정신적 경험을 이해하려고 했다.[13] 성적 차이로 젠더를 이해하려는 이런 엄격한 구조는 납득하기 어려울지 모르나(특히 앞서 살펴본 주디스 버틀러의 이론을 비추어 볼 때), 남성과 여성의 신체적 차이 그리고 이런 차이에서 형성된 사회적 규범과 가치는 쉽게 무시하기 힘들다.[14] 정신분석학 이론에서 이런 차이점은 특정한 사회적 가치와 태도를 형성하고 반영한다고 해석된다. 특히 어머니 신체와의 관계성 때문에 남자아이와 여자아이는 힘겹게 몸부림치며 각각 다른 정체성을 만든다. 여자아이는 어머니와 유사한 자기의 모습이 투영된 정체성을 바라보는 반면 남자의 정체성은 어머니와 자기 자신을 구별하는 데서 생긴다. 남자가 되는 것은 어머니의 신체에서 '구별되는stand out' 과정이다.[15] 남성성은 주어진 정체성이라기보다 성취로 세운 것이라는 사실을 받아들이면, 역사적으로 남자들이 세운 성공의 측정 기준이(비록 무의식적이기는 하지만) 놀랍지 않다.

　남성의 성적 발달에 관한 이론을 인정한다고 해서 여성 정체성을 형성하는 노력이 수월하다는 뜻은 아니다. 프로이트의 여성 성심리 발달 이론에 가해지는 비평이 많지만[16] 그는 여성 정체성 발달의 복잡함을 인정한다. 프로이트는 '여성이 되는 것'의 의미를 고정적으로 보지 않고, 여자아이가 처음에는 어머니와 동일시한 정체성을 아버지로 옮겨갔다가, 최종적으로 다시 어머니에게 돌아와 자리를 잡는다고 해석한다.[17] 하지만 어머니의 역할은 남자와 여자에게 다른 모습을 띤다. 프로이트의 주장에 따르면 여자아이는 자기의 정체성을 어머니의 정체성과 동일시하는 시기에 봉착한다고 한다.[18] 반면 남성이 남성다운 정체성을 확립하려면 어머니에게서 벗어나야 한다. 지나치게 집착적인 어머니의 사랑에서 벗어나려는 아들의 필사적인 시도를 그린 D. H 로렌스의 소설 『아들과 연인Sons and Lovers』은 남자가 성숙하는 데 무엇이 필요한지 인상적으로 보여준다.

실존주의 철학자 장 폴 사르트르Jean-Paul Sartre는 정신분석 이론을 거부했지만 정체성이 성취의 형태라는 관점은 받아들였다.[19] 주체subject가 되려면 즉, 세상에서 '구별stand out'되려면 타인의 영향력을 거부해야 한다. 사르트르는 여성의 신체를 빗대어 개인을 세상에 가두려는 '타인'으로 다양하게 표현했다. 사르트르가 쓴 글에서 성적 욕망과 연관된 신체의 일부는 육체의 무상함을 상기하는 끔찍한 모습으로 그려진다. 그는 타인의 봉긋한 가슴이 누우면 납작해진다고 묘사했다.[20] 악의 없는 표현일지도 모르겠다. 하지만 여성의 성기를 묘사하는 부분은 그렇지 않다. 억압하는 타인의 '축축하고 여성적인 빨아 당김'은 '벼랑이 이끌듯 나를 끌어당긴다'. 타인은 '"넓게 벌리고 있는"... 여성적 성기의 음란함'이다. 공포 영화 〈티스Teeth〉가 생각난다. '괴물'인 여자는 그녀와 관계를 맺으려는 어리석은 남자의 성기를 잘라버리는 질을 갖고 있다. 타인을 이빨 가진 괴물로 그리지는 않았지만 사르트르는 여성을 '남성의 자유를 위협하는 달콤하고 달라붙고 의존적인 존재'라고 설명했다. 그에게 여성적 타인feminine Other은 자연의 세계에서 방심한 개인을 포섭하려 들기 때문에 초월적인 지위를 얻으려면 반드시 극복해야 할 대상이다.[21]

사르트르는 프랑스인이므로 '여성적feminine'과 '여성female'이라는 단어를 구별하여 쓰는 그의 공공연한 성차별을 허용해준다고 치자. 하지만 그가 사용한 언어는 결국 속내를 노출한다. 사르트르는 여성 신체의 본질인 질, 가슴, 신체적 분비물을 예시로 들었다. 이렇게 여성과 신체를 연결한 점이 사르트르의 실존주의 철학에서 보이는 문제의 본질이며, 시몬 드 보부아르가 사르트르의 이론을 토대로 자기만의 철학을 다듬을 당시 모성에 대해 아주 부정적인 견해를 취한 이유다. 어머니가 되면 자녀가 세상과 '구별'되지 못하도록 막을 가능성이 높아진다.[22] 이런 관점에서 보면, 개인이 창의적인 인간으로 완전히 성장할 수 있도록 여자가 모성을 거부하는 편이 훨씬 나은 것 같다. (앞으로 아이가 없어서 '제대로' 여자가 될 수 없다는 이야기를 들으면 보부아르를 인용해야겠다.)

아름답고 다정하고
감정적인 여성의 성공

내게 좋은 변명거리를 주었지만 그렇다고 보부아르의 말이 전적으로 도움되는 이론은 아니다. 여성의 성공을 바라보는 보편적 관점과 너무도 쉽게 잘 맞아 떨어진다. 다시 말해 여성을 정의하는 특징을 포기하고 최대한 남성처럼 되는 것이다. 성공한 삶의 본보기가 이런 토대 위에 만들어지면 여성의 신체와 연관된 경험은 극복해야 하는 실패의 형태로 비친다. 그러면 남성뿐 아니라 여성에게도 이런 인식이 심어진다. 만족스럽진 않지만 이렇게 급진적인 해결책이 나온 데는 그럴만한 이유가 있다. 특히 여성의 성공 범위에 제한을 둔 철학 이론의 역사를 보면 더 분명하다. 남성 철학자들은 다들 놀랄 만큼 똑같은 관점으로 여성을 정의했다.[23] 그들은 현실적으로 끝내 실패할 수밖에 없는 육체적 자질을 토대로 여성 성공의 모습을 제시했다.

전통적으로 여성의 성공은 일관되게도 아름다움, 성적인 매력, 외모, 아이를 낳는 능력과 같은 신체적 특징과 관련되어 있다. 이런 관점은 유럽 계몽주의 사상의 아버지인 임마누엘 칸트의 글에도 있다. 칸트의 이상은 신자유주식 자아, 곧 인간은 이성적이고 자유롭고 선택할 능력이 있다는 관점과 아주 밀접하다. 1764년 칸트는 남성과 여성에게 본질적인 자질을 부여하며 성의 상보성을 설명했다. 이 자질은 남성과 여성이 각자 추구할 목표에 영향을 준다. 남자는 고귀함, 복잡함, 사색, 박식함, 심오함, 원칙에 따른 행동을 추구해야 하는 반면 여자는 아름답고 매력적인 동반자가 되어야 한다.

남성의 속성은 행동이 요구되는 것들이다. 성취해야 한다는 의미다. 반면 여성의 속성은 아무 행동도 취하지 않는 데서 온다. 칸트는 여성을 '더 아름다운 성'이라고 정의하면서 여성이 선천적으로 가지고 있는 속성을 다음과 같이 나열했다. '여성의 몸매

는 보통 남자의 몸보다 곱고, 여성의 용모는 더 섬세하고 부드럽
다.' 육체적 매력 발산이 '번식'에 적절한 가치이며, 알맞은 사회적
여건만 갖춰져 있다면 어느 여자라도 성취할 수 있을 것이다.

> **여성의 몸가짐은 남성보다 더 매력적이고, 친절함과 웃음
> 과 다정함이 더 풍부하다.**

그에 따르면 어린 나이부터 여성은 옷을 곱게 차려입기를 좋
아하고, 자기 자신을 즐겁게 하는 '사소한 일'에서 만족감을 얻는
다.[24] 1년에 드레스 150벌을 입은 프랑스 왕비 마리 앙투아네트
의 모습이 떠오른다. 드레스에 파묻힌 여자를 지식인으로 보기는
어렵다. 진지하고 생각이 많은 남자가 칸트의 의견처럼 허영심이
가득한 여자의 매력에 어떻게 빠질 수 있는지 궁금할 것이다. 다
행히 칸트도 이 문제를 언급하는데, 여자가 '비밀스러운 마법'을
풍겨서 남자가 그녀를 더 호의적으로 바라보도록 만든다고 설명
했다. 칸트는 여자가 가진 외양적 특징을 전부라고 보며 여자를
'미의 특징'으로 판단하는 반면, 남자는 '고귀한 성이라는 자격을
주장'할 수 있다고 결론지었다. 칸트가 사용한 단어가 흥미롭다.
여자는 미의 신체적 특징을 이미 가진 반면 남자는 고결해지려고
반드시 노력해야 한다.[25] 여자로서 성공하려면 수동적인 태도를
지녀야 하고, 남자로서 성공하려면 능동적이어야 한다. 성공한
여자가 되는데 요구되는 행동은 아무것도 없지만, 성공한 남자가

　　　　실패에 대하여

되려면 전심전력해야 한다.

도덕적 결정을 내려야 하는 어려움에 부닥쳤을 때 각자에게 기대되는 행동 또한 달라진다. 여성의 도덕적 결정moral decision은 타인과 맺는 감정적 교류를 반영한다. 여성의 도덕적 성향은 '공감능력, 친절함, 연민'에서 나오기 때문이다. 남성의 도덕성morality은 의무를 알고 그에 맞게 행동하는데서 형성되었으므로 더 확고한 신념이 필요하다.[26] 남성과 여성에 부여된 이러한 가치는 전혀 동등하지 않다. 왜냐하면 사실상 도덕성이야말로 도덕적 행위의 가장 높은 차원인 의무에 부합하기 때문이다. 칸트가 남성과 연관 짓는 자질이 바로 도덕성과 의무다.[27] 여성의 경우처럼 감정을 토대로 도덕적 행위를 실천한다면, 타인에게 동정심을 느끼지 않는 상황에서는 도덕적으로 행동하지 못할 가능성이 생긴다.[28] 나도 이 점은 동의한다. 밤에 옥스퍼드 지역을 걷다보면 구걸하는 사람을 도와줄 의향이 낮 시간보다 줄어들 것이다. 도덕적 행위를 결정할 때 감정이 언제나 좋은 요인은 아니다.

하지만 지금 고려할 중요한 사항은 이런 이론이 여성에게 부여하는 의미와 우리가 앞으로 삶을 빚어나갈 방법이다. 의무에 기초를 둔 칸트의 도덕성은 감정이 아닌 지성을 사용해야 도달할 수 있다. 즉, 남성만이 올바른 도덕적 위치에 이르는데 필요한 깊은 사색을 할 수 있는 존재라는 의미다. 칸트는 다음과 같이 결론 내렸다.

깊은 명상이나 오래 지속하는 사색은 고귀하지만 어려우므로, 아름다운 모습을 주된 매력으로 드러내야 할 사람에게는 적합하지 않다.

성별의 차이가 도덕성의 차이로 이어졌고 어떤 도덕성이 바람직한지 의심할 여지없이 분명히 드러난다.

여자의 덕은 아름다움에 있다. 남성의 덕은 고귀함에 있다. 여자는 부도덕함이 올바르지 않다는 이유로 피하는 것이 아니라 추하기 때문에 피하는 것이다.

남성의 도덕성은 심오하고 여성의 도덕성은 외관에 기초를 둔다. 그렇다면 여성적 성공의 의미는 무엇일까? 여성의 성공은 남성의 성공과 동일하지 않다. 여성의 성공은 호감, 성적 특징, 외모, 멋과 같은 육체적 성취를 의미한다. 성공한 남성이라면 육체적 성취는 피해야 하거나 가볍게 생각해야 할 대상이다. 만약 '남자의 주된 목표가 남자로서 더 완벽해지는 것이라면', 칸트가 여자에게 요구하는 목표는 다르다. 여자는 '아내로서 더 완벽해야' 한다. 남성의 성공(독립적으로 정신적 삶을 양성하고 지적능력을 기르는 것[29])을 대변하는 특징을 얻으려고 하는 여자는 단순한 실패가 아니라 여자로서의 실패할 위험 부담도 떠안아야 한다. 그리고 칸트는 남성적 성공을 얻으려던 당대 여성에게 비판을 가한다.

　　　　　실패에 대하여

온통 그리스어 생각으로 가득찬 다시에르 부인이나, 역학
에 관한 중요한 논쟁을 연구하는 샤틀레 후작 부인 같은 여자
는 수염마저 길러도 좋을 것이다.

여자가 감히 생각이라도 하면, 미를 표현하는 여자의 능력이
위협받는다. '여성의 철학은 이성에 근거하지 않고 감각에 근거
한다.' 여성의 성공은 신체에 일어나는 자연적 변화와 자신을 조
화롭게 일치시키는 정도에 따라 정의되기 마련이다. 칸트가 제시
한 기준에 따라 성공한 여성이 되려면 운도 좋아야 한다. 하지만
이 기준에는 반전이 존재한다. 아무리 아름답고 매력적인 여성이
라 할지라도 피할 수 없는 실패에 도출되어 있다는 사실이다.

여성의 신체 그리고 신체에서 흘러나오는 미덕은 시간이
불러오는 파괴의 대상이므로 여성의 성공은 결국 실패할 수
밖에 없다.

쇼펜하우어는 어느 정도 예의를 차렸던 칸트보다 여성의 실
패에 노골적인 태도를 보였다. 쇼펜하우어는 모성을 비뚤어진 시
선으로 보았기 때문에, 모성은 성공의 모습에서 아주 동떨어져
있는 데다 오히려 여성의 연약함을 드러낼 뿐이라고 보았다. (그
가 오래전에 죽은 사람만 아니라면 나와 저녁 식사를 함께 하자고 말하
고 싶을 정도다.) 칸트가 그나마 감성적인 면이 있다면 쇼펜하우어

는 인정사정없다. 그는 모성을 다음과 같이 설명했다.

> 여자는 삶에서 지은 죄를 행위로 보상하지 않고 괴로움으
> 로, 출산의 고통으로, 자녀를 보살피고 남자에게 종속되는 방
> 법으로 속죄한다.

모성은 여성을 어린 아이 상태에서 벗어나지 못하게 하므로
성공과는 거리가 멀다.[30] 이러한 관점에서 여성의 유아적인 특징
은 자녀와 놀아주는 반복적이고 지루한 일에만 적합하다. 쇼펜하
우어는 남자다운 남자라면 자녀를 양육하는 일에 적합하지 않다
고 확신했다.

> 여자가 온종일 아이와 놀고 춤추고 노래하는 모습을 보고
> 나면 남자가 아무리 하고 싶다한들 그런 일을 할 수 있을 지
> 의구심이 들 것이다.

오늘날 이런 의견을 단순히 여성혐오 정도로 단정해버리기
쉽다. 하지만 쇼펜하우어의 공격은 심상치 않은 현실을 나타낸다.
'여성의 일'에서 아무리 성공해도, 여성의 영역을 세운 장본인인
남자들은 궁극적으로 그 성공을 실패로 간주해버린다. 쇼펜하우
어는 여성으로서 성공하기 위해 필요한 자질의 덧없음을 신랄하
게 지적한다. 그렇다면 육체적 아름다움과 출산 능력은 어떨까.

자연은 통상적 섭리대로 움직인다. 교미 후에 암개미는 새끼를 돌보다 거추장스럽고 불필요한 날개를 잃는다. 여자도 자녀를 한두 명 낳고 나면 아름다움이 무색해지는데 아마 암개미와 같은 까닭일 것이다.

칸트의 낭만적 관점이 간과한 점을 쇼펜하우어는 분명하게 짚고 있다. 그는 아름다움이 궁극적으로 상실의 대상인 것과 마찬가지로, 자연 순리에서 비롯된 여성의 미덕은 덧없다고 말한다.

육체적 아름다움이나 생식 능력에 초점을 둔, 여성의 비정상적인 성공은 결국에는 실패할 수밖에 없다. 영속적인 탐구 대상을 연구하는 철학자인 그가, 여성과 여성적 특징을 거부하는 것은 당연한지도 모른다. 플라톤은 '정신의 자녀'를 낳기 위해 육체적 출산을 거부해야 하는 사람이라고 철학자를 정의했다.[31] 여자가 낳은 자손은 죽을 운명이지만 '정신의 자녀'인 사상은 변덕스럽고 오류에 빠지기 쉬운 인간의 육체를 초월하여 영원히 존재할 수 있다.

나처럼 자녀가 없는 여자는 이런 견해 덕분에 기분이 나아졌을까. 그렇지 않다. 출산이 결국 죽음으로 이어진다는 이유로 이를 거부하는 견해는 물리적 세상을 전반적으로 경시하는 플라톤의 사상을 드러낸다.[32] 생식을 거부하는 견해는 여성의 지위를 폄하하는 방식이기도 하다. 플라톤의 저서 『국가』 5권에서는 남성과 여성 모두 통치할 능력이 있다고 말하지만(적어도 플라톤의 이상적 사회에서는 그렇다), 『향연』의 사랑에 관한 토론에서는 여성에게 낙관적인 운명을 부여하지 않는다. 여자의 사랑은 기초적인 것에 불과하므로 영원할 수 없다고 주장한다. 여자의 사랑은 결국 자녀를 출산하는 데 궁극적 목표가 있고, 자녀는 언젠가 죽을 운명에 처하기 때문이다. 이런 사랑은 철학자가 추구하는 영원한 가치로 이어지지 않는다. 영원한 가치는 다른 남성과 나누는 우정으로만 얻어질 뿐이다.[33]

여성의 신체는 명백히 출산과 연결되어 있으므로 변화성과 동일시된다. 변화성을 대변하는 여성의 신체는 피해야 할 실패의 형태를 고스란히 떠안은 상징으로 전락한다. 죽을 때까지 육체의 지배를 받고 살아가는 여성의 실패는 모든 사람에게 일어나는 상실을 형성화한 존재가 된다. 상실을 모든 인간이 겪는 근본적인 부분이라고 받아들이는 것이 아니라 변화의 과정을 거쳐 마침내 퇴화하는 속성을 부여받은 대상은 오직 여성의 신체였다.

성공한 여자도 알고 보니 결국 실패였다.

이 무상함은 전통적으로 내재하는 여성 혐오의 깊은 맥을 보여준다. 쇼펜하우어의 독설이 나타내듯 여성은 존재 자체가 실패다. 어느 여성이 상대 남성처럼 성과를 거두는 것에 실패했다는 말이 아니다. 칸트 같은 철학자가 여성에게 부과한 아름다움이나 생식력의 가치를 제대로 구현하지 못하는 여성이 있다는 의미도 아니다. 철학자들이 정한 가치에 맞게 여성이 '성공'하더라도 결국 여성은 실패할 운명이라는 의미다.

플라톤의 제자인 아리스토텔레스는 번식의 과정을 연구하면서 이에 관해 아주 분명하게 언급했다. 아리스토텔레스의 이론에 따르면 남성이 삶의 유일한 근원이다. 여성은 '단지' 수동적 재료를 제공할 뿐이고, 남성의 본질적으로 생명을 만들어낸다.[34] 지금까지는 수동적인 정도지만 그는 한술 더 뜬다. 여성은 능동적 요소가 부족하므로 '말하자면 불구가 된 남성'이라고 말한다.[35]

중세 신학자 토마스 아퀴나스가 아리스토텔레스의 이론을 신학에 적용하자 여성의 실패에 한층 더 (신성하게) 억지스러운 요소가 더해졌다. 아퀴나스에 따르면, 여자는 원래 남자에서 만들어진 '덜 완성된 남자'로, 남자와 관계를 통해서만 완전함을 찾을 수 있다고 한다.[36] 물론 '남자Man'는 신의 형상을 본떠 창조되었다. 아퀴나스가 남자와 여자를 모두 포함하는 '인간Man'의 의미로 썼을 것이라고 결론내리기 전에, 여자가 만들어진 모습을 어떻게 그려냈는지 주목하기 바란다. 창세기 3장의 창조 이야기에서 아담의 갈비뼈로 하와가 만들어졌듯이, 모든 여자는 남자의 모습을 본떠 만들어졌다. 남자만이 신의 형상으로 만들어졌으므로 남자는 여자보다 신과 더 긴밀하다.[37] 아퀴나스에게 사상적으로 영향을 준 아우구스티누스는 정신에서 신의 모습을 찾는다고 주장했다.[38] 따라서 남자는 경건한 이성으로 정의되는 반면 여자는 남자의 몸을 일부 분배받은 존재로 정의된다.[39] 남자만 줄 수 있는 무언가가 여자에게는 없다는 의미다.

철학의 세계를 살펴보며 지금껏 나온 의견을 대수롭지 않게 생각했을지도 모르겠다. 하긴, 멀리 희미한 과거에 살던 철학자들이 무슨 생각을 하든 우리가 굳이 신경쓸 것이 뭐란 말인가? 하지만 여성의 실패를 논한 사람은 철학자들만이 아니다. 문학 자료 역시 여성 성공의 위태로운 본질을 그렸다. 테네시 윌리엄스Tennessee Williams가 쓴 희곡인 『욕망이라는 이름의 전차』에서 나이 들어가는 미국 남부 출신의 미인 블랑시 두보아는 자신이 아직 젊고 아름답다는 것을 보여주려고 불빛이 어둑한 방에서 연인을 유혹한다. 그러나 남자가 불을 켜고 '당신을 있는 그대로 보겠다'라고 말하면서 계획은 가차 없이 실패로 돌아간다. 불빛 때문에 블랑시의 아름다움을 향한 환상이 무너졌다면, 에밀 졸라의 소설 『나나』(1880)에서는 천연두가 여자 주인공의 아름다운 외모를 파괴한다. 에밀 졸라는 이를 통해 여성의 아름다움이 얼마나 부서지기 쉬운지 분명히 보여준다. 소설은 주인공 나나가 연극에서 돌풍을 일으킨 사건으로 시작한다. 나나는 이렇다 할 만한 재능도 없고 노래를 잘 부르지도 못하며 무대 위에서 제대로 할 줄 아는 것이 없다. 하지만 나나는 눈에 띄는 아름다움으로 청중을 사로잡은 여신, '파도를 타고 떠오르는 비너스'로 묘사된다. 이렇게 아름다웠던 모습이 소설의 마지막에는 잔혹하게 바뀐다. '베개 위에는 납골당에 있을 법한 몰골, 고름과 핏덩이, 악취가 진동하는 살…비너스는 썩고 있었다.'

여성의 성공은 위태위태하여 끝내 실패를 피하지 못한다. 여성의 육체는 절대로 성공하지 못하는데, 그 이유는 자연 세계의 덧없는 물질적 요소와 너무나 밀접하게 연결되어 있어서이다. 아리스토텔레스와 아퀴나스가 여성 존재의 실패를 주장할 때, 남성은 물리적 영역에 내재하는 부패에서 구별되어 있다. 그들이 말하는 인간의 약점은 여성의 육체에만 속하므로, 남성은 인간의 한계와 죽을 운명에서 떨어져 있는 존재로 보는 것이 가능하다.[40] 고귀함, 합리성, 자유, 행위의 전형으로 남성을 세우는 것은 모든 인간의 자부심과 업적이 결국 무덤에서 끝난다는 진리를 무시할 뿐이다. 물리적인 존재이기 때문에 받는 제약은 여성의 신체에 모두 부과하고, 남성은 그 제약을 통제한다는 환상을 이어간다.

남성의 노화는
비난받지 않는다

그러나 여전히⋯시간의 무정함을 피할 방법은 없다. 여자도 노화하지만 남자도 마찬가지 아닌가. 그럼에도 여성이 노화와 씨름하는 현상은 단순히 개인적인 문제로 끝나지 않는다. 변화하는 여성의 몸은 혐오감, 공포, 반감으로 받아들여지는 반면 노화하는 남성의 몸과 이런 부정적 감정이 연결되는 경우는 거의 없다. '쪼그랑 할멈', '마귀할멈', '노파', '드센 아줌마'와 같은 단어가 남성에게는 별로 없다는 점만 보더라도 노화하는 남성은 노화하는 여성만큼 거센 비난을 받지 않는다는 것을 알 수 있다.

소비지상주의 시대에서 노화와의 전쟁은 특정한 형태를 띤다. 소비 시장을 만들기 위해서는 선택한 소비자 집단이 불안해하는 점을 파악하고, 그 불안을 해결해주는 상품을 만들고 판매해야 한다. 화장품 산업은 여성이 노화를 두려워하는 심리를 조장하며 어마어마한 성공을 거두었다. 2015년 한 해 동안 미국의 미용 산업 및 미용 용품 산업은 시장가치가 무려 800억 달러에 달했다.[41] 외모와 차림새를 중시하는 일의 세계에서 여자든 남자든 자기를 상품화할 수 있는 성공한 사업가가 되려면 겉모습도 신경써야 한다. 그럼에도 바버라 워커Barbara Walker는 나이든 남자와 나이든 여자가 받는 부담감은 다르다고 이미 1980년대 중반에 언급한 적이 있다.

여자는 주름이나 흰머리가 생기면 사회적으로나 직업적으로 불리해지지만 남자는 그렇지 않다.

바바라 워커의 논평을 역사의 쓰레기통으로 던져버리고 싶다. 1980년대에 한 말이 아닌가. 지금쯤이면 우리도 미숙한 성차별에서 당연히 벗어났어야 하는 것 아닐까? 그러나 오늘날 워커가 위와 같이 언급한 시대인 80년대보다 성차별이 줄어들지 않았다.[42] 특히 시각적인 요소가 가장 큰 비중을 차지하는 방송계는 워커가 한 말이 사실임을 더욱 부각한다. BBC 방송에서 농촌, 농업, 환경문제를 다루는 방송인 〈컨트리파일Countryfile〉의 진행자였던 미리엄 오라일리Miriam O'Reilly는 자기를 포함하여 함께 진행하던 다른 여성 진행자 3명(모두 40대에서 50대였다)이 모두 방송에서 하차하게 되자, 2011년 영국 고용심판원에 이를 제소했다. 고용심판원은 미리엄 오라일리가 성차별을 받았다는 주장은 기각했으나, 나이 때문에 차별받았다는 사실은 인정했다. 영국에서 연령대가 높은 여성 방송인의 수만 고려하더라도 현실이 뻔히 보인다. 2013년 노동당 하원의원인 해리엇 하먼Harriet Harman이 발표한 조사에 따르면, 텔레비전 방송 진행자의 5퍼센트만이 50세가 넘은 여성인 반면, 연령대가 높은 남성 진행자의 수는 여성의 4배였다.

노화 방지에 주력하는 미용 시장을 확장하기 위해, 남자도 외모가 중요하다는 점이 강조되고 있는 것은 사실이다. 이를 부인하려는 의도는 없다. 미국의 최근 광고를 보면 면접을 준비하는 아버지에게 딸이 머리 염색약을 권하는 장면이 나온다. 아버지가 젊고 더 '활기 있어' 보이도록 하기 위해서다. 영국 성형외과의사협회(BAAPS)의 조사에 따르면 2007년 성형수술을 받은 환자 중 91퍼센트가 여자라고 한다.[43] 놀랍게도 통계에 큰 변화 없이 2015년에도 같은 수치를 기록했다.

화장품이나 성형수술은 영원히 젊음을 유지할 수 있다는 희망의 손을 내민다. 그리고 다수가 이 희망을 기쁘게 붙잡는다. 하지만 젊음의 묘약이나 성형수술이 흐르는 시간을 영원히 막지는 못한다. 철학자이자 환경운동가인 재클린 지타Jacqueline Zita가 말했듯, '젊음과 아름다움을 회복하려는 시도가 궁극적으로 성공하지 못하면 결국 실패하고 쓰러지는 사람은 여성이다.' 지금까지 살펴본 철학자, 극작가, 소설가들이 그린 여성의 성공은 모두 젊음과 연관되어 있다. 육체적 아름다움은 젊음과 동일시되고 생식능력도 젊음에 달려 있기 때문이다. 성형수술이 세월을 거스를 수 없듯이, 나이가 들어서 임신하려는 여성을 위한 의학적 해결책도 성공하기 힘들 것으로 보인다.[44]

외모와 모성으로 여성의 성공이 판단될 때, 노화는 단순히 죽음을 나타내는 증거의 차원을 넘어, 특히 여성에게 더 큰 문제를 안겨준다. 노화하는 여성을 표현하는 방식은 여성을 주변화하는 정도를 넘어섰다. 광고계는 대수롭지 않게 나이든 여성을 배제한다. 도브와 마크스&스펜서°에서 만든 광고가 꾸준히 50대 이상의 여성을 포함하고 심지어 축하하는 모습을 보여 이례적으로 눈에 띈다. 하지만 대부분 영화나 방송에서는 여자를 배제한다. 모든 여자를 평가하는 이상적 잣대에 나이든 여자가 맞추려고 노력하지만 못 미칠 때는 혐오가 따라온다.

소셜미디어의 부상은 이런 혐오감을 더욱 증폭시켰다. 2014

° Marks&Spencers. 의류, 신발, 가정용 잡화, 식품 등을 판매하는 영국의 프랜차이즈.

년 트위터에서는 배우 르네 젤위거가 성형수술을 받았다는 이야기가 나돌았다.[45] 한 네티즌은 소문에 자기의 의견을 가미하여 2015년 1월 17일에 다음과 같은 내용을 트위터에 올렸다. '르네 젤위거를 보면 타이타닉이 빙산과 충돌하는 모습을 슬로우 모션으로 보는 듯하다.' 2016년 '햇빛이 쨍쨍한' 곳에서 찍힌 젤위거의 사진은 '여자가 40대 후반이 되면 생기는 일'[46]이라는 제목으로 발표되면서, 그녀의 '충격적인' 모습으로 한바탕 논쟁이 벌어졌다. 르네 젤위거에게 밝은 햇빛을 피하라는 말은 40세가 넘은 모든 여자라면 블랑시 두보아의 전략처럼 어두운 조명 아래에서만 있으라는 이야기다.[47]

노화하는 여자를 향한 혐오감은 단순히 성미가 고약한 사람들이 서식하는 트위터라는 공간에 관한 이야기가 아니다. 정신분석학자이자 철학자인 줄리아 크리스테바Julia Kristeva에 따르면 혐오는 아브젝트°를 수반한다. 아브젝트는 주체의 온전한 상태integrity를 위협하는 것이므로 차단해야 할 대상이다. 크리스테바의 아브젝트에 관한 예시는 신체의 변화성을 일깨워주는 요소다. 피, 속살이 훤히 보이는 상처, 대변.[48] 우리가 숨기고 싶은 이런 것들은 불쾌함 뒤에 가려진 진실인 죽음과 연결되어 있다. 죽음은 언제나 존재하는 현실이며, 우리의 삶에 침입해 언어와 행

동의 세계가 주는 안락함을 파괴할 힘이 있다.[49]

아브젝트는 개인이 자신의 온전한 상태를 보호하려면 반드시 배제되어야 할 사항이다. 노화하는 여성의 신체를 보면 이런 과정이 어떻게 이루어지는지 엿볼 수 있다. 노화는 우리 모두에게 생기는 현상이며, 죽음의 급박함과 함께 남자와 여자 모두에게 닥칠 일이다. 어떻게 저항할까? 첫 번째, 노화 그리고 우리가 느끼는 공포를 나이든 여자의 신체에 모두 전가하는 것이다. 이것은 결코 새로운 방법이 아니다. 오히려 소셜미디어와 방송 기술로 더 노골적으로 변했다. 여자가 어떻게 아브젝트로 형상화되는지 이해하려면, 통상적으로 고려 대상조차 되지 않을 만한 대상을 물색해야 한다. 관례적으로 무시받는 대상을 알기 위해서는 시각적인 자료를 참고하는 것이 특히 유용하다.[50]

플랑드르 화가였던 쿠엔틴 마세이스Quentin Massys가 그린 두 점의 그림은 늙은 여성을 아브젝트로 묘사한다. 〈추한 공작부인The Ugly Duchess〉을 보면 가슴이 깊게 파인 드레스를 입은 늙은 여자를 인간보다는 유인원에 가깝게 그려놓았다. 피부는 주름이 자글자글하고, 늙어서 귀와 코도 축 쳐져있다. 입술은 이가 몽땅 빠진 잇몸을 덮은 채 씰룩 웃고 머리카락도(보이는 부분만 보자면) 아주 가늘다. 말없는 늙은 여자의 추한 그림을 보고도 반감이 들지 않는다면, 비슷한 주제로 그린 〈성 안토니오의 유혹〉(1520-4, 요아힘 파티니르Joachim Patinir와 공동 작품)을 보라. 늙은 여자의 추함과 젊은 여성의 아름다움이 뚜렷하게 대비된다. 젊은 세 명의 아가씨가 싱싱하고 젊은 육체가 주는 금지된 쾌락으로 성인을 유혹하는데 반해, 뒤에서는 쪼그랑할멈이 웃으며 옷깃을 풀어 한쪽 가슴을 보여주는데 늙어서 주름진 데다 두꺼운 털도 나있다.

젊고 매력적인 여자의 외모와 그 행동을 따라하는 늙은 여자를 유인원으로 만들면서, 쿠엔틴 마세이스는 크림과 묘약을 발라 자기의 '진정한 모습'을 감추는 여성을 혐오하는 관습을 가져왔다.[51] 또한 이 그림은 나이와 상관없이 자연의 이치에 따라 변하는 모든 여자의 모습을 보여주기도 한다. 젊은 아가씨도 언젠가는 늙은 노파가 된다. 하지만 여성의 신체에만 적용되는 것이 아니다. 비켜갈 수 없는 시간의 원리는 우리 모두에게 영향을 미친다.

〈성 안토니오의 유혹〉에서 성관계가 죄로 이어진다는 성 안토니오의 공포가 늙은 여자의 형상을 통해 다른 것을 암시하기도 한다. 육감적인 젊은 여자와 본래 모습을 숨기는 듯한 늙은 여자의 그림 아래에 해골이 있다. 매력적인 여자와 매력적이지 않은 여자 아래에 놓인 뼈는 삶을 사는 내내 우리를 좇는 불안의 원천이다. 우리의 삶과 업적에 부여하고 싶은 불멸의 신화와는 대조적으로, 우리는 연약한 존재이며 우리의 실존은 변화하고 쇠퇴하는 순리에 좌우된다. 늙어가는 신체와 함께 우리는 현실과 죽음의 필연성을 정면으로 보게 된다. 하지만 늙은 여자를 두려움의 대상으로 둠으로써 **모두를 괴롭히는** 실존적 불안이 다룰만한 형태로 바뀐다. 이제 불안은 **늙은 여자**의 몫이지 모두의 몫이 아니기 때문이다.

서구예술에서 늙은 남성의 신체를 그린 경우도 많지만 그렇다고 늙은 여성에게 가해진 정도의 혐오감이 드러난 그림은 거의 없다.[52] 나이든 남성을 묘사한 그림은 대체로 멸시보다는 동정심을 유발한다. 프란시스코 고야Francisco Goya의 〈수프를 먹는 두 노인Two Old Men Eating〉(1820-3)을 보면 한 남자는 해골처럼 보이는 나머지 그가 죽음의 신을 의미하는 것은 아닌지 궁금할 정도다. 다른 남자는 이가 없어 보이는데도 수프를 먹으려 하고 있다. 노인이 딱해 보이기도 하고 나의 노년이 두렵게 느껴지기도 한다. 연민과 동정심이 드는 것은 우리도 결국 타인의 보살핌이 필요하기 때문이다. 마리아노 포르투니Mariano Fortuny의 〈햇빛 아래 노인의 나체Elderly Nude in the Sun〉(1871)는 늙은 남자가 햇빛 아래에서 온기를 느끼며 부드럽게 웃고 있는 낙관적인 그림이다. 인생의 후반을 향한 희망적인 관점이 담겨있다.

노화하는 여성의 몸을 혐오와 공포로 치부하는 현상은 중단되어야 한다. 성별, 부, 지위에 상관없이 모두가 세월과 죽음을 거스를 수 없다. 저메인 그리어는 통찰력을 발휘하여 서구 사회를 '애노포빅anophobic'이라고 표현했다. '애노포빅'은 나이든 여성을 비이성적으로 두려워하는 현상을 설명하며 그리어가 붙인 용어다.[53] 여성과 나이는 도대체 어떤 연유로 '인간'과 나이라는 더 통상적인 논의에서 동떨어져 있을까. 이런 의문은 여성과 자연적 이치의 주기적인 연결성을 생각하게 한다.[54] 변화와 주기의 흐름을 타는 여성 신체는 남성과 달리 관습적으로 성관계와 출산의 과정과 결부되어 왔다. 역사적으로 여성은 젊음과 생식 능력으로 가치가 매겨졌다. 따라서 여자가 여성적 미덕의 구현을 멈추는 순간 설 곳이 없어지기 마련이다. 40세가 넘은 여성에게는 투명 인간이 되는 초능력이 있다(술집에서 주문하는데 얼마나 오래 걸리는지 시도해보길 바란다).[55] 여성들이 노년을 두려워하는 것은 당연하다.[56]

상실은 노화를 동반하며 우리는 이 사실을 부정하지 못한다. 여성에게 폐경기는 힘들고 고통스러운 시간으로 느껴지기 쉽다. 아이를 가질 가능성이 사라졌다는 신호이며, 아이를 가지고 싶어도 가지지 못한 사람에게는 또 다른 실패, 심지어 불행으로 느껴지기도 한다. 폐경을 질병, 기능 장애, 건강 상실로 해석하는 의료인을 만나면 마음이 더 복잡해진다. 하지만 폐경을 다르게 보는 방법은 존재한다. 더는 가능성이 없다는 사실을 받아들이며 느끼는 슬픔 뒤에는 다른 무언가가 올 것이다. 긍정적인 삶으로 '변신'까지는 아니더라도[57] 인생의 새로운 시기를 맞을 희망이 있다.

언젠가 월경이 끝난다는 사실은 젊은 시절 나에게 굉장한 충격으로 다가왔다. 그때 나의 생각으로는 얼굴이 달아오르고 감정기복이 심해지고 생식력이 막을 내리는 노년의 시작이었다. 모든 것이 끔찍해 보였기에 폐경의 불가피함을 생각하지 않기로 했었다. 이제 폐경기가 지나고 보니 자녀를 가지지 못한 슬픔 옆에는 자유도 나란히 있다. 생리대를 사려고 돈을 쓸 필요도 없다. 다음 생리예정일이 언제인지 기억할 필요도 없다. 내가 두려워했던 얼굴에 열이 오르는 증상은 도리어 내 삶에서 비본질적인 것들을 모두 태워버렸다. 달아오르는 열은 타인이 보는 내 모습이 아닌, 진정한 내 모습만 남기도록 해주었다.

비본질적인 모습의 상실은 의미 있는 삶을 세우는 새로운 방법을 찾도록 자극제 역할을 한다. 페미니스트 철학자인 파멜라수 앤더슨Pamela Sue Anderson은 취약성에 관하여 연구하며 상실을 언급한다. 상실을 경험할 때 '우리는 취약성에서 변화로 나아갈 수 있는 잠재력을 깨닫는다.' 고통도 있고 희망도 있으며, 이 두 감정은 나란히 있을 수 있다. 이제 다르게 생각했으면 한다.[58] 남은 문제는 변화에 맞선 두려움을 넘어서 덧없는 삶의 의미를 정확히 어디에 둘 것인지 생각하는 일이다.

노화는 실패와 같지 않다

지금까지 성별에 따른 성공과 실패의 형태를 살펴보았다. 하지만 여성과 물리적 세계를 연결 짓는 관습 때문에 여성이 가지는 삶의 우선순위가 본질적으로 남자와 다르다는 결론에 이르러서는 안 된다.[59]

여성의 신체가 이용된 형태를 연구하면서, 나는 변화하는 신체에 대한 두려움을 표현하는 데 주안점을 두었다. 여성을 소위 신체적 '실패'와 연결 지은 현상이 남긴 교훈은 단지 성취에 의거한 성공적 삶이 가진 한계뿐만이 아니다. 인간이라면 누구나 겪을 일반적인 상실을 실패의 형태로 해석했다는 점도 눈여겨봐야 할 것이다. 자연스러운 상실이 실패로 해석되면 물리적 세계의 순리는 회피할 문제가 되고 만다. 현실적으로 순리는 피해갈 수 없다. 노화, 쇠퇴 그리고 죽음은 누구도 피할 수 있는 요소가 아니며 오히려 인간임을 입증하는 증거다. 따라서 실패의 잣대를 가지고 현실을 바라보기보다 자연의 순리를 오히려 필수적인 한계를 주는 기회로 보는 편이 타당하며, 이 한계 속에서 인간은 의미를 찾아야 한다.

보부아르의 후기 철학은 인간의 한계를 부정하는 데서 오는 문제를 제시하며 노년이라는 개념에 접근했다.[60] 사르트르와 유사하게 보부아르 역시 인간 개인이 창조되는 과정을 두 가지로 정리했다. 개인이 되기 위해서는 미래를 지향하고 의미 있는 과제에 전념해야 한다. 하지만 '노년'에는 이런 활동이 얼마나 성공적일지 알 수 없다. 노인에게 미래는 실제로 제한적이다. 죽음은 우리의 선택과 결정에 영향을 미치는 추상적인 미래가 아니라, 당장 직면하는 문제다.[61]

노년이 적나라하게 보여주는 실체는 '모든 성공은 결국 실패'라는 것이다.

배우, 가수이자 세계적인 스타였던 마를레네 디트리히Marlene

Dietrich는 보부아르의 결론을 몸소 느꼈을 것이다. 40대에 들어서며 배우 경력이 흔들릴 때 디트리히는 연합군을 위한 무대에서 공연하는 가수로 변신하여 다시 재기했다. 하지만 성공적인 재기를 즐기면서도 영원하지 않음을 두려워했다.

> 두려워요. 말한 그대로예요. 실패의 두려움, 참 이상한 기분이에요. 포기해야 하는 두려움, 이런 삶을 지속하지 못할 것 같은 두려움. 모두 웃으며 이렇게 말하지요. '알아요, 알아. 그런데 어리석은 생각은 말아요.' 나는 이 두려움을 아무에게도 털어놓지 못했어요.

가장 성공한 사람도 실패할 것 같은 불안한 예감에 시달리는 이유는 바로 우연과 변화의 세상에서 성공은 종점이 없기 때문이다. 나이든 사람의 관점에서 보면 개인의 업적이 언젠가 사라지는 데서 오는 불안은 전혀 웃어 넘길 수 있는 일이 아니다.

보부아르에게 개인의 성공을 좌지우지하는 업적에도 결국 피하지 못할 종결이 있다는 사실은 큰 문제가 아니었다. 사르트르와 마찬가지로 보부아르 역시 모든 삶의 과제는 죽음을 맞이하기 때문에 궁극적으로 부조리할 수밖에 없다고 받아들였다. 이런 비관적인 결론은 의문을 갖게 한다. 개인의 업적이 오래도록 지속되지 않는다면 모든 삶은 결국 무의미한 걸까? 삶에서 상실과 실패가 차지하는 자리를 다르게 이해할 방법이 있을까?

보부아르는 그 가능성을 넌지시 언급할 뿐이다. 나이가 지긋한 정치인이 물러날 때를 받아들이지 못하는 현상과 그것 때문에 생기는 초라한 결말을 이야기하며 보부아르는 '젊은 시절을 우스꽝스럽게 따라하려는 노년'을 맞고 싶지 않으면 방법은 하나뿐이라고 했다.

노년에 우리는 여전히 열정을 가짐으로써 자기 안으로만 파고들지 않도록 해야 한다. 사랑, 우정, 분노, 연민을 느끼며 타인의 삶에서 가치를 찾는 한, 자기도 가치 있는 삶을 살 것이다.

이제 개인의 삶을 사랑, 관계, 정치적 행위로 얽힌 타인의 삶 옆에 나란히 둔다. 나이듦을 성찰하며 보부아르는 여전히 자기 자신의 과업을 지니되, 그 과업이 타인과 함께 살아가는 삶에 놓여있다는 사실을 이해하게 된다.[62]

보부아르의 글은 과연 '성공'과 '실패'로 분류하는 것이 의미 있는 삶을 판단하는 올바른 방식인지 생각하게 한다. 성취한 과업과 자기를 동일시하며 '세상과 구별'되려고 하기보다, 우리 정체성을 형성하는 관계에 주의를 돌림으로써 우리는 세상에 발딛게 된다. 그렇게 할 때 세상은 우리의 정체성 형성을 방해하는 공간이 아니라, 가능성을 발견할 영역이 된다. 보부아르가 제시하는 네 가지 특징인 사랑, 우정, 분노, 연민은 타인과 맺는 관계와 밀접하다. 이렇게 현실에 기반을 둔 사고는 통제하지 못하는 요소를 받아들이는 관점에 영향을 준다. 하지만 노화를 유독 여자의 문제로 치부하는 것은 오히려 상실과 죽음의 타당한 관계성을 피할 뿐이다. 노화하는 여성의 몸을 거부하여 죽음을 잠시 외면할 수는 있지만 그 대가는 엄청나다.

상실과 실패는 동일하지 않다.

실패의 개념이 나타내는 것은 피할 수 있는 결과에 따른 책임의식이다. 반면 상실은 삶의 본질이므로 아무리 조심해도 피할 수 없는 결과다. 자녀가 없는 나의 상황을 생각해보면, 때로는 실패처럼 느껴지면서도 이것은 실패가 아니다. 나는 오히려 상실을 안고 살아간다. 고통스럽고 힘들 때도 있다. 그렇지만 공허한 마음 옆에는 다른 무언가가 따라 오기도 한다. 인간이 통제하지 못하는 이 세상에서 내 위치를 더 깊게 탐구하고 싶은 마음이다. 세상을 아름답게 하는 바로 그 순리는 인간의 영역 너머의 수수께끼일 따름이므로, 우리에게 삶의 의미를 다르게 이해하는 방식을 보여준다. 성취할 목표와 축적하는 물질에서 의미를 찾는 방식만이 존재하는 것은 아니다.

여자가 신체적 매력을 영원히 유지하지 못한다고 비난받는 현실을 보면 우리는 실패와 상실이 뒤엉킨 방식이 무엇인지 이해하게 되며, 이런 현실은 시사하는 바가 많다. 실패와 상실이 여성의 신체와 만나면, 덧없는 현실을 통제할 전략이 탄생한다는 사실이다.

나이 자체가 아니라, 나이든 여자가 문제로 탄생한다.

삶이 흐르면서 우리 모두는 결국 죽는다. 성형 수술을 아무리 많이 해도 현실은 바뀌지 않는다. 매력이 넘치는 젊은 아내를 아무리 많이 두어도 현실을 막지 못한다. 여성에게 노화의 문제를 투사했는데도 여태껏 죽음을 해결하지 못했다면 노화와 죽음을 두려움 없이 정직하게 바라봐야 좋은 삶의 의미를 재고할 수 있다는 것이다. 시간의 위세를 피해 숨거나 죽음의 운명이 두려워서 타인에게 세월의 무서움을 뒤집어 씌운다면, 변화와 우연으로 이루어진 세상에서 인간으로 사는 의미를 진지하게 고민할 능력을 잃게 된다. 결국 우리는 실존적 불안에 당당하게 맞서지 못하고 피해 버린다.

우리를 두렵게 하는 것에서 도망치지 않을 때 우리는 삶의 의미를 다르게 생각할 공간을 확보한다. 덧없음과 의존성을 마주하면 인간의 의미를 묻는 질문에 새롭게 대면할 가능성이 생긴다.

3장

언젠가
우리가 세상에서
사라진다면

우리가 다른 종보다 유일하게
뛰어난 점이 있다면 스스로 죽음에
책임을 지고 성공적인 죽음을
맞이할 수 있다는 것이다.

작가 존 디디온Joan Didion은 남편의 갑작스러운 죽음을 말하며 자신의 회고록을 시작한다.

삶은 빠르게 변한다. 삶은 눈 깜짝할 사이에 바뀐다. 저녁을 먹으려고 앉았는데 지금껏 내가 알던 삶이 끝나버렸다.

함께 저녁 식사를 하는 도중, 하던 말을 끝내지 못한 채 남편이 쓰러졌다. 그녀의 삶은 그 순간 변했다. 존은 상실의 경험을 아주 섬세하게 해부했고, 그 시기를 '마법을 꿈꾸던 한 해year of magical thinking'라고 불렀다. '마법을 꿈꾸던 한 해'는 죽은 남편을 산 자의 땅에 두려는 존의 사투를 말한다. 이런 노력은 주술적이거나 초자연적인 것이 아니라 지극히 평범하고 자연스러웠다. 남편의 옷을 버리지 못하게 하고 남편의 몸을 장기이식에 쓰지도 못하게 했다. '장기를 빼내거나 신발이 없으면 남편이 어떻게 돌아올 수 있을까?' 이런 존의 생각도 일리가 있다. 그녀는 죽음의 마수에 사랑하는 사람을 잃은, 가장 충격적인 경험을 애절하게 그려냈다.

우리는 절망에 굴복하지 않으려면, 압도적이고 두려운 존재인 죽음을 부정하는 것이 가장 최선이라는 생각으로 죽음을 대했다. 발전과 성취를 강조하는 관점에서 보면 죽음은 인간 경험의 피할 수 없는 부분이 아니라 개인의 실패를 보여주는 것이다. 삶에 스스로 책임져야 하므로 죽음마저 자기 자신의 책임이라는 이야기다.

죽음이 실패로 여겨지게 된 데는 의학의 지속적인 발전도 영향이 있다. 수명이 놀라울 정도로 늘어나자 죽음을 피할 수 있다고 결론내리기 쉽다. 삶의 다른 영역에 대한 이 시대의 해석이 환상에 불과한 것과 마찬가지로 이런 결론 역시 환상일 뿐이다. 아픈 사람과 죽어가는 사람, 세상을 떠난 사람과 떠나보낸 사람의 이야기에 귀를 기울이면 오늘날의 개인이 잘 받아들이지 못하고 있는 진실을 알려줄 것이다. 바로 삶은 위태롭고 인간의 성취에는 한계가 있다는 사실이다. 질병과 죽음 앞에서 인간은 신자유

　　　　실패에 대하여

주의 신화에 나오는 자급자족하는 거인이 아니라, 연약한 신체에 종속된 변하기 쉬운 존재일 뿐이다.

죽음이라는 오래된 문제

죽음이 이 시대의 자아에 의문을 제기하고 있지만 역사적으로 죽음에 도전해온 인간의 자신감마저 부정하는 것은 아니다.[1] 인간은 생각만큼 특별하지 않다. 언젠가 우리가 사라진다는 생각, 삶에서 맡은 역할(인간관계, 세상에서 차지하는 자리)이 끝난다는 생각은 공포심을 불러일으킨다. 자연스럽게 인간은 이 생각과 공존할 방법을 언제나 찾아왔다.

고대 에피쿠로스학파에서 죽음의 두려움을 다루는 가장 좋은 방법은 죽음 자체의 힘을 거부하도록 훈련하는 것이었다. 다음은 에피쿠로스가 제자들에게 가르친 사고 훈련의 예시다.

우리가 태어나기 전, 우리가 존재하지 않던 시간이 있다.
우리가 죽고 나서, 우리가 존재하지 않을 시간도 있을 것이다.
우리는 과거의 상태는 두려워하지 않는다. 그렇다면 왜 미래의 시간을 두려워하는가?[2]

죽음을 향한 태도를 형성하기 위한 쉽고 명쾌한 주문이다. 하지만 심란한 마음을 잠재울 수 있을지는 의문이다. 주문이야 어떻든 나는 죽음이 두렵다. 죽음의 그림자가 내 **미래**에 어렴풋이 보이기 때문이다. 내가 존재하지 않았던 출생 **전**의 시간은 두렵지 않다. 에피쿠로스학파의 주장은 너무 초연해서 현실과 동떨어진 느낌이 든다. 죽음과 죽어감에 동반하는 현실을 다루지 않는다. 깔끔하게 정리된 이 이론은 노화와 쇠퇴에 따르는 수모를 말하지도 않는다. 우리가 죽는 것이 두렵다고 할 때, 죽음 자체보다는 대개 죽어가는 과정을 말한다. 불안의 원인은 우리의 활동 능력과 자아를 잃는 두려움이다.

이런 두려움이 존재하기에 쇠퇴를 축복하려는 미다스 데커스Midas Dekkers의 시도에 완전히 납득하지는 못하겠다. 데커스는 글과 그림을 통해 오래된 건물이 부식으로 고풍스럽게 노화하는 모습과 인간이 겪을 유사한 과정을 연결했다. 그는 노화가 삶을 풍성하게 할 뿐 약하게 하지 않는다고 주장한다. 이 그럴듯한 결론은 오래된 유적이 담쟁이 덩굴로 덮히는 과정이 결국 우리 자신과 주변 사람을 혐오스럽게 만드는 노화의 과정과 다르지 않다는 공포를 못 보게 만든다.[3] 긍정적인 이론이 아무리 많다 하더라도 몸이 부패한다는 불편한 진실을 부정하지 못한다.

그리스 비극 시인 에우리피데스는 글라우케의 죽음을 묘사한 장면에서 부패의 공포를 훌륭하게 포착했다. 주인공 이아손은 예전 연인인 마녀 메데이아를 버리고 아름답고 젊은 공주와 결혼하려고 한다. 격노한 메데이아는 복수를 결심하고 머리 장식과 신부복에 독을 발라 공주인 글라우케에게 보낸다. 안타깝게도 공주는 머리 장식과 신부복을 입고서 살을 녹이는 화염에 불타 '섬뜩한 모습'으로 변한다. 글라우케의 아버지 크레온 왕은 이성을 잃고 딸을 도우러 달려가다 결국 딸의 불타는 몸에 함께 엉키고 만다. 둘의 몸이 갈기갈기 뜯어지는데, 신하들은 아버지와 딸이 피바다로 변하는 모습을 경악하며 보고 있다.

크레온이 글라우케를 도우려고 뛰어드는 장면은 에우리피데스의 극에 자주 등장하는 공포스런 모습을 연상하게 한다. 하지만 이는 단순히 몸이 파괴되는 모습만 생생하게 보여주는 예시가 아니라, 철학자들이 거의 다루지 않는 죽음의 끔찍한 부분을 적나라하게 보여주는 데 의의가 있다. 크레온 왕은 딸을 잃으며 죽음의 끔찍한 공포를 실제로 보았다. 그는 자기의 목숨을 바쳐 딸을 살리려 했다. 이쯤에서 인간은 자신의 운명을 둘러싼 철학적 질문을 하게 된다. 내 정체성은 과연 무엇일까? 죽음 이후에도 잔존하는 내 고유의 정체성이 있을까? 타인을 상실하는 경험보다 자신에게 던지는 이러한 질문이야말로 죽음에 관한 철학적 문제의 중심을 이룬다.

죽음은 비단 철학자만의 문제가 아니라 종교적 이론을 세우는 데도 중요한 배경이었다. 죽음의 문제를 다룰 때 종교적 '해결책'은 다른 형태를 띤다. 일신교적 전통에 존재하는 전능한 신을 믿는 종교에서는 죽음에 직면한 개인에게 신이 유일한 희망이다.[4] 한편 불교의 목적은 신체의 모든 것이 영속적이지 않다는 진리를 수행자에게 깨닫도록 하는 것이다. 부패하는 신체가 이 진리를 입증한다.[5] 즉, 불교에서 말하는 죽음은 자연스러운 현상으로 인간에게 겸손함을 가르쳐주며 영속적인 것은 아무것도 없다는 불편한 사실을 보여준다. 이 사실에 저항하기보다, 인간 한계의 본질을 인정함으로써 힘든 세상에서 평화를 주는 단계로 죽음을 생각하는 편이 낫다는 것이다.

반대로 죽음을 완전히 비자연적인 것으로 생각한 종교 사상가도 있다. 죽음이 자연스럽지 않다면 우리가 두려워하는 것은 당연하다. 초기 그리스도교가 고민했던 문제는 신의 창조과정에서 죽음도 자연스러운 일부였는지에 관한 질문이었다. 교회는 인간이 의존적이고 순리의 일부라는 사실을 거부하는 것에 놀랄만한 통찰력을 보여주었다. 죽음을 거부하는 관점은 죽음을 실패로 보는 현대의 관점과 비슷하다. 반면 신학자 펠라기우스(390-418)와 에클라눔의 율리아누스Julian of Eclanum(386-455)는 죽음이 삶의 아주 자연스러운 일부라고 보았다.[6] 펠라기우스는 그리스의 과학, 철학 서적을 읽으며 크게 영향을 받았고, 결과적으로 그의 관점은 과학의 시대였던 당시 문화적 통념과 맞아떨어졌다. 달갑지 않겠지만 죽음이 물리적 세계의 자연스러운 부분이라는 사실을 밝힌 것은 과학이었다.

이와 반대되는 주장을 한 사람이 우리가 잘 아는 히포의 아우구스티누스Augustinus(354-430)다. 아우구스티누스는 죽음이 자연스러운 현상이고 신이 태초부터 창조의 일부분으로 죽음을 계획했다고 주장한 펠라기우스와 율리아누스의 입장에 반대했다. 그는 인간이 저지른 타락의 결과가 죽음이라고 강하게 주장했다.[7] 최초의 인간인 아담과 하와가 신의 명령에 불복종하고 선악과 나무의 열매를 먹었기 때문에 파멸을 초래했고 후손에게도 신의 저주가 내려졌다. 그의 논리에 의하면 출생의 고통을 겪는 여성과 인간의 노동은 저주의 결과였다. 아우구스티누스는 인간이 고통을 느낀다는 사실이 순리에 문제가 생긴 증거가 아니냐고 반문했다. 여자가 '의사의 고문이나, 사산아를 낳고 겪는 상실감이나 충격'[8]에 고통받는 이유는 신이 하와의 잘못에 벌을 내렸기 때문이다. 아담과 하와가 에덴동산에서 죄를 짓지 않았다면 고통과 죽음은 없었을 것이다. 말 그대로 '죄의 대가는 죽음이다.'(로마서 6장 23절) 그렇다면 죽음은 비자연적이고, 인간의 실패가 불러온 결과라는 의미이며, 신의 명령을 따르는 데 실패하여 빚어진 결과다.

다소 놀라운 것은 죽음이 비자연적이라는 아우구스티누스의 주장을 교회가 받아들였다는 점이다. 현대인의 눈으로 보면 훨씬 타당해 보이는 펠라기우스와 율리아누스의 주장은 당시 이단으로 취급되었다. 그러나 죽음이 '비자연적'이라는 해석과 21세기에 사는 우리의 태도는 일맥상통한다. 아우구스티누스의 주장은 '반자연적이고 심지어 비상식적'으로 보이기도 하다. 하지만 모든 것을 개인의 욕구와 연결하려는 시도와는 오히려 잘 맞아떨어진다. 개인의 필요, 욕구, 희망, 성취가 중심에 자리 잡으면, 죽음을 불쾌한 것으로 볼 수밖에 없다. 인간이 함부로 통제하지 못하는 우주적 관점으로 보면 개인이 얼마나 미미한 존재인지 드러나기 때문이다.

아담과 하와의 이야기로 인간의 위상을 마무리하면 구시대적이고 터무니없는 처사라고 생각될지도 모르겠다. 계몽주의 시대 이후, 우리는 점점 과학의 패러다임으로 세상을 바라보게 되었다. 과학은 다소 반대되는 두 가지 방법으로 죽음을 마주한다. 한쪽에서는 '동물과 다를 바 없이 죽고 나면 완전히 없어지는 인간'이라는 것을 밝혀냈다. 하지만 다른 한쪽에서 과학 기술은 새로운 가능성을 내민다. 다른 동물과 달리 인간에게는 죽음을 피하거나 심지어 극복하는 방법이 있을지도 모른다. 계몽주의가 빚어낸 자신감 넘치는 인간은 과학의 힘이 우리를 죽지 않게 지켜줄 방어벽을 만들어내리라 기대한다. 과학으로 무장한 현대의 우리는 죽음이 패배할 것이라는 희망을 품게 되었다.

하지만 현실적으로 죽음은 그렇게 쉽게 지워지지 않는다. 죽음은 늙고 부패하는 존재를 없애, 신선하고 새로운 싹이 돋을 수 있도록 함으로써 이 행성을 유지하는 필수적인 역할을 맡고 있다. **죽음은 삶의 일부다.** 그렇다면 우리가 아무리 해도 극복할 수 없는 한계 앞에 서 있는 거라면 어떨까? 2장에서 보부아르가 말한 '모든 성공을 결국 실패'하게 하는 것을 마주한다면 어떻게 될까?

성공적인 죽음이 있을까

사회학자 앤서니 기든스Anthony Giddens는 분투하는 개인이 직면하는 죽음의 문제를 잘 꼬집었다. 기든스의 연구는 1990년대 영국의 노동당이 택한 정치적 목표인 '제3의 길Third Way'에 학문적 기반을 제공했다. 이에 따라 토니 블레어 정권의 민주적 사회주의 노선은 신자유주의 경제 정책과 뜻을 나란히 했다. 기든스로 다시 돌아오자면, 그는 죽음이 인간 활동의 '원점'으로 작용한다고 한다.

**죽음은 존재에 대한 인간의 통제가 한계에 부딪히는 순간,
그 이상도 이하도 아니다.**

인간의 한계를 받아들이고 '죽음으로 가까워지는'[9] 현실에 고민하는 인간은 신자유주의식 낙관주의와 쉽게 어울리지 못한다. 피부가 없어지면 해골이 남는다고 인정하는 동시에 자기 운명을 '통제하는' 책임감 있는 개인을 토대로 사회 정책을 만들어야 한다는 주장은 앞뒤가 맞지 않는다. 성공과 실패의 양극 모두를 받아들여 삶의 의미를 구성하는 주장은 무언가를 빠뜨리고 있다. 그럼에도 신자유주의 이상에서 벗어나기 힘든 부분적인 이유는 우리가 삶을 특정한 방식으로 생각하고 싶어 하기 때문이다. 우리는 자기 자신을 책임감 있고 자유로운 존재로 보고 싶어 한다.

기든스가 죽음이라는 인간의 한계를 인정했음에도, 죽음을 대하는 신자유주의식 전략의 중심에는 통제력이라는 개념이 자리 잡고 있다. 따라서 인간의 한계를 성찰하는 대신, 죽음은 인간의 통제로 복종시켜야 할 대상이 되었다. 개인은 자기 삶에 온전히 책임을 지듯이 죽음도 책임을 져야 한다. 이러한 논리는 죽는 사람에게 죽음이 그들의 잘못된 행동 때문이라고 비난하는 상황으로 가는 지름길이다.

어떻게 이런 변화가 일어났을까? 비껴가지 못하는 현실이었던 죽음이 어쩌다가 개인의 행동으로 통제해야 하는 현상이 되었을까? 건강에 관한 현대적 해석이 이 변화를 설명하는 데 도움이 될 것이다. 조직행동학 전문가인 칼 세더스트롬Carl Cederström과 안드레 스파이서Andre Spicer는 현대 사회가 '웰빙 증후군the wellness syndrome'에 시달린다고 말한다. 건강이 정책담당자의 손을 떠나 모든 사람이 받아들여야 하는 '도덕적 의무'가 된 현상이다. 건강은 활력 넘치는 인생을 즐기기 위한 좋은 요소의 수준을 넘어서. 개인의 도덕성을 평가하는 중요한 기준이 되었다.

건강한 이상향은 사업가적 개인을 본보기로 만들어졌다. 일을 중심으로 인간을 바라보게 되면 아파서 일하지 못하는 사람은 사회적 문제라기보다 본받지 말아야 할 교훈이 된다. 약한 사람, 아픈 사람, 죽어가는 사람으로 무엇을 하겠는가? 건강한 신체가 생산적인 신체다.[10] 따라서 비만, 술을 마시거나 담배를 피우는 사람, 노인을 포함하여 이유를 불문하고 건강한 조건에 부합하지 않는 사람은 주변부로 밀려나가나, 이들을 생산적이고 건강한 주류 사회에 복귀시키는 것이 정책의 대상이 된다.[11] 이 사회가 건강을 어떻게 이해해야 하는지 의미에 주목하기 바란다. '"건강"이란 … "고용할 만한 상태"를 말한다'. 의무를 따르지 못하는 사람은 낙인 찍힐 위험성도 있다.[12]

오늘날, 몸은 당신이 가꾸기로 선택한 대상이다. 그러므로 몸을 가꾸는 데 성공할 가능성도 있지만, 요구되는 모습을 따르지 못했을 때는 실패자가 되기도 쉽다. 앞서 '성공한 여성'이 되기 위해 신체가 어떤 의미인지 살펴봤다면 지금부터는 과체중인 사람이 받는 대우를 생각해보자.

비만인 사람은 단순히 비만이 일으킬 만한 건강 문제로 지적받는 정도가 아니라 실패자로 취급된다. 비만은 타락, 통제력 부족, 근본적 도덕성에 문제가 있다는 것을 보여주는 증거다. 살이 찐 사람은 '욕심이 많고 게으른' 특징을 몸으로 보여주는 것이므로 고용하지 않겠다고 누군가가 말하는 것을 들은 적이 있다. 이런 판단은 아주 흔하게 이루어진다. 수없이 쏟아지는 요리법과 다이어트 방법은 비만이 '어리석은 선택'의 결과로 이해된다는 사실을 암시한다. 비만은 무책임한 태도를 보여주는 증거다.[13] 우리가 지니고 사는 가치는 각자의 신체적 독특함을 초월하지 못한다. 이에 따르면 오늘날의 가치는 **몸에** 있다. 그러니 비만은 실패의 형태가 될 수밖에 없다.

비만으로 보이는 사람을 비난하고 싶은 욕구는 만성 질환이나 불치병으로 고통 받는 환자에게도 미친다. 담배를 피웠는가? 평소에 술을 너무 많이 마셨나? 운동을 했나? 비만인가? 이러한 질문들은 죽을 고비에 있는 사람을 설명할 방법을 찾기 위해서다. 물론 생활방식이 영향을 미치는 질병도 있지만 항상 이런 이유로 병이 생기는 것은 결코 아니다. 암 투병 중인 사회학자 아서 프랭크Arthur Frank는 구약 성경에 등장하는 욥의 위안자Job's comforter가 현대에도 똑같이 나타난다고 보았다. 질병과 재앙 때문에 힘든 욥은 친구들이 자신을 위로하기보다 역경의 이유를 찾고 싶어서 안달하는 모습을 본다. 욥에게 일어난 일이 욥 자신의 책임임을 확인하기 위해서다. 아서 프랭크는 욥의 위안자와 비슷한 동기를 가지고 암의 원인을 찾으려는 동료가 있다고 말한다.

　　암에 걸리는 불운은 욥의 역경만큼이나 현대인을 두렵게 한다. 욥은 행운의 정반대를 대표하는 인물로, 성서 시대의 인물들은 그의 고난을 보고 두려움에 떨었다. 욥의 불행이 주는 슬픔처럼 암은 삶이 빠르게 무너지는 모습을 연상케 한다. 우리는 모두 암에 걸릴 가능성을 두려워하면서, 피할 수 있다고 믿고 싶어 한다. 따라서 욥을 비난한 사람들처럼 우리도 환자에게 병의 책임을 묻는다.

　　우리는 병에 이유가 있기를 바란다. 삶을 송두리째 흔들어 놓는 갑작스러운 죽음에 이유가 있기를 바란다. 죽음을 개인의 책임(또는 책임감 부족)으로 돌린다면 얼마나 마음이 편할까? 암을 실패의 증거라고 치부하는 편이 단순한 불운으로 보는 것보다 훨씬 마음이 편하다. 심장마비가 식습관의 결과라고 말하는 편이 우연보다 나은 이유다. 사람들은 아픈 사람이 스스로 운명을 책임지길 원한다. 우리가 통제하지 못하는 힘의 먹잇감이라는 사실을 인정하기보다 훨씬 쉽기 때문이다.

인간성이 가진 한계를 받아들이는 것 역시 얼마나 어려운가. 이는 의사도, 청진기를 잡는 법조차 모르는 우리도 마찬가지다. 사람이 죽는 이유를 '인간의 운명'[14]이라고 말하는 의사는 거의 없다. 의사는 '늙은 나이'를 생명이 겪어야 하는 정상적인 부분으로 보지 않는다. 대신 치료가 가능하거나 치료해야 하는 병쯤으로 취급한다.[15] 현대문명이 발달하면서 죽음은 치료해야 하는 문제로 재구성되었다. 의료진을 훈련하는 과정도 이런 현상을 만드는 데 큰 몫을 했다. 외과 전문의인 아툴 가완디Atul Gawande가 언급했듯 의사들은 생명을 살리도록 훈련 받지, 환자들의 '마지막으로 향하는 순간'을 받아들이도록 배우지는 않는다. 가완디는 이렇게 말했다. '나는 의과대학교에서 많은 것을 배웠다. 하지만 언젠가 죽는다는 사실은 배우지 못했다'

한계라는 개념 자체에 문제를 제기하는 문화 속에서 어떻게 한계와 타협할 수 있을까? 미국의 병원에서 삶을 마감하는 모습을 조사한 샤론 코프먼Sharon Kaufman의 연구는 두 가지 요소가 합쳐지며 생긴 죽음의 '새로운' 문제를 말한다. 첫 번째 요소는 의료진들이 환자의 생명을 연장하는 것을 목표로 둔다는 점이고, 두 번째 요소는 말기 환자의 가족들이 환자의 삶을 연장하고 싶어 한다는 점이다. 가족들의 바람은 의료진의 목표와 만나면서 의지는 단단해진다. 코프만의 말처럼 '사랑하는 사람이 병원 침대에 누워 죽음의 문턱에 있으면 당연히 그 사람 생명을 연장하고 싶을 것이다'. 돌아온 여행자가 없는 저 머나먼 나라로 사랑하는 사람을 기꺼이 보낼 사람이 있을까? 과연 누가 상실 후에 따라오는 고통을 쉽게 받아들이겠는가? 정말이지 사랑하는 사람을 잃은 고통은 이루 말할 수 없다. 존 디디온이 사무치게 말한 것과 같이, 죽음 후에는 '끝나지 않는 부재…그리고 공허함'만 따라올 뿐이다.

의사들이 주로 환자 가족의 희망에 부응하는 경우가 많다면 간호사들은 상당히 다른 관점을 가진다. 현장에서 매일 죽어가는 환자를 돌보다보니 간호사들은 선의의 개입이 빚어내는 괴로움을 생각할 수밖에 없다. 16년 동안 중환자실에서 일한 간호사의 이야기는 그러한 입장을 보여준다.

저라면 아마 상황을 바꿀 것입니다. 환자가 살아날 확률이 얼마나 될까요? 어디까지 가야 소용없다는 사실을 받아들일까요? 이런 치료를 며칠이나 더 할 수 있을까요? 우리가 조금 덜 억지스럽게 치료한다면 100명 중 1명밖에 살리지 못하겠지만 나머지 99명이 고문 받지 않아도 됩니다.

'고문'이라는 말이 얼마나 충격적인가. 생명을 연장하는 방법이 언제나 최선은 아닐 것이다. 환자의 고통을 줄이기보다 오히려 더할지도 모른다.

이 사회의 '모든 것을 금융화하는 현상' 탓에 코프먼이 지적한 문제는 훨씬 더 복잡해진다. 의료제도는 자원이 낭비되지 않는지, 병원의 주주들에게 돈이 잘 돌아가는지, 병상 회전율이 효율적인지를 확실히 함으로써 죽는 과정에 경제적으로 접근하는 측면이 많다. 하지만 우리가 주목할 점이 한 가지 더 있다. 환자를 삶의 마지막 순간에 있는 사람으로 바라보기보다는, 해결책을 강구해야 하는 '문제'로서 여기는 상황이다.[16] 사회체제가 모든 문제의 해결책으로 시장과 돈을 내세우므로, 재정만 충분하다면 죽음을 완전히 피할 가능성을 주기 때문이다. 이를테면 인체 냉동 보존술은 죽은 사람을 즉각 냉동하여 미래의 의료 기술이 시체를 살려낼 것이라는 희망으로 가능성을 준다.[17] 8만 달러에서 20만 달러까지도 비용이 가지각색인 인체 냉동 보존 수술은 인류의 가장 기본적 본질까지 바꾸려 든다. 물론 부자들이 모두 인체 냉동 보존술로 뛰어들지는 않는다. 러시아의 백만장자인 드미트리 이츠코프Dmitry Itskov는 사람의 생각을 컴퓨터로 업로드 하는 기술을 개발하는 데 재산을 투자하고 있다.[18]

이런 시도를 괴짜 억만장자들이나 하는 일로 단정 짓기 전에, 우리는 과학 기술의 새로운 영역을 개발하는 세계적 기업의 역할에 주목해야 한다. 구글은 생명공학 개발 그룹인 칼리코Clico가 죽음의 문제를 해결하겠다고 내세우자 어마어마하게 많은 돈을 투자했다.[19] 돈이 가는 곳을 보면 죽음을 물리치는 목표를 위해 상당한 자원이 들어가는 것을 알게 될 것이다. 이는 빤한 이야기다. 재력이 이상적인 생활방식을 제공하고 피하고 싶은 일도 피하게 해준다면 당연히 죽음도 같은 방식으로 처리하지 않겠는가?

재력이 충분하면 죽음도 피할 수 있다.

이와 동시에 한쪽에서는, 개인의 모습을 반영하는 다른 죽음도 찾을 수 있다. 1978년에 출간된 메이 사튼May Sarton의 소설『심판A Reckoning』은 '좋은 죽음'이 무엇인지에 관한 현대적 해석을 잘 드러냈다. 주인공 로라는 치료가 불가능한 암 선고를 받고 '마치 평소보다 더 살아 있고, 깨어 있고, 통제력을 가진 듯한 낯선 흥분을 느꼈다. **내가 내 죽음을 맞을 것이다**'라고 말한다. 이런 접근법은 인체 냉동 보존이나 컴퓨터 과학자의 방법과 다르다. 죽음을 피하지 않고 죽음의 과정을 주도적으로 떠안기 때문이다.[20] 삶에서 개인이 자기 자신을 창조해내는 데 참여했다면 죽음도 마찬가지로 자기를 표현하는 모습을 띠게 된다. 주도적인 죽음은 단순히 병원에서 맞는 죽음을 피하는 것이 아니다. 죽음의 그림자에서도 개인의 선택을 축복하는 방법을 찾는 것이다. 죽음에는 여러 괴로움이 따르겠지만, 개인이 자기만의 고유한 방식으로 죽어가는 경험을 막지는 못한다. '성공적인' 죽음은 가능하다.

타인과 연결되어 있음을 깨닫는 것

암으로 죽게 될 경우, 우리는 자신이 죽는 과정을 통제하는 상황을 가장 분명하게 알 수 있다. 암은 환자와 주변 사람에게 환자가 죽는다는 사실을 받아들일 만한 시간과 공간을 허락하기 때문이다. 그러므로 죽음이 주도적으로 떠맡을 수 있는 현상이라는 생각과 잘 맞아떨어진다. 서서히 죽는 사람에게는 부담이 가해지기 마련이다. 서서히 죽어가는 상황은 개인이 성장할 잠재력을 준다고 생각되어서다.[21] 아무도 '밤에 잠들 듯 편안하게' 가서는 안 된다. 죽는 사람은 '꺼져가는 불빛에 분노'해야 하고 그렇지 않으면 적어도 무언가 교훈을 얻어야 한다. 죽음의 영역까지도 실패의 두려움에서 벗어나지 못한다.

나는 성공적으로 죽음을 맞을 수 있다. 하지만 내 삶의 마지막 장을 실패로 끝낼 가능성도 존재한다.

죽음을 논하는 두 가지 자전적 이야기는 통제력이 죽음의 영역까지 확장된 현실을 반영한다. 현대 서구 사회에서는 조직적인 종교가 중요한 역할을 하지 않으므로 종교의식이나 신앙의 관점으로 죽음에 접근해야 한다는 생각은 다소 시대착오적으로 보인다. 따라서 개인이 따라야 할 바람직한 본보기는 죽음에 맞서거나, 죽음을 극복하지는 못했다고 하더라도 자기의 죽음을 주도적으로 이끈 영웅적 인물의 이야기다.

앞으로 살펴볼 이야기는 신자유주의식 통제력이 죽음의 과정까지 확장된 모습과 삶의 마지막 순간과 직면했을 때 통제력의 한계에 부딪히는 현실을 모두 보여준다. 두 이야기가 특별히 흥미로운 이유는 두 사람 모두 앞에서 언급한 노동당 정책인 '제3의 길'과 노선을 같이한 인물이기 때문이다. 정치인 필립 굴드Philip Gould와 케이트 그로스Kate Gross의 회고록에는 그들의 정치적 직업의식이 죽음을 받아들이는 과정인 개인적 영역에도 영향을 끼치는 장면이 고스란히 나타난다.

토니 블레어의 핵심 참모였던 필립 굴드는 신노동당의 정책 개발에 중요한 인물이었다. 그는 2008년 식도암 판정을 받고 2011년 결국 세상을 떠났다. 회고록『내가 세상을 떠날 때When I Die』가 2012년에 출판되어 그 해에만 3쇄를 찍어냈다. '죽음의 지대에서 배우는 교훈'이라는 부제가 나타내듯 굴드는 암투병 생활에서 그가 깨달은 이야기를 써 내려갔다. 이 책에는 신노동당의 정책에서 영향력 있는 인물들이 자주 언급되었다.

필립 굴드는 암 판정을 받은 직후 토니 블레어가 찾아온 일화로 이야기를 시작한다. 굴드가 아프다는 소식을 듣고 나서 나눈 대화는 그들의 관계가 바뀌고 있음을 넌지시 나타낸다. 공적으로 종교 이야기를 꺼내지 않기로 유명한 블레어는 굴드와 처음으로 종교에 관한 이야기를 나누기도 한다.[22]

(블레어는)개인적 가치와 종교적 신념이 공적인 세계가 아니라 사적인 영역에 속한다고 생각한다 … 하지만 내가 암에 걸리고 나서 우리는 공적인 세계를 떠나 완벽하게 사적인 영역으로 들어왔기에 그는 자기의 연민, 종교, 가치를 어느 정도 자유롭게 놓아 주었다.

굴드는 '모든 정치인'이 공적 모습과 개인적 신념을 분리하도록 강요받는다는 사실을 인정했다. 하지만 그 순간만큼은 '사적인 개인'으로 서로 만났고, 이는 죽음이 외부의 정치적 세계가 아니라 사적이고 개인적인 영역에 속한다는 것을 의미했다. 이런 식으로 죽음을 주변부로 몰아내는 정치에 의구심이 들지 않는가? 우리가 연약한 '사적인 개인'이기에 생기는 가능성과 어려움을 심각하게 여긴다면, 공적인 영역에 알맞다고 여기는 정책을 다르게 생각할까?

오래도록 정치 전략가로 활동해서인지 굴드는 자연스럽게 죽음마저 업무를 처리하는 방식으로 접근했다.

암과 싸우기 위해 내가 생각했던 모든 방법은 전략적이었다. 선거 유세 전략을 짜는 것 같았다. 나는 암 제거를 선거의 승리로 보았고, 암 검사 결과를 여론 조사로 생각했다.

만약 암을 제거하는 것이 '승리'라면, 암 검사 결과가 전투에서 '이기는 상황'을 보여주는 증거라면, 반대로 부정적인 결과는 패배의 경험이 될 것이다. 문제는 실패로 인식된 상황에서 어떻게 반응하는지다. 굴드는 자신이 이름 붙인 '도마뱀 전략(자세를 숙인 다음 숨어서 후퇴하는 전략)'이 의사들에게 잘못된 신호를 보낸다는 사실을 금세 깨달았다. 도마뱀 전략으로 앞에 펼쳐진 전투를 감당할 힘이 없다는 신호를 보냈으므로, 얼른 다른 전략을 도입하여 이길 힘이 있는 모습을 의사에게 보여줘야 했다. 그는 정치 영역에서 사용한 똑같은 원리로 병마와 대적하기로 했다. 즉, '암을 이기려면 리더십이 필요'하고. 정치 유세를 할 때와 마찬가지로, 암과 싸우는 전투에서도 '사실상 홀로 싸운다'는 정신이 필요하다.

내게는 이 말이 이상하게 다가왔다. 선거에 출마한 내 경험을 비춰보자면 선거나 정책 입안 과정에서 혼자인 적이 거의 없었다. 물론 전단을 나누어주려고 혼자서 거리를 터벅터벅 걷거나 홀로 집집을 방문하는 특별한 날이 있을 때도 있지만, 나는 동일한 목표를 위해 헌신하는 동료나 동지와 언제나 함께 다녔다. 나는 선거에 출마하고 유세하면서 결속의 힘을 배웠다. 마찬가지로 굴드도 항암치료를 받는 동안 '혼자'가 아니었다. 회고록에서 언급했듯, 그는 친구들과 사랑하는 사람들로 둘러싸여 있었고 최고의 의료진에게 치료받았다.

그럼에도 자주성과 선택의 가치를 믿는 그의 정치적 신념을 알고 나면, 그가 병을 바라보는 관점을 이해하게 된다. 굴드는 개인으로서 '홀로' 죽음을 마주하고 있었다. 그런데 어느 날 토니 블레어와 함께 저녁 식사 도중, 블레어가 던진 예리한 질문에 대답하면서 그는 불현듯 암의 '목적'을 알아내야 한다는 생각이 들었다.[23] 암의 발병 때문에 자기 자신의 성장이 끝났다는 의미가 아니라, 변화를 이루는 하나의 방법으로 느껴졌기 때문이었다. 성공을 향한 그의 고군분투는 말기 환자라는 진단을 받고서도 그칠 줄 몰랐다.

굴드가 한 말처럼, 잠시 멈춰 서서 우리 삶을 재점검할 공간이 생길 때도 있다.[24] 하지만 힘겨운 시간의 '목적'을 알아내는 것이 과연 올바른 생각인지에 관해서는 의문이 든다. '목적'이 있다고 하면 자연스럽게 개인의 중요성을 생각하게 된다. 따라서 '스스로' 이 상황이 '내게' 어떤 의미인지 알아내야 한다. 자기가 결과를 책임져야 하므로, 목적을 알아내는 데 성공할 가능성도 실패할 가능성도 모두 떠안아야 한다. 결국 이 모든 것이 의미 없을지도 모른다는 두려움, 그리고 의미를 부여하는 과정에서 실패할 것 같은 또 다른 두려움이 한데 섞이고 만다.

흥미롭게도 굴드의 이야기는 삶의 마지막 순간에도 신자유주의 원칙을 적용하려는 노력뿐 아니라, 그 한계까지 낱낱이 보여준다. 그의 여정은 한 사람이 고군분투하는 이야기로 요약될 수 없다. 병이 진전될수록 공동체적 이야기가 더 강력하게 묻어나오기 때문이다. 수술이 성공적으로 끝난 후에 굴드는 전투에서 홀로 싸우는 것이 아니라 '세상에 있는 타인의 고통과 연결된 기분'이 들었다고 말했다. 그의 괴로움은 더 넓은 세상에 있는 고통을 보여주었다.

마침내 굴드가 병마를 이길 수 없다고 깨달았을 때 그는 죽음을 받아들이는 방법으로 눈을 돌렸다. 죽음을 받아들이자 따라오는 것은 진실을 인정하는 마음이었다. 진정 중요한 가치는 개인의 전투가 아니라 가족과의 관계였다. 그는 이렇게 말했다. '나는 감정과 관계로 세상을 이해하려는 중이다'. 굴드는 '영적으로 미숙한 단계에서 신앙심이 확고해진 단계'로 한 발짝 다가갔다. 그의 마지막을 보면서 죽음의 운명을 마주한 위기위식 때문에 생긴 신앙이라고 일축하고 싶은 마음이 들지도 모르겠다.[25] 하지만 우리 존재의 유한함과 한정된 시간을 깨닫고 나서 의식을 치렀다고 바라보면 어떨까.

그렇다고 굴드가 성공의 서사를 완전히 포기했다는 의미는 아니다. 죽음을 받아들인 듯한 그의 태도가 무색할 정도로, 승리의 표현을 사용하며 암에 대응하는 자신의 모습을 판단하는 장면이 군데군데 있다.

나는 죽음을 초월할 용기 있는 모습을 스스로 증명해냈다. 내가 죽음을 이기지 못하더라도 죽음이 나를 패배시킬 수는 없다.

병이 더 심각해질수록 그는 여전히 한 가지 선택이 남아 있다고 굳게 믿는다.

나는 원하는 죽음을 (적어도 어느 정도는) 선택할 수 있다. 내
게는 자유와 힘이 어느 정도 있다. 내가 내 죽음의 모습을 결
정할 희망이 있다.

의식이 있는 마지막 날까지 굴드는 노트북을 사용하게 해달라
고 요청했다.[26] 그는 가족과 친구들에 둘러싸여 죽음을 맞이했다.

굴드가 냉철한 계획으로 죽음에 접근했다면 케이트 그로스
는 자기의 죽음을 향해 노골적으로 분노를 표출했다. 그녀의 죽
음이 보여주는 것은 죽음뿐이라는 현실을 직시할 때 무너지는 자
아의 환상이다. 그로스는 쌍둥이 아들을 둔 젊은 어머니였다. 영
국에서 두 명의 총리 토니 블레어, 고든 브라운Gordon Brown 아래
에서 활동한 만큼 경력이 화려했고, 암 판정을 받은 당시 아프리
카에 민주주의를 정착하려는 자선단체의 CEO이기도 했다. 그러
다 34살의 나이에 대장암 선고를 받았다. 그녀의 회고록『인생은
행복이라는 이름의 조각들이었다』는 아들들을 마음에 두고 쓴
책이므로 특별히 그들을 위한 부제도 있다. '너희에게 말해주고
싶은 모든 것(이 멋진 인생에 관하여)'.

굴드가 암의 목적을 알아내야 한다고 믿었던 반면 그로스는
끔찍한 병의 긍정적인 관점을 받아들이려는 시도에 한계가 있음
을 인정하고 다음과 같이 말한다. '암은 꽤 끔찍한 선물이다. 암은

앗아가고 또 앗아가, 지나간 길 위에 파괴한 흔적을 남긴다'. 누구나 그녀가 느끼는 분노를 전적으로 공감할 것이다. 그로스는 아들들과 나누고 싶은 산 경험의 지혜를 중심으로 이야기를 써 내려가며, '정상적인 세상에서라면 이 모든 것을 말하는 수십 년이라는 시간이 내게 주어질 것이다'라고 언급한다. 이 말에서 그로스는 핵심을 정확하게 찌른다. 죽음 앞에서 자아실현이라는 말이 얼마나 비현실적인지 여실히 드러내는 것이다. 신자유주의에서 말하는 '정상'은 전혀 정상이 아니다. 그로스의 경험이 드러내는 현실은 삶이 우연과 불확실성으로 차 있으며, 이는 성공한다는 약속된 예상과는 멀다. 그리고 빛나는 성공을 쟁취하고 나면 열심히 일하고 노력한 의무에 대한 보상은 없다. 그로스는 권투 선수 마이크 타이슨이 한 말에 동의한다. '모든 선수는 계획이 있다. 얼굴에 날아오는 주먹을 맞기 전까지.' 그녀의 계획은 모두 중단되었다. 삶이 가한 타격에 휘청거리게 되자 그로스는 지금껏 삶을 일궈온 가치가 제 기능을 못하게 되었다고 밝혔다.

나는 이런 불확실한 형세에 익숙하지 않다. 내 삶의 다른 모든 면에서는 성실하고 노력하면 원하는 것을 쟁취할 수 있고 보상이 따라왔기 때문이다.

하지만 아무리 노력해도 사납게 퍼지는 암은 이기지 못했다. 자칭 관료주의자였던 그녀에게 암이 파괴하는 것은 비단 자기의 삶만이 아니라 질서와 통제라고 알고 있던 이 세상이었다.

내게 통제만큼 중요한 것은 없다. 이 상황에도 내 생각을 책으로 영원히 남김으로써 세상을 통제하려 든다. 하지만 나는 암을 통제하지 못하고, 결과에 승부를 걸지도 못하고, 내 안에 있는 암 덩어리가 얼마나 빨리 자라고 다음에는 어디를 공격할지도 결정하지 못하고, 약효가 얼마나 오래 갈지도 내가 느끼는 고통도 통제하지 못한다.

그렇지만 통제력을 상실하면서 따라오는 보상이 없지는 않았다. 다가오는 죽음은 관습과 야망에서 그녀를 자유롭게 해방시켜 주었다. 노동당 정권의 신자유주의 정책에 그로스가 헌신했다는 사실을 감안하면 이것은 아주 중요한 깨달음이다. 그는 평생 높은 포부를 가지고 성공한 삶을 쟁취하기 위해 열심이었다.[27] 하지만 이제 그녀는 야망을 굳게 지켜야하는 것이 아닌 오히려 놓아주어야 할 대상으로 본다. 야망이 떠난 해방감에서 새로운 우선순위가 생긴다. 가족과 친구를 향한 사랑이 삶의 중심이 된다. 죽음은 '가진 것에 만족하고, 괴로움에서 의미를 찾고, 일상에서 기쁨을 보도록' 우리를 놓아준다. 지위나 성취를 좇는 데서 찾는 의미는 죽음의 지대 앞에서 약속을 지키지 못한다. 결국, 다른 것이 필요할 수밖에 없다.

이러한 인간은 죽음의 지대보다 더 먼 곳까지 바라보게 된다.

굴드와 그로스의 다른 두 이야기가 흥미로운 이유는 두 사람 모두 죽음에 직면했을 때 결국 비슷한 결론에 도달했다는 점이다. 개인은 사회적 세상에 둘러싸여 형성되며, 죽음이 초래한 혼란을 헤쳐 나가게 해줄 의미도 그 안에서 찾는다. 죽음 앞에서 우리는 모두 타인의 삶에 의존적이라는 사실이 극명하게 드러났다. 하지만 이것은 애통해할 일이 아니다. 굴드나 그로스는 인체 냉동 보존주의자들이 할 법한 '있는 그대로의 인간 존재에 반항'은 하지 않았다. 그들은 타인에게 의존하면서, 받는 사랑에 그대로 감사했다. 죽음의 도전은 '자기의 죽음을 스스로 맞는 것'에서 서서히 가족, 친구, 자연의 세계를 포함하여 삶에서 진정 중요한 가치를 인정하는 쪽으로 옮겨갔다. 굴드의 경우, 과거에 주변으로 미뤄놓은 종교적 믿음을 다시 찾는 과정이 필요했다. 죽음에 다가가는 과정에서 그는 종교적 믿음을 통해 우연과 변화로 이루어진 우주 속에 자기 자신을 두는 편이 자아실현을 추구하는 것보다 훨씬 현실적이라고 느끼게 되었다.

신자유주의식 자아의 한계는 밝혀졌다. 이것은 굴드나 그로스같이 자기의 죽음을 이해하려는 사람들만의 경험이 아니다. 죽음을 경험하는 현실 역시 성공적인 사회를 만들기 위해 이 세계가 장려한 불평등을 드러냈다. 죽음은 존재의 한계를 알리며 모두에게 평등하게 다가온다. 하지만 가난하게 죽는 사람은 부자로 죽는 사람과 완전히 다른 경험을 하게 된다. 필립 굴드의 이야기로 다시 돌아가보면, 그는 미국과 영국의 최고 의료진에게 진료를 받으며 경제적 불평등의 문제를 더 절실하게 깨달았다고 말한다. 경제적 불평등의 고심하는 대신, '기회의 평등'을 주장하며 좌파적 정치에서 거리가 먼 정책을 구상했던 그의 역할을 고려했을 때, 이런 깨달음은 대수롭지 않은 변화가 아니다. 개인의 수입은 좋은 삶을 사는 데 중요하지 않을 수 없으며, 굴드는 다양한 배경을 가진 환자들과 만나며 이 사실을 깨닫게 된다.

> 나는 재정, 지원, 보험, 믿을 만한 의료진이 없는 사람들에게 암이 어떤 영향을 미치는지 이해하게 되었다…암은 어느 상황에서도 힘들다. 하물며 가난하여 제대로 된 치료와 도움을 못 받는 상황이라면 지옥이나 다름없을 것이다.

죽음의 고비를 경험하고 나서야 근본적인 경제적 불평등이 개인의 좋은 삶과 죽음에 미치는 영향을 깨달았다는 사실이 누군가에게는 이상하게 보일지도 모르겠다. '이해하게 되었다'라니, 일상생활에서 불평등을 전혀 보지 못했다는 말처럼 들리기도 한다. 하지만 평범하게 일상을 지내다 보면 타인의 삶은 전혀 보이지 않을 가능성이 높다. 가난하고 자원이 한정된 사람은 신자유주의가 과시하는 성공의 기회조차 얻지 못하는 경우가 많기 때문이다. 그러나 질병과 죽음의 길에서 사회적 공간(병원)에 들어서면, 평소에는 만나지 않을 사람들과 부딪히게 된다. 이렇게 공동의 공간에서 모든 사람이 우수한 치료를 받을 수 없다는 현실을 깨닫는다.

적어도 굴드는 저소득 집단과 자기의 경험을 분리하고 차별하는 경제적 불평등을 깨달았다. 실업자를 고용하도록 고안된 정부 정책은 경제적 불평등을 제대로 바라보는 것조차 실패했다. 굴드와 같이 좋은 직장과 물려받은 재산으로 충분히 부를 축적한 사람은 자기의 죽음을 결정할 여건이 갖춰져 있다.

성공적인 삶처럼 성공적인 죽음도 충분한 물질적 재원이 요구된다.

돈이 없는 사람은 필연적인 죽음을 맞이할 때도 고생해야 한다. 2015년 8월 영국의 노동연금부Department of Work and Pensions는 80명의 노동자가 매달 죽는다는 사실을 결국에는 인정했다.[28] 이 수치에는 자살과 사고도 포함되어 있으므로 죽은 노동자 모두가 불치병으로 죽는다는 의미는 아니다. 하지만 가난하게 죽음을 맞이하는 환자는 대개 지원이 부족하며, 그들은 부유한 환자와 확연하게 다른 경험을 한다. 일터에 적합한 쓸모 있는 시민을 생산하는 데 먼저 관심을 가지는 국가는 죽음이 시민에게 안겨주는 제약을 인간적인 방법으로 다루지 못한다.

성공과 실패를 나타내는 경제도 마찬가지로 삶의 마지막에 관한 논의에 영향을 준다.

자기 결정권을 강화하는 개혁과 개인의 자주성에 초점을 맞추면… 의료 시설을 제대로 접하지 못하는 사람 또는 정치나 여론의 영향력이 없는 사람의 목소리는 경시되기 마련이다.

안락사에 관한 논의를 생각해보자. 이는 가장 주된 논쟁거리인 '선택권'을 둘러싼 문제다. 하지만 안락사를 결정하기 위한 경제력이 없다면 선택은 허물뿐인 말이다. 실제로 사회의 주변부에 사는 사람들은 '안락사를 합법화하면 사회에서 "덜 중요하다"라고 생각하는 사람이 원치 않는 죽임을 당하는 상황'이 될까봐 불안을 느끼기도 한다. 이런 사람들은 '죽는 순간을 통제할 권리를 주장'하는 사람들보다 방송에 나오는 경우도 현저히 낮다. 따라서 '쓸모 있는' 삶의 의미는 충돌할 수밖에 없다. 신자유주의식 자주성의 어두운 면은 돈 있는 자의 선택할 자유와 돈 없는 자의 선택할 자유가 판이하다는 점이다.

그렇다면 '인간의 자부심이 주는 파괴적인 환상'을 깰 수 있을까? 파괴적인 환상은 경제적으로 부족한 사람에게 불공평한 상황을 만들 뿐이다. 오직 능력만을 토대로 개인을 이해하는 것의 비현실성을 인정하면 어떨까? 아팠던 경험을 두고 생각했을 때 이러한 관점으로 개인을 바라보는 것은 다른 가치들이 나타날 것이다. 몸이 아픈 경험에 관심을 둠으로써 얻게 되는 가치는 관계와 공동체의 중요성을 인정하고, 이를 필요로 할 것이다. 이런 가치가 질병과 죽음, 상실과 실패에서 오는 고통을 완전히 없애지는 못한다. 때로는 상실을 겪으며 타인과 세상에 의존하는 것이 얼마나 힘든지 느낄 때도 있다. 하지만 우리가 잘사는 방법을 찾으려면 이런 진실을 무시해서는 안 된다.

네가 죽는다는 것을 기억하라

언젠가 죽는다는 진리를 인정하기는 결코 쉽지 않다. 그로스와 굴드의 이야기를 따라가며 우리도 결국 그들처럼 죽음의 지대에 들어설 것이라는 당연한 결론을 피하고 싶었을 것이다. 활자로 인쇄된 그들의 말은 아직 살아서 숨 쉰다. 그들이 이미 세상에 없다는 것 그리고 우리도 언젠가 뒤따를 거라는 사실은 마음에 담기에 너무나 어렵다.

1880년에 집필된 톨스토이의 『이반 일리치의 죽음』은 언젠가 내가 죽는다는 사실을 받아들이는 과정이 얼마나 어려운지 보여주는 작품이다. 이반은 죽음을 한번도 제대로 생각해본 적이 없는 전형적인 인물로 나온다. 톨스토이(그는 자기 죽음을 끈질기게 생각한 사람이었다[29])는 이반 같은 사람이 갑작스레 죽음을 맞이했을 때 일어나는 일을 그려냈다. 이반은 죽음을 이해하지도 받아들이지도 못하고 '머릿속에서 죽음을 몰아내고 바르고 건설적인 다른 생각을 채우려고' 노력한다. 이 소설이 죽음의 두려움을 다룬 고전으로 손꼽히는 데는 그만한 이유가 있다. 우리 중 누가 이반의 전략을 따르지 않겠는가?

이 이야기는 또한 죽음을 부인하는 행동이 '살아 있는 사람'과 죽어가는 사람의 관계를 망치는 점을 그려낸다. 이반의 친구들은 공포를 벗어나기 위해 죽음은 죽는 사람의 책임이라는 믿음에 기대고 만다. 이반의 병과 다가올 죽음을 그저 이반에게 닥친 사고로 간주하는 것이다. 즉, 이반과 달리 자기들이 잘 관리하면 피할 수 있는 사고라는 것이다. 이반이 실패한 길에서 그들은 성공하리라 생각한다. 이 전략으로 표트르 이바노비치는 끔찍한 현실에서 피하려고 한다. 하지만 그도 이반과 다를 바 없이 죽음의 먹잇감이다.

'이반 일리치에게 일어난 일이 내게도 언제든 일어날 수 있다' … 그런 생각이 들자 그는 어찌할 바를 몰랐다. 하지만 평소 자기 모습답게, 이 모든 일이 자기에게는 일어날 수도, 일어나서도 안 된다는 생각으로 위기를 벗어났다… 이런 이유를 대며 표트르 이바노비치는 마음을 한시름 놓고 나서야 이반 일리치의 죽음에 관한 이모저모를 물었다. 마치 죽음이 이반 일리치에게만 일어난 사건이며 자기와는 전혀 상관없는 뜻밖의 일인 양 말이다.

이반의 친구들은 자신들의 삶과 죽음이 아무런 연관이 없다고 생각하므로, 이것에서 오는 단절은 이반을 고립한다. 아무도 이반에게 무슨 일이 일어날지 정직하게 말해주지 않고, 가족과 친구에게 점점 소외감을 느낀다.

죽음을 둘러싼 심리를 섬세하게 분석한 톨스토이의 이야기는 150여 년이 지난 오늘날에도 여전히 새롭다. 죽음이 우리 모두에게 온다는 사실은 받아들이기 쉽지만, 그렇다고 해서 죽음이 자기에게 온다는 사실조차 순순히 인정하기는 쉽지 않다. 불편한 결론은 비껴두고 표면적으로만 인간의 유한성을 인정하는 편은 쉽다. 따라서 죽음의 생생한 경험과 씨름하려면 누구나 있는, 아팠던 경험으로 시작하는 것이 좋겠다. 몸이 아플 때 우리는 책임감과 독립성에 초점을 두는 모습에 반대되는 인간의 전형을 경험한다. 이 접근 방식은 죽음을 실패로 보는 개념을 무너뜨리는 데 도움이 될 것이다.

능력이 있지 않고 무능력할 때, 강하지 않고 약할 때, 독립적이지 못하고 타인의 도움이 필요할 때, 과연 어떤 일이 벌어질까? 이런 질문은 내가 처한 상황에서 생각할 만한 것들이다. 최근에 나는 갑상샘에 영향을 주는 그레이브스병에 걸렸다는 진단을 받았고 평생 약을 먹어야 한다. 솔직히 말하면 이런 진단을 받아 마음이 불편하다. 53세에 나도 남들과 마찬가지로 병이 노리는 먹잇감이라는 사실을 상기하는 것이 썩 좋지는 않다. 앞으로 평생 약을 먹어야 하는 사실도 마음에 들지 않는다. 몸이 내가 통제하기 힘든 자연의 순리에 종속되어 있다는 사실을 상기하고 싶지 않다. 하지만 아무리 생각해봤자 상황은 변하지 않을 테니, 이제 하얀 알약에 의존하는 새로운 현실을 받아들이는 길 밖에 없다.

아팠던 경험은 우리가 자기 자신을 보는 방법을 흔들어 놓는다. 별 생각 없이 삶에 들여놓은 사회적 가치를 다시 보는 계기가 되기도 한다. 병에 걸린 경험은 메멘토 모리°의 의미와 유사한 점이 있다. 메멘토 모리는 학자의 책상 위에 있는 해골과 같다. 노력에도 한계가 있고 통제에도 끝이 있다는 것을 상기시킨다. 아서 프랭크는 병이 죽음을 상기하게 하며, 우리 인간의 본성을 사색하는 중요한 전망을 열어준다고 했다. 병은 우리를 건강에서 멀어지게 하는 탈선이 아니라 '인류의 보편적인 조건'임을 말해준다. 병은 어떤 형태로든 우리 모두에게 영향을 미치므로 보편적이라고 표현한 것이다. 병을 맞이함으로써 인간은 신이 아니며, 병을 앓는 현상은 인간으로서 조건의 일부분임을 깨닫는다.

건강이 아니라 아픔으로 인간을 재고하면 어떨까?

아픔이 처음으로 하는 일은 노력과 성취에 집착하는 마음을 무너뜨리는 것이다. 불편한 마음이 올라오기 때문에 힘과 활력이

○ '죽는다는 것을 기억하라'는 의미의 라틴어

넘치는 '건강한' 기분으로 얼른 넘어가고 싶을 것이다. 하지만 아픔에 머물러 조금만 참으면, 능력이라는 개념에 가려 보이지 않던 것이 드러난다. 아서 프랭크는 이런 경험의 힘이 우리의 생각에 도전장을 내밀고, 자립적인 개인에서 벗어나 공동체로 다가가게 한다고 말한다. 아픔으로 인해 '공통된 연약함을 가진 사람들이 모여 이룬 고통의 유대감'을 발견한다.

누구도 아픔을 피하지 못한다. 모두 언젠가 한번은 아픔을 경험한다. 이것이 알려주는 바는 우리가 서로 필요하다는 사실이다.

> 병든 사람(그리고 죽어가는 사람)은 삶의 실패자들이 아니
> 다. 오히려 그들은 모든 삶이 언젠가 직면할 현실, 즉 다른
> 사람의 보살핌이 필요하다는 것을 알려준다.

물론 이런 현실이 인간 존재의 불행한 면모로 보이기 쉽다. 그러나 타인과 더 깊이 서로 헌신하게 되는 계기로 보면 어떨까. 친구나 연인을 보살피겠다는 단순한 책임 덕분에 관계가 진전된 경우가 아주 많다. 따라서 병은 도전이 되기도 새로운 가능성이 되기도 한다.

아픈 경험을 지나치게 감상적으로 보지 않도록 조심해야 한다. 이런 위험을 피하고자 프랭크는 아팠던 경험을 들려줄 때 개인의 건강이 '회복된' 이야기에 너무 집중하지 않으려고 애썼다. '회복의 서사'는 그럴싸하게 사회적 서사를 끌어들여 경험을 '승

리'와 '패배'로 나눈다. 따라서 그는 교묘하고 기분을 좋게 하는 이야기 원형에 빠지지 않도록 방향을 조정한다. '혼란' 속에서 우리는 해피엔딩으로 끝나기 바라는 욕망을 따라주지 않는 경험과 마주한다. 혼란을 살아가는 사람은 그리 단정하게 경험을 말로 풀어내지 못한다.

지금부터 알츠하이머에 걸린 어머니를 돌보는 낸시의 이야기를 하고자 한다. 어머니가 자기의 이야기를 직접 하지 못하므로 낸시의 이야기는 절망적이다. 어머니는 한시도 낸시를 가만히 두지 않는다.

저녁을 준비하려고 하면 벌써 마음이 힘듭니다. 어머니는 냉장고 앞에 있다가 제가 불을 켜놓은 가스레인지에 손을 올리려고 합니다. 그리고는 전자레인지 앞으로 갔다가 다시 식기류가 들어 있는 서랍으로 갑니다. 제가 어머니를 부엌 밖으로 보내려 하면 저에게 화를 내지요. 그러면 상황이 나빠집니다. 그때부터 제게 정말, 아주 힘든 시간이 오지요.

낸시의 어머니가 앓는 병은 고칠 방법이 없으므로 이제 건강을 회복할 날은 없을 것이다. 아서 프랭크가 낸시의 말에서 본 것은 혼란의 상태로 들어가는 모습이다. 그녀의 말에서 '의학, 발전, 전문성으로 둘러싸인 큰 방어벽이 갈라지며 취약성과 무력함이 드러나는 모습'이 느껴진다. 낸시의 이야기는 우리의 통제력이 미치지 못하는 세상을 알려줌으로써 마음을 불편하게 만든다. 세상은 성장과 발전만큼이나 위기와 파괴도 쉽게 허락한다. 이런 세상에 종속되었다는 사실을 인정하기는 얼마나 어려운가. 책임감과 무책임, 성공과 실패의 이야기에 안주하면 얼마나 쉬울까. 삶, 건강, 죽음에 책임이 있다고 말하는 편이 병과 죽음에서 드러난 약함을 인정하는 것보다 훨씬 수월해 보인다. 종교역사학자 일레인 페이절스Elaine Pagels는 사람들은 쉬운 설명을 선호하기 때문에 죽음의 비자연성을 주장한 아우구스티누스가 이해하기 힘든 승리를 거두었다고 말한다. 우리도 아우구스티누스와 다르지 않다. 그와 마찬가지로 '속수무책인 상황보다는 죄책감을 느끼는 편'을 택하기 때문이다. 우리는 스스로 운명을 개척하는, 한계가 없는 존재라고 믿고 싶다.

그러나…무질서한 이야기 속에서 우리는 피하고 싶은 진실을 마주한다. 모든 삶은 변화의 지배를 받으며 모든 생명은 언젠가 반드시 죽는다. 신자유주의라는 이 세계도 변화의 법칙을 어느 정도 인정할지는 모르나, 변화하는 신체에 관해서는 고민하기를 피하는 방향을 택하고 만다. 신자유주의에서 변화란 융통성과 적응력을 의미한다. 하지만 신자유주의의 변화하는 개인은 육체의 현실을 받아들이지 않는다. 여러 형태로 변하는 육체적 특징을 제대로 바라본다면, 우리는 자립력self-sufficiency과 통제력을 주장하는 이 세계의 이상에 의문을 제기해야 한다. 이 과정은 좋은 삶의 지표인 성공에 의문을 품게 할 뿐만 아니라, 실패로 보이는 것을 다시 살펴보는 계기를 마련해준다. 실패로 보이는 경험에서 우리는 자연스럽게 삶의 새로운 방식을 만들어낼 좋은 양분을 찾기 때문이다.

상실 이후의 세계를 받아들이기

그렇다고 변화의 경험을 말끔하게 정리된 관념적 해석에 맡겨서는 안 된다. 결국 통제력과 자립력 있는 삶이 인간의 경험을 설명하는 최고의 방법이라고 주장하는 신자유주의와 다를 바 없어지기 때문이다. 우리는 존 디디온이 남편을 잃은 충격적인 경험을 묘사한 글로 이 장을 시작했다.

삶은 빠르게 변한다. 삶은 눈 깜짝할 사이에 바뀐다. 저녁을 먹으려고 앉았는데 지금껏 내가 알던 삶이 끝나버렸다.

위의 문장은 존 디디온의 회고록에서 후렴구처럼 반복되며, 우리가 당연하게 여기는 것들이 얼마나 위태로운 존재인지 상기시킨다.

그녀는 아픔을 이겨내려고 상실의 경험을 안고 살아가는 다른 사람의 책을 찾아보지만 상실에 관한 책이 미미하다는 사실에 놀라게 된다.[30] 죽음은 도처에 널려 있는데 책은 부족하다니 참으로 기이하다. 상실을 다룬 두 권의 책 『상실』과 『푸른 밤』은 디디온이 그 부족함을 메우기 위해 쓴 것이기도 하다. 디디온은 남편의 갑작스러운 죽음을 받아들이려고 무작정 노력하지 않는다. 남편은 그들의 딸인 퀸타나가 위독한 병으로 병원에 있을 때 세상을 떠났다. 한편 『푸른 밤』은 딸 퀸타나의 병과 죽음을 주제로 이야기한다.

두 권의 책은 상실 뒤에 따라온 다른 형태를 살펴본다. 하나는 남편의 죽음이었고 나머지는 자녀의 죽음이었다. 평생 대화의 상대였으며 그녀의 삶을 지켜본 증인이었던 동반자가 이제 존재하지 않는다. 부모로서의 삶을 이어가게 해주는 자식마저 죽었다. 디디온은 텅 빈 집의 침묵과[31] 고통을 잠재우지 못하는 기억의 무능함을 이야기한다. 한때 사랑과 기쁨을 선사해준 공간이 이제는 영원히 잃은 과거의 기억으로 끌어당기는 문이 되었다. 떠난 버린 사람이 여전히 살아 숨쉬던 때를 회상하며 고통에 빠지기보다는 차라리 피하는 편이 나을지도 모르겠다. 그녀는 과거의 물건을 바라보는 것조차 힘들었다고 말한다. '예전이 어땠는지, 무엇이 무너졌는지, 무엇을 잃었는지, 무엇이 헛된지를 상기하게 하는 물건을 더는 붙들고 싶지 않다'. 남은 물건을 가지고 도대체 무엇을 할 수 있단 말인가? 잃은 과거의 물건을 보관한다고 무슨 소용이 있을까? 외동딸이었던 퀸타나도 이제 없으니 물건을 맡아줄 사람도 없다. 디디언의 생각의 흐름은 자녀가 없는 나의 마음을 무겁게 했다. 남편과 내가 함께 삶을 꾸려가며 축적한 모든 것들. 여행을 다니며 모은 기념품. 우리가 함께 살아온 삶을 보여주는 잘 정리된 사진. 우리가 세상을 떠나면 누가 이런 것들을 보관해줄까? 디디언의 말이 가슴을 내리친다. **아무도 없다.**

죽음의 현실적인 문제와 병든 몸의 현실적인 어려움은 개인적 생존의 문제만으로 축소될 수 없다. 디디온의 글이 드러내는 난관은 우리를 함께 묶어둔 인연의 끈이 약하다는 사실을 바라보는 데 있다. 작가인 도널드 홀Donald Hall과 아내 제인 케니언Jane Kenyon을 노래한 시가 이를 잘 보여준다. 제인 케니언이 쓴 〈그렇게 못할 수도Otherwise〉와 도널드 홀이 쓴 〈당신 없이Without〉에는 케니언을 죽음으로 몰고 간 백혈병 투병 생활이 나와있다.[32] 부부의 시는 세상에 존재하는 정신적 지주였던 사람의 상실을 견뎌야 하는, 죽음의 현실적인 문제를 이야기한다.

케니언이 임종 직전에 퇴고한 시 〈아픈 아내The Sick Wife〉는 죽음을 맞는 두려움을 단순한 문장 속에 온전히 담아냈다.

　　그녀 양 옆에 있던 차가
　　너무나 씩씩하게 출발하는 나머지
　　그녀의 마음을 아프게 하네.

아내 없이도 삶은 흐르고 있고 앞으로도 그럴 것이다. 도널드 홀은 아내를 잃는 두려움과 그 후에 닥칠 끔찍한 현실에 비통한 심정이다. 아내의 병실과 자신이 묵는 모텔을 오가는 길은 분노,

두려움, 무력함을 표출하는 공간이 되었다. 홀은 '나는 오열하고/ 또 오열했다'라고 그의 심정을 썼다. 아내가 세상을 떠나고 나서도 그는 무덤을 수없이 찾아간다.

오늘만 세 번
당신의 무덤으로 차를 돌렸소…
내 앞에 당신이 돌아오는 상상을 하오.
먹을거리가 든 빳빳한 장바구니를
자동차 뒷좌석에 실은 채.

그녀의 부재는 일상적인 모습 같다. 하지만 차 뒷좌석의 장바구니가 상징하는 바로 그 순전한 일상에서 상실감이 극에 달한다. 평소에 장바구니를 옮기던 아내가 이제 존재하지 않는다. 그리고 **앞으로도 다시는 보이지 않을 것이다.** 아내의 무덤가에서 흐르는 눈물은 상실의 아픔으로 울린다. 그리고 눈물은 세상의 모든 애도하는 이들의 슬픔에 전해진다.

당신이 저 자작나무였으면
당신 뒤의 덤불에서 솟아오른 자작나무.
그리고 나는 당신과 나란히 있는 회색 떡갈나무였으면.

의미 있는 삶에 관해 여러 방향으로 생각하면서 상실의 고통은 절대 피할 수 없는 주제다. 심지어 상실은 우주의 구조와 엮인 순리이며, 열역학 제2법칙이기도 하다.[33]

상실을 사실로 받아들이면, 상실을 둘러싼 실패라는 포장이 뜯어질 것이다.

당연히 상실을 실패로 구성하는 편이 쉽다. 죽음을 개인의 책임으로 전가하고 삶의 과제에 어쩌다 실패한 사람의 몫이라고 말하면 얼마나 쉬울까? 하지만 비타민을 아무리 꾸준히 먹고, 운동을 열심히 하고, 명상하고, 건강한 음식을 섭취해도 우리가 죽음과 상실을 겪는다는 사실은 바뀌지 않는다.[34]

디디온의 회고록, 홀과 케니언의 시는 불편하고 고통스러운 경험 이상으로 우리에게 시사하는 바가 있다. 그들은 고통을 안고 살아가는 삶을 암시한다. 도널드 홀은 제인이 심은 모란을 이렇게 묘사했다 '꽃망울을 터뜨렸다, 진눈깨비처럼 하얗게 … /나는 고상한 꽃 하나를 집안으로 들여와/움푹한 유리 접시에 띄웠다, 당신이 하던 것처럼.' 정원 가꾸기를 좋아하는 아내를 떠올리게 하는 슬픈 기억이 아닐 수 없다. 그가 다시 살아갈 희망이 없진 않겠지만 희망은 가녀린 꽃만큼이나 부서지기 쉽다.

당신 모란의 크나큰 머리가 서쪽으로 기운다
마치 넘어질 듯. 몇몇은 넘어지는구나.

『상실』의 마지막 무렵 디디온은 어느 동굴에서 남편과 수영하던 날을 회상했다. 동굴에 들어가서 멋진 광경을 보려면 파도를 타야 한다. 디디온은 남편이 알려준 방법을 떠올렸다. '흐름을 타고 가야 해. 남편이 그렇게 내게 말했다'.

상실과 직면했을 때 변화를 도모하기란 어려운 일이다. 우리가 알던 세상은 무너졌고, 사랑하는 사람의 부재 속에서 삶을 사는 다른 방법을 찾아야 한다. 상실의 이유로 실패를 말하면 안전하게 느껴질지도 모른다. 죽음의 그림자에서도 통제력을 찾으며 환상에 매달리는 편이 쉽기도 하다.

삶을 안전하다고 포장하고 싶은 유혹은 불안한 현실을 결국 드러낸다. 통제하지 못하는 것을 통제하려 들면 궁극적으로 충만하지 못한 삶으로 이어지기 마련이며, 우연과 변화의 요소가 동반하는 고통을 기꺼이 받아들이는 삶보다 불행할 수밖에 없다.

4장 삶의
불확실성을
받아들이기

인간의 불완전함을
배제한 사회의 시스템이
과연 의미 있는 성공이라고
할 수 있을까

앞 장에서 본 것처럼 누군가를 떠나보내는 과정은 우리를 연약하게 만든다. 따라서 인간은 변화의 힘에서 자기 자신을 보호할 확실한 방법을 선호할 것이다.

부서지기 쉬운 세상을 피하고 싶은 열망은 죽음과 상실의 경험에서만 오지는 않는다. 우리는 행동에 좋은 결과가 따르도록 노력하지만 일상은 불확실함을 드러낸다. 사람이라면 누구나 확실한 성공과 최소한의 실패를 원한다. 글을 적으면서 나도 이 열망의 힘을 또렷하게 인지하고 있다. 이번 장은 책의 절반이 지난 지점에 있다. 글을 쓰면서 나 역시 실패의 두려움을 마주한다. 독자가 여전히 주의 깊게 읽고 있을까? 내 글이 이해하기 쉬운가? 내 주장이 타당한가? 사람들이 이 책을 즐기고 있을까? 혹시 지루하진 않을까? 이만큼 읽기는 했을까? 이런 질문이 나를 괴롭힌다.

3장에서 살펴본 상실과 실패의 두려움에 비하면 이런 걱정은 하찮아 보인다(사실 하찮기도 하다). 형사법을 다루는 위험한 일에 익숙한 변호사인 남편은 내가 조바심을 낼 때 이렇게 말하곤 한다. '걱정 마, 아무도 죽진 않으니까.' 물론 남편 말이 맞다. 하지만 이 책이 실패로 끝날 것 같은 끈질긴 생각과 두려움이 떠나지 않는다. 이런 생각 때문에 통제력을 잃을까 봐 두렵기도 하다. 원고 위에 있는 단어가 모두 내게서 달아나버릴 것만 같다.

실패를 제외시킬 수 있을까? 어떻게 해야 성공의 가능성을 극대화할 수 있을까?

컴퓨터 모니터를 바라보며 손가락을 이리저리 두드리는데 내 머릿속에 드는 질문은 '이번 장(그리고 이 책)을 쓰는데 쉽게 따라 할 만하고 성공적인 결과를 내도록 보장해줄 좋은 본보기가 있을까?'였다. 그런 기적 같은 계획을 따르면 호평을 받는 책(베스트셀러가 더 좋겠지만)을 쓸 수 있을까?

기적 같은 해결책이 있으면 얼마나 좋겠냐마는 그런 것이 생긴다고 하더라도 내가 과연 들여다볼지는 의문이다. 나는 성공적인 결과를 보장하는 쉬운 방법이 있다는 주장을 경계하는 편이다. 내 책이 수백만 부가 팔린다고 하더라도, 책에 문제가 있거나 혹은 책의 내용이 엉망이라면 판매 수치만 보고 '성공'이라 할 수 있을까?

내 실패의 역사를 돌이켜보면 수치가 성공의 잣대로 이용될 때 내가 왜 불안감을 느끼는지 분명히 보여준다. 내가 승진할 기회를 놓쳤을 때 상사가 그 이유를 설명해주었다. 유쾌하게 대화를 나누다가 갑자기 내가 받은 질문은 다른 사람들이 내 연구를 몇 번이나 인용했는지 알고 있냐는 것이었다. 나는 놀란 표정을 지었다. 정신이 멍해졌다. '예술과 인문학 분야에 몸담은 사람에게도 중요한 정보'이니 그런 수치를 지원서에 넣었어야 했나. 그 정보를 포함했다면 내가 승진했을지도 모른다. 다른 한편으로 내 연구에 관해 실제로 평가된 내용은 전혀 이야기하지 않았다는 점이 이상하게 느껴졌다. 인용된 횟수가 아무리 높아도 내 연구를 나쁜 예시로 인용하여 부정적인 방향으로 썼다면? 하지만 그런 건 그다지 중요하지 않은 듯했다. 더 중요한 것은 내 연구가 인용된 횟수를 당당하게 보여줄 수 있는지였다. 즉, 내 연구의 '가치'를 보여주는 횟수가 중요했다.

호모 에코노미쿠스가 주축을 이루는 세상에서 이런 현실은 어찌 보면 당연하다. 모든 것이 금융화되면 숫자와 수치가 특별한 대접을 받는다. 돈이 좌우하는 세상이므로 머지않아 숫자 자체가 우리 삶의 모든 영역에서 특별한 힘이 있다는 생각에 빠지기도 쉽다. 그러니 철학적인 글도 수치로 판단하지 못할 이유가 어디에 있겠는가? 한 방에 철학자가 열 명 있으면 열 개의 다른 의견이 나온다. 하지만 수치로 평가할 방법이 있다면 열 개의 다른 의견이 가져올 혼란을 정리할 수 있을 것이다. 숫자에는 인간이 쉽게 따라 하지 못하는 순수함과 단순함이 있다.

우리 삶은 점점 숫자, 측정, 수치로 만들어지고 있다. 이런 현실은 제도적으로 성공을 최대화하고 실패는 배제하도록 주의를 기울인 역사를 반영해서 만들어진 것이다. 하지만 역사를 추적하면 인간의 불완전성을 배제할 때 어떤 일이 벌어지는지 보게 된다. 또한 확실성이 우리 생각처럼 항상 바람직한 것은 아니라는 사실을 알게 된다. 그러고 나면 마침내 드러나는 문제는 좋은 삶을 만들어내려는 호모 에코노미쿠스다. 인간이 하는 판단의 불완전성을 넘어서려고 하면, 인간 삶의 여러 가능성이 줄어들게 되므로 삶, 과제, 관계를 만들기 위해 새로운 인간상을 만들어내기 바랄 것이다.

인간이 아닌 체계를 믿는 사회

2장과 3장에서는 삶의 유한성(노화와 죽음)이 주는 두려움을 다루기 위해 그 책임을 여자, 병든 자, 죽어가는 자에게 전가한 역사를 살펴보았다. 두려워하는 대상을 실패의 형태로 만들어 통제하거나, 사회의 주변부에 있는 사람에게 떠안기면 되기 때문이다.

나는 지그문트 프로이트가 인간의 불안과 인간 문명이 구축한 제도를 연결하는 데 탁월한 혜안이 있다고 본다.

인간은 언제나 세계를 통제하려 든다. 나만 하더라도 날개를 파닥이는 나비를 고정하려는 것처럼, 제멋대로 날아다니는 생각을 단어에 담으려고 하지 않는가. 프로이트는 인간을 아주 쉽게 무너뜨리는 자연적 힘에 주안점을 두었다. 화산, 허리케인, 지진을 경험하면 인간은 본래 연약한 동물이라는 사실을 느낀다. 프로이트는 이러한 자연의 힘에 위협을 느낀 인간이 위협을 통제하기 위해 문명의 체계와 제도를 만들어냈다고 말한다.[1] 이렇게 만들어낸 사회는 저항하기 힘든 자연의 힘 앞에서도 안정감을 주게 되었다. 하지만 자연의 힘에 맞서는 방어벽을 세우는 데 성공하자, 인간의 환상이 커지는 문제가 생겼다. 이제 인간의 노력으로 자연의 세계를 완전히 통제할 수 있다고 믿게 된 것이다.[2]

세계를 통제하는 인간의 환상은 어린 시절부터 단단히 굳어져 왔다. 어린 시절 우리는 원하는 대로 세상을 만들 수 있다고 믿었다. 방에서 나간 어머니가 다시 오면 좋겠다고 생각하면 짜잔! 생각에 응답이라도 하듯 어머니는 정말 다시 돌아왔다.[3] 소원의 힘이 이루어질 때도 이따금 있다. '대부분'의 어머니는 우리의 요구에 답해주기 마련이다.[4] 그러면 소원 덕분에 어머니가 우리 생각대로 움직였다는 믿음을 유지하게 된다. 하지만 생각이 현실을 움직이지 못한다는 사실 그리고 '현실원리the reality principle'를 받아들여 성숙함으로 나아가야 한다는 사실을 결국에는 깨달아야 하는 순간이 온다.[5] 그렇게 우리는 외부 세상이 주는 실망과 한계를 받아들이면서 소원이 세상을 만든다는 생각을 포기한다. 성숙은 우리 행동의 한계를 받아들일 때 비로소 오게 된다. 이 교훈은 어린아이뿐만 아니라, 인간에게도 필요하다.

반면 과학자들은 세계를 '있는 그대로' 이해하도록 관심을 쏟는다. 프로이트 역시 과학자였으므로, 인간이 통제를 맹신하는 위험을 경고하면서도 그 역시 과학의 가능성에 낙관적이었다. 우리가 과학을 수용한다면 과학적 방법론은 소원을 비는 종교적 형태인 신화와 미신에 얽매인 세상보다 훨씬 나은 세상을 가능케 할 것이라 생각했다.[6]

과학의 가능성을 긍정적으로 본 관점은 막스 베버가 관료주의에 대해 했던 설명에도 나와 있다.[7] 막스 베버는 관료주의가 단지 인간 이성의 힘을 정부로 확장한 제도일 뿐이라고 주장한다. 인간이 언제나 이성적으로 행동하지는 못하기 때문이다.[8] 인간은 예측할 수 없고 오류도 자주 범한다. 인간의 실패는 파괴와 재앙을 불러오기도 한다. 이 모든 점이 우리의 불완전성을 드러낸다. '인간의 실수'가 비행기, 기차, 자동차 사고의 원인인 경우를 생각해보라. 아니면 사회 복지사의 잘못된 결정으로 어린아이나 약자가 위험에 빠진 사고를 생각해보라. 심지어 의사가 진단을 잘못하여 치료를 제대로 받지 못한 환자도 있다. 따라서 인간의 실패를 방지하는 체계는 필요하다.

이것이 관료주의적 방식이 도입된 목표다. 관료주의는 인간의 실수를 통제하거나 방지할 지침을 정해놓음으로써 체제를 '과학적으로 관리'하도록 한다. 구조를 적극적으로 활용하여 안전한 세상을 만든다고 믿는다. 자원을 효율적으로 관리하고, 위계질서가 분명하므로 의사결정권자와 명령체계가 확실하게 정해져 있다. 의사결정은 개인의 기분에 따라 달라지지 않고, 사전에 협의한 원칙을 따른다. 노동자는 각자 전문 영역이 있으므로 구체적으로 정해진 업무에 집중한다. 이곳에는 명료함과 질서가 있다. 따라서 체계와 구조로 변덕스러운 인간 행동을 통제하고 실패를 부를만한 변수를 제거한다.[9]

생각해보면 관료주의는 매우 합리적인 일 처리 방법으로 보인다. 보건이나 교육 같은 공공 분야는 더욱더 그렇다. 우리는 누가, 어떤 업무를 책임지는지 분명하게 정해져 있기를 바란다. 이를 통해 사적인 개입을 최소화하고, 자원이 공평하게 분배된다. 따라서 관료주의는 분명 좋은 것이어야 한다. 의사가 환자를 어떻게 생각하는지에 따라 치료의 질이 달라지기를 원하는 사람은 없을 것이다. 또한 직장을 잃었을 때 내가 실업수당을 받을 만한 사람인지를 공무원 개인이 정한다고 생각해보라. 우리는 개인의 요구를 감정적으로 판단하지 않고 객관적으로 판단하는 제도, 상황을 개선하는 제도를 원한다.

하지만 인간의 실수를 줄이려고 고안한 통제 구조에도 어두운 면이 있다. 인간보다 '체계'를 더 믿는 현상이다. 관료주의의 역사는 이 믿음의 영향력을 극명하게 보여준다. 한나 아렌트는 관료주의 체제가 전체주의의 방향으로 흐를 때, 체제는 단순히 개별적 자원을 관리하는 차원을 넘어 더 방대한 역할을 한다고 말한다. 1940년대 후반, 아렌트의 주된 관심사는 나치와 소련 정권 아래에서 붕괴하는 인간이었다. 이 두 정권의 공통점은 과학을 낙관적으로 보았다는 점이다. 다시 말해, 과거 정치의 실패를 극복할 새 '혁신적인' 미래가 가능하다고 보았다. 대담한 미래론은 새로운 흐름의 태동으로 생각되었고, 이런 신념은 신비주의를 동반했다. '인간 외부'의 힘이 거침없이 이 흐름을 성공으로 이끌었다.[10] 소련의 벽보에는 서로 팔짱을 끼고 여명을 향해 걷는 노동자들의 모습을 미화하여 협동과 번영을 이끄는 새 희망으로 그려져 있었다. 제복이 눈에 띄는 것을 제외하면 나치를 선전하는 벽보도 비슷한 모양새다. 미래가 다가오니 두려워하지 말고 역사와 우주적 힘의 피할 수 없는 절정을 제대로 경험하라는 식이다.

하지만 필연성으로 감춘 팽팽한 긴장감이 있다. 나치의 독일은 천 년 동안 지속할 것이라고 했다. 프롤레타리아 계급의 독재가 결실을 이룬다고 했다. 그러나 과연 그것이 가능했을까? 그 결과는 필연적일 수 없다. 개인은 그들의 성공을 위험에 빠뜨릴 가능성이 있기 때문이다. 어쨌든 결과적으로 인간은 예측하기 힘들고 실패하는 경우가 많다. 그들의 독립성이 역사의 진보와 영광스러운 종점을 위협하지 않게 하려면, 체제는 마음대로 날뛰는 인간을 관리해야 하는 것이다. 사회의 발전을 지지하는 사람들은 예측할 수 없는 일을 통제해야 한다고 본다. 하지만 아렌트가 지적하듯, 인간의 창의력은 예측하지 못하는 특징에서 나온다. 새로운 것을 끄집어내는 능력은 놀랍고, 갑작스럽고, 기이하다. 이런 것이 바로 '창의력'의 의미 아닌가? (내가 성공적인 책을 쓰는 다른 사람의 방법을 따라 한다면 그 책은 '새' 책이 아니다. 내 창의성을 반영한 책이 아니므로 그저 좋은 책을 쓰는 다른 사람의 의견을 따른 것뿐이다)

통제를 원하는 사람은 바로 창의성의 생소한 특징 때문에 이를 위협적인 대상으로 본다. 개인의 창의성을 감안하면 미래를 예측할 수 없기 때문이다. 전체주의 정권이 창의성을 억제하려는 것은 어떻게 보면 당연하다. 아렌트의 논평은 통제를 추구하는 체제가 왜 그토록 예술을 비난하고 금지하는 데 전력을 다하는지 설명한다.

과거의 모든 역사적인 사건을 설명하고자 하고, 미래에 일어날 일을 모두 계획하려는 이념은 불가측성을 견디지 못한다. 인간은 아무도 예견하지 못한 새로운 것을 내놓는다는 사실에서 불가측성이 비롯되기 때문이다.

예술은 사회의 '퇴보'로 비치거나, 사회의 가치가 정한 구체적 미적 기준에 순응하지 않는다.[11] 그런 의미에서 예술은 자유, 개방, 새로운 가능성을 보여준다. 나치와 소련 정권의 입장에서 '새로운 것'이 나타내는 불확실성은 그들의 계획에 맞서는 것이었다. 파괴를 불러올 가능성이 있는 개인의 창의성은 '안전'한 체제 안에 갇혀야 했다.

개인에 대한 두려움과 인간성에 내재한 여러 잠재력은 아렌트가 내린 결론을 설명한다. 성공적 결과를 얻는 데만 집중하는 인간성의 쇠퇴가 바로 실패의 모습이라는 사실이 어렴풋이 드러난다. 인간성을 해결책이 필요한 문제로 전락시키며 인간성이라는 요소를 벗겨내는 순간, 성공을 놓친 단순한 실패를 넘어서 훨씬 더 치명적인 실패를 낳기 쉽다.

성공적인 결과를 쟁취하는 데만 몰두하는 것은 결국 그 자체가 실패다.

이러한 아렌트의 의견은 구체적이고 소름 끼치는 예시를 토대로 세워졌다. 1961년 그녀는 《뉴욕 타임스》 잡지에 기고하기 위해 예루살렘에서 열리는 나치 전범인 아돌프 아이히만의 공개 재판을 취재하게 되었다. 나치 독일 정권에서 아이히만의 역할은 유대인들을 강제수용소에 효율적으로 수송하도록 감독하는 일이었다. 그는 전쟁이 끝나고 아르헨티나로 도망쳤으나, 추적 끝에 1960년 5월 이스라엘 정보기관 모사드의 요원에게 붙잡혔다. 아이히만은 이스라엘로 수송되어 수백 만의 사람을 학살한 책임으로 재판에 섰다. 하지만 그의 모습을 본 아렌트는 혼란스러워졌다. 그녀는 늙고 약해 보이는 이 남자의 속내를 알고 싶었다. 아이히만은 잘 맞지도 않는 양복에 두꺼운 안경을 쓴, 안절부절못하는 남자였다.

아렌트는 피고석에 앉아 입안을 질끈 씹는 아이히만의 평범한 모습에 너무나 충격을 받았다. 그의 초라한 모습은 끔찍한 범죄로 심판을 받는 사람이 아니라 사무실이나 도서관에 일하는 공무원이 맞을 것 같았다. 셰익스피어의 작품에 등장하는 끔찍한 악의 전형과는 거리가 멀었다.

아이히만은 이아고도 맥베스도 아니었다. 리처드 3세처럼 자기가 '악인임을 증명하기로' 작정할 마음도 전혀 없었다.

그렇다면 그는 대체 누구이며, 왜 집단학살의 죄목으로 재판장에 끌려왔을까?

아이히만의 변명은 뻔했다. 그는 '명령에 따랐을 뿐'이라는 말 뒤에 숨었다. 나치 당원들이 주로 하는 변명이었다. 또한 자기가 나치 정권의 부품이었을 뿐이라는 놀라운 관점을 제시하기도 했다. 그는 자기 자신을 사람으로 보지 않고 국가가 '기능하는 일부에 불과한' 존재로 보았다. 그가 한 행동은 '평범한' 인간의 일상에서 멀리 떨어진 사람으로 보아야만 이해할 수 있는 것이었다. 그는 그렇게 행동해야 했고, 개인적인 생각을 모두 제쳐두어야 했다. 기능으로서 성공하려면 자기의 행동이 타인에게 줄 고통에 관한 생각은 차단해야 한다. 아렌트는 아이히만이 '개인의 성공을 위해 아주 근면한 것' 이 외에는 '아무런 동기'가 없다고 생각했다. 주어진 업무에 집중하고 직업적 성공을 얻기 위해 노력했기에, 그는 '자기가 무엇을 하는지 깨닫지 못했다'라고 아렌트는 주장한다.

아이히만의 믿기 힘든 변명 때문인지 아렌트가 내린 결론은 다소 납득하기 어렵다. 어떻게 그런 행동을 모르고 할 수 있을까? 그가 고안한 수용소로 사람들을 수송하면서도 무슨 일이 일어날지 모를 수 있단 말인가? 하지만 아렌트는 아이히만이 속한 체제가 단절을 불러왔다고 보았다. 업무의 분리는 효율성을 극대화하도록 만들어진 관료주의 체제에서 보편적인 방식이며, 절대로 자기의 행동을 큰 맥락에서 보지 않는 관점을 양성한다. 그렇기에 그가 유대인 학살에 자신이 '전혀 관계가 없다'라고 주장할 수 있는 것이다.

> 유대인들을 죽이는 것과 저는 아무런 관계가 없습니다. 유대인이든, 유대인이 아니든, 살인을 말한다고 하면 저는 아무도 죽인 적이 없습니다. 저는 사람을 죽인 적이 없습니다. 유대인이든 유대인이 아니든 죽이라고 명령을 한 적도 없습니다. 정말 한 적이 없습니다.

수송을 관리하는 업무에만 주의를 기울였기 때문에 그는 자기의 행동이 나치의 계획에 '불필요한' 수백만의 생명에게 영향을 미친다는 사실은 무시해버렸다. 강탈, 수송, 감금, 살인은 모두 깨끗한 종이에 깔끔한 목록으로 정리되었고 대량 학살의 공포는 수치로 바뀌어 상사에게 제출되었다.

업무만 놓고 판단하면 아이히만은 자신이 자격이 있는데도 승진하지 못한 사실에 기분이 나빴을지도 모른다. 이것은 그가 재판 내내 계속해서 언급한 주제다.[12]

제2차 세계 대전의 종전 후 70여 년이 지난 현재, 우리의 관점에서 보면 그는 '성공'의 불쾌한 모습을 대변하는 예시다. 그의 행동은 유럽에 있던 유대인 대부분을 쓸어버리기로 한 목표를 충실히 수행한 것이었다. 하지만 이런 평가는 참으로 이상하고, 심지어 사악하게 들리기까지 한다. 아이히만을 '성공'으로 보는 관점이 분명하게 보여주는 문제점은 지정된 목표를 성취하는 것이 성공한 삶이라고 본다는 것이다. 아이히만은 나치당원으로서 성공을 거두었지만, 인간으로서는 실패했다.

그는 자기의 행동과 타인의 고통을 연관 짓지 못했으며 결과적으로 인간으로서 해야 할 의무를 행하지 못했다. 관료주의 즉, 그의 행동을 만든 체제는 실패를 용납하지 않는다. 영광스러운 미래 국가를 건설하기 위해 비인간성을 장려하는 체제는 그에게 임무를 성공적으로 완수하면 받을 보상을 제시하며 인간적 실패를 보지 못하게 만들었다.

일하는 사람을 부품으로 격하한 체제에 있던 사람이 아이히만 한 명이 아니다. 나치주의의 공포를 가능하게 만들기 위해서는 수많은 아이히만이 필요했다. 나치 정권의 공무원들은 비인간적인 효율을 신뢰하는 체제에 휩쓸렸다. 나치의 희생자들은 한때 사랑하고 두려워하고 희망하고 꿈꾸는 감정이 있는 사람에서 해결해야 할 '문제'의 대상이 되었다. 그들은 이름도 없이 나치의 목록에 적힌 숫자로 전락했다. 죽음의 공장에서 그들의 살갗에는 숫자가 새겨졌다.[13]

우리는 아이히만을 그저 도덕적으로 문제가 있던 사람의 예시로 치부하기 쉽다. 하지만 나치 독일의 효율성이 수천 명의 아이히만에게 달려있었기 때문에 아렌트는 아이히만의 문제가 아니라고 보았다. 우리는 아이히만을 보며 경각심을 느껴야 한다. 왜냐하면 그를 전범으로 몰고 간 환경은 아직 없어지지 않았기 때문이다. 이런 환경은 일상적이며, 아이히만이 실패한 위험에 우리가 빠지지 않는다고 생각하면 큰 착각이다.

억압적인 정권의 단절된 체계는 멀리 보지 않아도 찾을 수 있다. 1970년대와 1980년대 아르헨티나의 '더러운 전쟁Dirty War' 시대는 새로운 세상을 건설하기 위해 거슬리는 세력을 제거해야 하는 '필연성'을 주장했다. 아돌포 실링고Adolfo Scilingo(아르헨티나의 아이히만이라고 불리기도 한다)는 군대에 있던 신부가 '죽음의 비행'에 관한 꺼림칙한 기분을 진정시켜 주었다는 소름 끼치는 이야기를 폭로했다. '죽음의 비행'은 군사정부가 정치적 반대 세력에게 약물을 투여해서 바다에 던져버리는 잔악 행위였다.

'신부가 그들의 죽음을 그리스도교적 죽음이라고 제게 말했습니다. 왜냐하면 그들이 고통이나 충격을 받지 않았으니까요. 제거되어야 할 대상이라고 했고, 전쟁은 전쟁이며, 심지어 성경에도 밀밭에서 잡초를 제거해야 한다고 적혀있다고 했습니다.'

아렌트의 주장은 독재가 인간의 행동을 어떻게 일그러뜨리는지 경고하는 수준에서 끝나지 않는다. 새로운 아이히만은 현대의 민주주의 구조에서도 활약하기 때문이다. 아렌트는 아이히만이 '잘못을 저지르고 있는지 스스로 알기 어려운 환경에서 죄를 저지르는 새로운 형태의 범죄자'의 대표적인 인물이라고 주장했다. 특별한 악인이 아니라 충분히 일어날 수 있는 일반적인 상황에서의 극단적인 예시라는 것이다. 맡은 업무를 잘하기 위해 키운 무지각은 현대적 제도의 관료주의에서 보이는 보편적인 특징이다.

독재나 대량학살이 이루어지는 사회가 아니더라도 우리는 한 개인의 행동과 사회에 미치는 영향이 분리된 경우를 생각해 볼 필요가 있다. 지난 10년 동안 여러 선진국에서는 '이민자 규제'가 정치적으로 쟁점이 되었다. 2018년 1월 호르헤 가르시아Jorge Garcia는 미국에서 멕시코로 추방되었다. 그는 30년간 미국에 살며 가정을 꾸리고 일하고 세금을 냈으며 범죄 이력도 없었다. 그는 미국의 경제성장에 기여한 사람이다. 쏟아지는 비난에 미국 이민세관집행국US Immigration and Customs Enforcement의 대변인은 가르시아를 추방한 사유가 '정당하다'고 대응했다. 그는 '이민법에 위반되는 모든 행위는 체포나 구금의 대상이며, 최종판결에 따라서 미국에서 추방될 수 있다.'라고 적힌 성명을 발표했다.[14] 법은 이행되어야 했다. 그 법은 더는 아내와 자녀들을 보지 못하고, 집이라 불렸던 곳에 살지 못하는 남자의 상황은 고려하지 않았다. 가르시아의 사건을 맡은 공무원은 자기가 맡은 일을 잘 수행했다고 생각했을 것이다.

아이히만은 목표를 위해 이행되는 절차에서 인간이 부차적인 요소로 전락할 때 생기는 여러 사례 중 하나일 뿐이다. 인간적 요소는 극복해야 할 사항이 되어 버렸다. 그가 직업적으로 성공하지 않고 실패했다면 차라리 나았을 것이다. 우리의 삶에서도 직업적으로 성공하는 것보다 실패하는 편이 더 나았을 법한 면이 있을까.

누군가 내 경험을 조작하고 있다

인간은 부주의하기 때문에 통제가 필요하다는 의식은 여전히 존재한다. 전쟁 후 민주주의 국가도 마찬가지로 정해진 목표를 달성하려고 고안된 제도를 신뢰했다. 하지만 신자유주의 시대에 들어서자 부주의한 인간을 통제하는 방식은 아렌트가 설명한 관료주의 체제의 모습과 상당히 다른 양상을 띤다. 1장에서 살펴보았듯 오늘날 공공 부문은 국가의 전유물이 아니라 민영화의 결과로 사업적인 성격을 띠게 되었다. 이런 변화로 개인의 성향과 선택은 더욱 다양하고 중요해졌고, 따라서 인간을 통제하는 방법은 더욱 복잡해졌다. 물론 국가와 제도는 여전히 목표를 달성하기 위해 따라야 할 절차를 따르며, 위험 부담을 관리하기 위해 서류 작업을 요구한다. 하지만 이런 절차를 진행하는 양상은 과거와 다르다. 이제 인간을 통제하기 위해 외부적 압력을 가하기보다, 절차를 점점 내재화하여 인간의 경험을 형성하기에 이르렀다.

1970년대 후반 미셸 푸코Michel Foucault는 권력의 작용에 관해서 논하였는데,[15] 오늘날 통제는 외부적 구조의 강압으로 이루어지기보다 개인이 자기 자신을 지배하는 방식으로 행해진다고 주장했다. 이러한 통제는 학교, 병원, 감옥, 공장과 같은 그가 '규율사회disciplinary societies'라고 명명한 공간에서 배우고 내재화된다. 이런 공간은 경험을 만드는 데 중요한 역할을 하므로 통제는 개인에게 그저 강제로 부과된 법이 아니라 한 공간에 거주하는 개인이 지켜야 할 규율이다. 개인은 학생으로서, 환자로서, 수감자로서 행동하는 법을 배운다.

푸코의 이론이 오늘날 세상의 모습을 완벽하게 설명하지는 못한다.[16] 1장에서 살펴보았듯 민영화에 전력을 다하는 이 체제에서, 우리는 '통제'와 관련된 요소가 무엇인지 재고할 필요가 있다.[17] 학교, 병원, 일터는 여전히 존재하지만 이곳들의 모습은 '규율과 통제의 협력'의 색을 점점 더 띠고 있다. 사회가 요구하는 자기 절제력을 갖춘 시민을 만들기 위해서는 여러 방법이 필요하다. 한때 학교가 내셔널리즘의 이념(이를테면 셰익스피어 작품에 등장하는 헨리 5세의 애국심을 본받도록)을 가르쳤다면, 이제는 적응력 있는 글로벌 시민을 만들어내야 한다. 그러므로 '감정적 웰빙'이 학교 교육과정에 나타나게 되었다. 이 교육의 목표는 학생들의 내면을 훈련하여, 절제력 있고 회복력이 빠르며 실망과 불행에 빨리 대처하는 사람이 되도록 만드는 것이다. 그래야 사회에서 '생산적'이고 '회복력'이 빠르고 '적응력'이 있는 구성원이 될 테니까 말이다.[18] 성공에 꼭 필요한 기술은 이제 우리 자아에 새겨두어야 할 실천사항이 되었다.

'자아'에 관한 논의는 진부한 주제로 보일 것이다. 하지만 디지털 미디어의 출현으로 우리 삶이 온라인과 오프라인의 다양한 역할로 분열된 현실을 보면, 21세기에 사는 개인의 의미를 다르게 생각해야 한다. 실제로 자기 자신을 개인individual이 아니라 '분리된 존재dividual'로 보는 것이 맞을지도 모른다.[19] 우리는 점점 분리된 여러 삶으로 만들어진 복잡한 정체성을 지닌다. 다소 전통적인 정체성(예를 들자면 나는 딸, 아내, 누이, 교수, 영국인이다)과 나란히 정보 기술로 만들어진 가상의 정체성이 점점 증가하고 있다. 페이스북, 트위터, 인스타그램과 같은 소셜 미디어 모두 내 정체성과 내가 세상에 보여주려는 자아를 형성한다. 또한 직접적으로 내 정체성을 드러내지는 않아도 디지털 세상에 참여하는 데 꼭 필요한 다른 활동도 마찬가지로 내 경험에 속한다. 은행 업무,

시민 참여, 장보기 모두 가상 기술로 만들어진 활동으로, 비록 궁극적으로는 내 경제적 위치에 따라 달라지는 특권이지만, 내가 '다양한 혜택을 누리도록' 도와준다.

통제는 일상생활 흐름의 일부가 되도록 '계획'되었기 때문에 내게 억지로 강요된 규율이 아니다. 이전에 푸코가 국가의 감시 방법을 염려했다면, 지금 우리는 사실 가상세계의 감시를 받아들이는 차원을 넘어서서 기꺼이 참여하겠다고 허락한 수준에 이르렀다. 우리는 이 경험을 스스로 **선택했으며** 누군가에게 강요받지 않았다. 내 의지로 스마트폰을 사용함으로써 개인은 누구에게도 추적당할 수 있다. 소셜 미디어에서 공개적으로 의견을 공유하면서 맞춤형 광고가 나타나도록 내 개인정보가 이용되기 쉽다. 때로는 우스운 일이 일어나기도 한다. 시간이 가는 줄 모르고 페이스북을 하다 보면 중년 여성인 내가 관심 가질 것이라고 추측되는 성형수술, 혼외 만남, 손주에게 사줄 만한 아기 옷을 포함한 이런저런 광고를 마구 보낸다. 이런 것들이 개인을 억압하는 통제라고 누군가 말한다면 아마도 나는 어리둥절한 표정을 짓거나 어깨를 으쓱하고 무시해버릴 것이다. 통제라고 느끼지도 않을 뿐더러 사회생활(이제 '현실' 세계와 가상세계 모두 포함한다)을 하려면 어느 정도의 사회적 통제는 받아들이거나 무시해야 한다는 사실을 알기 때문이다.[20]

내가 간과한 점은 데이터화된 내 정보를 수집하여 정부나 기업에서 내 행동을 감시하고 조종하기 위해 이용한다는 사실이다.[21] 물론 이런 사실이 허무맹랑하게 들리기도 하고, 이따금 심심할 때 페이스북에 접속하는 자신과는 상관없는 이야기로 생각할지도 모른다. 하지만 소셜 미디어를 사용하는 우리는 모두 '수량화된 집단'이며, 통계수치의 숫자로 전락하여 '유도되고, 정복되고, 철저하게 조사되는' 존재가 되기에 십상이다.

실제로 어떻게 실행되는지 예시를 들어보겠다. 시민의 '잘못된 선택'을 통제하려는 정부는 '넛지 이론nudge theory°'을 적용하여 개인의 행동을 예측할 수 있는 방향으로 바꾸려고 했다.[22] 대상 집단에서 수집한 정보는 그들의 행동을 바꾸도록 '유도'하는 데 사용되었다. 특히 비만과 연관된 건강 문제를 해결하기 위해 넛지 이론을 점점 많이 적용한다. 정부는 정크 푸드를 금지하는 대신 가게에서 사람들의 눈높이에 과일을 배치하거나 계산대 옆의 초콜릿을 과일로 대체한다. 내가 사는 동네의 가게에서도 장을 보는 부모에게 끌려 다니는 어린이에게 군것질할 과일이 들어 있는 바구니를 무료로 제공한다. 이 이론에 따르면 엄격한 규제 없이도 '좋은' 의사결정을 하도록 유도할 수 있으며 심리적인 보상을 이용하여 해로운 행동을 바꿀 수 있다고 한다. 결국 실패의 가능성은 제거되고 성공이 발생한다.

상당히 긍정적인 이론 같지만 정말 긍정적이기만 할까? 최근

○   개인의 선택을 유도하여 행동을 변화시키는 방식의 선택 설계를 의미한다.

몇 년 사이 개인 정보를 캐내어 정치적인 성공을 선전하려는 악덕한 회사가 늘어났다. 페이스북에서 내가 '좋아요'를 누른 고양이 사진 또는 트위터에서 때때로 쏟아놓는 불평에 관심을 가지는 사람이 대체 얼마나 될까? 참을성 있는 내 친구들이나 나 자신밖에 없으리라 생각했다. 하지만 2018년 3월 케임브리지 애널리티카Cambridge Analytica의 정보유출 스캔들이 터지면서, 사람들의 데이터를 수집하여 조종할 수 있다는 사실이 밝혀졌다. 단지 내가 살만한 물건을 보여주는 수준이 아니었다. 데이터 분석 기업인 케임브리지 애널리티카의 전 직원인 크리스토퍼 와일리Christopher Wylie는 회사가 저지른 '행동을 예측한 마이크로 타켓팅behavioural micro-targeting' 전략을 고발하였다. 이들은 페이스북 회원 중 5천여만 명의 프로필에서 개인 정보를 수집한 것으로 밝혀졌다. 이 데이터로 시스템을 만들어 2016년 미국 대통령 선거 당시 페이스북 회원의 성격특성도를 바탕으로 그들에게 맞게 정치 광고가 나갔다.[23] 소셜 미디어에 내 욕구나 불안과 일치하는 뉴스가 보이는 것은 비단 기업에만 좋은 일이 아니다. 정치 부패나 이민자의 불법 행위를 뉴스에서 자주 본다면 나는 이런 '문제'에 해결책을 제시하고 내 불안을 잠재워줄 후보자에게 투표하기로 결정할 것이다. 그런데도 내 결정에 통제권을 가지고 있다고 스스로 믿을 것이다. 그러나 사실상 나는 타인의 욕구에 조종되고 있었다. 다른 사람들이 정치적 성공을 극대화하도록 노력하는 동안 내 자유는 침해받고 있었다.

숫자에도 편견은 존재한다

자아마저 수량화되는 현실에서 개인을 희생자로 생각할 수도 있다. 하지만 이것은 사실이 아니다. 우리는 강압적으로 통제받은 것이 아니라 **스스로 통제를 허용했다.** 왜 그럴까? 우리에게 주어지는 이익이 있기나 할까? 그저 디지털 세상에서 얻는 장점 때문에 자유의 침해를 간과하지는 않았을 것이다. 단순히 원하는 것을 얻으려고 부정적인 면과 타협하는 상황은 아닐 것이다. 내 일상이 데이터로 수집되어 타인에게 이용될지도 모르는 세계에 내가 스스로 입장했다는 것은 결국 내게 제공되는 더 큰 이점이 있다는 의미다.

개인이 수량화되는 시스템을 알면서도 우리를 잡아두는 '다른 요소'가 대체 무엇일까?

책상에 너무 오래 앉아있으니 허리가 욱신거린다. 나비의 날갯짓처럼 파닥이는 단어를 고정하는 작업에 진이 빠진다. 잠시 걸으면서 몸을 움직일 생각이다. 하지만 그냥 걷지는 않을 것이다. 아이폰을 들고 나가 걸으며, 하루 목표량인 만 보 중 몇 보를 걸었는지 확인할 것이다. 아무도 내게 시키지 않았지만 마법의 숫자에 도달할 때마다 엄청난 만족감을 느낀다. 내가 건강한 삶을 산다는 증거처럼 보이기 때문이다(이따 마실 건강하지 않은 양의 와인에 관해서 이 애플리케이션이 뭐라고 할지는 모르겠다. 이는 수량화된 개인의 세계에서 생기는 죄책감에 관한 다른 이야기다). 휴대폰

화면에 뜨는 숫자에 신경을 쓰는 것은 단순히 걸음을 세려는 욕구 때문만은 아니다. 나는 '숫자에 의지하여 자기를 인식'할 수 있다는 환상에 굴복하고야 말았다. 이런 환상을 목표로 삼음으로써 나는 건강한 삶의 성공과 실패를 가늠한다. 숫자가 내 삶을 안전하고 확실하게 해주는 기분이 들었다. 하지만 내가 만 보라는 마법의 숫자를 더 깊이 고민해본다면 만 보가 실제 내 삶에 관해서 나타내는 것이 무엇인지, 그 삶의 의미를 어떻게 만드는지 알지 못할 것이다. 왜 하필 '만 보'일까? 왜 계단을 얼마나 올랐는지, 그 숫자에 신경을 쓰는 걸까?

삶을 측정하고 싶은 욕구는 전혀 새로운 일이 아니다. 초기 현대 국가는 자연의 세계와 그곳에 서식하는 존재를 통제하는 데 필요한 측정, 분류 체제를 개발하면서 세워졌다.[24] 국가를 운영하고, 특히 세금을 부과하여 재정을 모으기 위해서는 국민을 잘 알아야 했다. 행정적 관점에서 국민을 파악하려면 어느 정도의 추출작용abstraction이 필요하다.[25] 측정을 실행함으로써 눈에 띄지 않고 불명료한 사항을 '눈에 보이고 통제할 수 있도록' 만들고, 사람과 자원을 유용하게 사용하게 된다.

오늘날 숫자는 자아를 형성하고, 자아는 개인에게 초점을 맞춘 현대 사회를 반영한다. 언젠가부터 숫자는 성공과 실패를 판단하고 정당화하는 데 사용되었다. 시험 점수만 봐도 알 수 있다. 숫자로 나타난 점수에 따라서 개인의 능력이 평가되지 않는가. **호모 에코노미쿠스**가 만든 세상에서 숫자를 중시하는 경향은 더 심해진다. 인간의 능력이나 가치를 평가할 때 숫자가 중요한 역할을 맡았다. 경제가 가치를 결정하는 잣대에서 수학은 '**어떤 경험적 사안을 조사하든지 변함없이** 인식론적 권위'를 가진다.

어떻게 이런 생각이 우리를 지배하게 되었을까. 1980년 중반부터 회계 업무에 주로 사용된 도구가 확장되어 사용되면서, 이전에는 시장 경제의 침범을 받지 않던 영역에까지 영향을 미치게 되었다. 따라서 특정 활동의 가치를 결정하기 위해서 측정 방법을 개발해야 했고 1990년대 중반 무렵, 측정 가능한 것이 가치 있다는 생각이 교육이나 건강과 같이 수치의 안경으로 평가되지 않던 영역까지 자리 잡았다. 수치는 축적된 데이터에서 나온 값으로 측정의 기준이 되며, 계획, 과정, 상품 등이 이 기준을 잣대로 효율성, 실적, 진행 정도가 평가된다.[26] 힘들게 확보한 정확한 수치는 부족한 자원을 총괄하는 데 도움을 준다. 어떤 활동이든 이해하기 쉽도록 성공을 판단하는 기준을 제공하고, 자원이 낭비되지 않도록 안정감을 준다.

하지만 수치의 역할은 여기에서 끝나지 않는다. 수치는 다양한 인간 활동에 관하여 확실하게 가치 판단을 할 가능성을 내민다. 더 객관적이고 정확하게 보이는 기준을 들여오면서 인간이 내리는 판단의 오류는 제거되었다. 인간 활동의 가치를 평가하는 다른 어떤 방법보다 숫자가 가장 신뢰받는 기준이 되었다. 숫자는 가치를 판단할 '유일한 최종 기준'인 '양적, 경제적 기준'을 제공하며 인간의 편견을 보완할 가능성을 보여준다.[27]

이와 같은 수치의 영향에서 자유로운 영역은 거의 없다. 사업적 사고방식이 모든 영역으로 확장됨에 따라 영향을 받지 않은 영역이 거의 없기 때문이다.[28]

그렇다면 수치가 실제로는 어떻게 적용될까? 내가 가장 잘 아는 영역인 대학 교육 현장의 예시를 들어보겠다. 나는 새로운 것을 배우고 사고하기를 즐겼으며 다른 사람에게 흥미진진한 생각을 알려주고 싶어서 교수가 되었다. 이러한 20대의 열정에 새로운 경제적 생각이 침범하면서 어떻게 비뚤어졌는지 보자.

1990년대 초반부터 정부는 잇따라 '연구 평가 과정'을 진행하여 연구에 쓰이는 공금이 제대로 가는지 정확하게 알고자 했다.[29] 이 과정은 개별 연구자의 연구, 연구 환경, 그리고 특히 연구자의 작업이 대학 교육 밖의 영역에도 영향을 미치는지 점수를 매겼다. 이 사항을 종합하여 전공에 상관없이 대학교의 모든 교수진이 별의 수(하나에서 네 개까지)로 평가되었다. 수치는 대학교 순위 일람표에 반영되었는데, 학생과 투자자가 정보를 숙지한 상태에서 결정을 내리도록 돕기 위함이었다. 순위 지키기에 모두의 관심이 집중되었다. 예술과 인문학부에서는 한때 과학 분야에만 적용된 측정 도구를 인문계에 사용해도 적절한지에 관한 '뜨거운 논쟁'이 벌어졌다.[30] 인문학의 질적 연구를 수치화하도록 논문이 인용된 횟수(주로 과학 영역에 보편적인 측정 방법)를 측정하는 것이 적절한지에 관한 주제도 포함되었기에 눈을 뗄 수 없는 토론이었다.[31] (이 문단을 읽으면서 정신이 혼미해져도 충분히 이해한다. 이런 곳이 내가 몸담은 세상이다.)

우울하게 들리겠지만 수치로 평가하는 세상에서 성공과 실패는 점수를 잘 받는 것과 직결된다. 성공하면 돈이 따라오지만 실패 후에는 재앙이 닥칠지 모른다. 결과가 좋지 않으면 재정적으로 생존이 힘든 학부는 폐쇄될 가능성도 있다. 이런 결과가 당연한 상식으로 들릴 수도 있다. 하지만 내가 처음에 대학교 교육에 발을 들인 목표에 이 상황이 미치는 영향을 한번 생각해보자. 이제 교과과목은 인간에 내재한 질문을 끌어내는 수업이 아니라 필요한 등급의 달성 여부에 따라 성공과 실패가 갈린다. 이렇게 새로운 체계가 들어온 대학교에서 일하는 개인에게 어떤 일이 생길까. 나는 제출할 논문이 '수준 높은'지 걱정하느라 자주 잠을 설쳤다. 평가가 다가오면 스스로 무능하다는 생각, 좋은 학술지에 논문을 발표하는 '완벽한 철학자'가 되기에 부족하다는 생각에 시달렸다. 그와 동시에 좋은 점수를 받고 싶은 욕구는 내가 쓰는 글에 영향을 끼쳤다. 좋은 영향이라고는 말하지 못하겠다. 나는 각주를 더 달고 자료를 더 많이 인용해서, 내가 현재 돌아가는 논쟁을 충분히 안다는 사실을 보여줘야 할 것 같은 압박감이 들었다. 소수의 연구자만 이해하도록 논문을 구성해야겠다는 마음도 들었다. 그래도 누가 나를 비난할 자격이 있을까? 좋은 평가에 내 생계가 달렸다. 더군다나 누가 무직의 철학자를 받아준단 말인가?

수치로 평가하는 구조 안에서 성공과 실패의 감정은 우리 자아에 단단히 자리 잡고, 생각과 관점을 왜곡한다. 통제하는 사람이 정한 목표에 미치지 못하면, 목표가 아무리 비현실적이라 할지라도 마음에 죄책감이 밀려온다. 그리고 만약 당신이 죄책감을 느끼지 않는다면, 다른 사람들이라도 달려들어 당신이 반드시 죄책감을 느끼게끔 만들어줄 것이다.

이러한 '성과 관리' 체제는 목표를 달성하기 위해 실시되었으나 안타까운 결과를 불러왔다. 임페리얼 칼리지Imperial College London의 생물학자인 슈테판 그림Stefan Grimm 교수는 2014년에 스스로 목숨을 끊었다. 그는 연구비를 충분히 확보하지 못한다는 비난과 상황을 개선하지 않으면 해고당할 것이라는 이야기를 들었다. 그는 원래 목표인 20만 파운드는 확보하지 못했지만 13만 5천 파운드를 벌어들였다. 우리가 보기에 이 정도면 나쁘지 않다. 그러나 안타깝게 이 액수가 충분하지 않았던 모양이다. 숫자의 순수성과 비인간적 판단만 추구하는 과정에서 개인의 엄청난 대가가 따른다는 사실을 보게 되었다.

수치 요인의 순수성을 신뢰하는 세태는 부주의한 인간을 배제하려는 경향을 반영한다. 그 과정에서 삶의 다양한 색이 줄어들어 단조로운 단색이 된다. 실수, 성공적이지 않은 프로젝트, 실패로 끝나면 처음부터 안 좋은 의견이었다고 치부되는 계획까지, 이 모든 것이 허락되지 않는다. 이런 세태는 창의성을 억압하고 체제에 순응하도록 장려하며 색다른 일을 할 만한 여유조차 주지 않는다. 그리고 이와 동시에, 숫자는 순수한 성질을 띠며 숫자가 결정하는 가치는 공평하다는 믿음을 조장한다.

하지만 당연히 이 믿음은 진리가 아니다.

2+2=4. 산수의 답이 분명하다고 해서 인간 경험과 생각이 지니는 예측 불가능성을 모든 숫자에 담지는 못한다. 숫자에는 편견이 없다고 믿고 싶겠지만 숫자에도 편견은 존재한다. 과학철학자 이언 해킹Ian Hacking이 제시한 통계 발달의 역사를 보면, 통계에 포함되는 수치와 수치를 나타내는 방법을 결정하는 사회적 구성이 드러난다.[32] 통계에 포함할 분류를 결정하는 작업은 결국 통계를 만드는 사람의 생각을 반영하기 때문이다.

해킹은 충격적인 예시를 보여준다. 19세기 프로이센의 통계국은 '기독교인'과 '유대인'으로 분류하여 정기적으로 '생물 통계학'을 정리했다.[33] 두 집단에 차이점이 있다고 생각한 그 당시 가설은 데이터를 나타내는 방식에 영향을 미쳤다.[34] 데이터는 반유대주의를 지양하기보다 오히려 유대인을 배척하는 데 손쉽게 이용되었다. 수치가 순수하다는 주장은 겉으로 보이는 것처럼 꼭 맞아떨어지지는 않는다.

유의미한 실패

지금까지 한 이야기들이 실패와 어떤 관련성이 있을까? '무엇이 사라졌나?'라는 질문을 해본다면 좋은 삶이라는 맥락 속에 실패를 생각하는 데 도움이 될 것이다. 물론 이런 질문은 마치 미화된 과거를 동경하는 듯한 냄새를 풍기면서, 향수에 젖어 헤어나지 못하는 느낌이 들기도 한다.[35] 하지만 '무엇이 사라졌나?'라는 질문을 던짐으로써 우리는 삶을 사는 다른 방식을 고려할 가능성이 생긴다. 관료제와 숫자에 영속되어 버린 인간에게 도전하는 것이 핵심이다.[36] 경험이 가지는 혼란을 수치로 환원하며 사라진 것은 무엇일까? 인간의 관점이 문제로 전락하며 무엇이 사라졌는가? 제도가 실패의 가능성을 배제하려 하면서 우리가 잃은 것은 무엇일까?

수치적 해결책이 인간을 부정적으로 보는 주장에서 기인했다면 지금부터는 그 주장과 반대되는 입장에서 두 가지 대안을 제시하고자 한다.

첫 번째는 인간성 고려하기다. 관료주의 체제에 대한 아렌트의 비평이 분명히 보여주는 점은 인간 행동의 일상성을 신뢰하지 않을 때 생기는 일이다. '제도'는 정확한 결과를 달성하기 위해 만들어졌고, 제도의 절차는 인간의 의사 결정에 오류가 있다고 전제하게 된다. 그 결과 인간에게 어떤 일이 생길까? 놀랍게도 아렌트는 비인간성의 배양은 오히려 더 큰 불공정을 낳는다고 말한다. 인간의 다양한 삶과 인간의 행동을 분리하는, '원활하게 작동하는' 행정적 절차에 의존하지 않는 사회가 오히려 공정하다는 의미다. 이렇게 결론을 내린 이유가 참 흥미롭다.

> 관료주의 사회와 비교했을 때, 착취, 억압, 부패는 인간의 고결함을 보호하는 장치로 보인다. 착취하는 자와 당하는 자, 억압하는 자와 받는 자, 부패를 만드는 자와 부패하는 자는 여전히 같은 공간에 살고 같은 목표를 공유하고 같은 것을 소유하기 위해 서로 싸운다. 무관심이 파괴하는 것이 바로 연결성terium comparationis이다.

아렌트는 위와 같은 주장을 하며 대안적인 유토피아를 주장하지 않는다. 대신 그녀가 제시하는 바는 혼란스러운 관계 어딘가에서 인간적 유대감을 이해할 수 있다는 점이다. 우리는 다른 사람의 얼굴을 마주하고 나서야 우리의 행동이 미치는 영향을 본다. 인간을 배제하려는 관료주의적 욕구가 빚는 문제는 세계를 공유하는 의식이 사라지는 점이다. 관료주의의 목표는 타인의 일상에 무관심해지는 것이다. 아렌트가 보여준 대안적인 각본에서 인간은 서로 싸우고 억압하고 착취한다. 하지만 잘못된 행실에도, 함께 공유하는 사회는 다른 방식으로 의사소통할 가능성을 여전히 가진다. 서로 표에 기재된 숫자가 아니라 인간으로 바라보기 때문이다.

'악'이 평범하다는 아렌트의 주장은 홀로코스트의 끔찍함을 터무니없이 가볍게 보는 관점이라고 말하는 학자들도 있었다. 대표적으로 치밀하게 연구하여 아이히만의 전기를 집필한 베티나 슈탕네트Bettina Stangneth는 아렌트가 아이히만을 잘못 이해했으며, 특히 유대인 학살에 자기의 행동이 기여했다는 사실을 몰랐다는 아이히만의 주장을 그대로 믿은 것은 옳지 않다고 주장했다. 슈탕네트의 연구는 아이히만이 오히려 아주 나치의 열렬한 당원이었다는 사실을 밝혀냈다. 출세를 바라는 기회주의자로 본 아렌트와는 상당히 다르다. 슈탕네트에 의하면, 아이히만은 자기가 직접 계획한 철로 수송 끝에 일어날 일을 몰랐다고 말한 것과는 전혀 반대로, 오히려 결과를 아주 잘 알고 있었다. 더군다나 그의 행동은 정치적 신념과 일치하기도 했다.[37]

　　슈탕네트의 주장에도 일리가 있다. 아렌트는 아이히만의 정치적 신념을 경시했다. 그렇다고 나치 정권이 저지른 대량 학살에 관해서 아이히만이 어느 정도 알고 있었다는 사실조차 무시하지는 않았다. 수용소로 가는 도중에는 어떤 일이 일어나는지 제대로 보지 못했겠지만,[38] 최소한 직접 본 장면은 그를 공포에 떨게 했다. 아이히만은 유대인들이 독가스로 살해당하는 모습을 보고 '내면에 공포의 전율이 남았다'라고 말했다. 그리고 유대인들이 모든 귀중품(심지어 치아마저)을 처참하게 빼앗기는 모습을 목격하고는 '그 후에 나는 몇 시간 동안 운전사와 말 한마디 섞지 않고 앉아 있었다.'라고 고백했다.

슈탕네트는 이런 진술만으로 아이히만의 진실을 입증하기에는 부족하다고 생각했다. 그런데도 아렌트는 여전히 아이히만이 자기 행동의 결과를 '몰랐다'라고 주장한다. 아렌트는 아이히만 전기에 나오는 다른 면모 그리고 처벌을 면하려고 변명을 늘어놓는 모습을 못 본 것일까? 아렌트의 논의는 슈탕네트와 다른 부분에 주안점을 둔다. 아렌트는 관료주의 체제 아래에서 인간 감정의 평범함이 어떻게 바뀌는지 보고자 했고, 그 과정에서 독자에게 중요한 질문을 던진 것이다. 만약 아이히만이 잔인한 행위를 보고 동요하여 감정에 따라 행동했다면 어떻게 되었을까? 만약 그가 자기의 감정을 극복해야 할 약점이 아니라, 자기 자신과 가스실에서 죽어가는 희생자들 사이의 연결성을 깨달았다면 어떻게 되었을까? 나치는 명령체계를 불안정하게 만드는 공감의 힘을 알아차리고 개인 간의 연결성을 제거하기 위해 조처를 취했을 것이다. 나치 친위대Schutzstaffel(SS)의 장교와 군인은 그들이 죽이는 사람에게 느끼는 연민이라는 평범한 감정을 극복하도록 훈련받았다.[39] 나치가 목표를 달성하려면 개인이 느끼는 연결성의 감정은 배제되어야 했다. 마찬가지로 아이히만이 소속된 기관도 타인의 고통에 공감하지 못하도록 군인들을 훈련했다.

상황이 달랐다면 어땠을까?[40]

우리는 유의미한 실패에 도달했을 것이다. 아이히만은 실패

때문에 자기가 받아야 마땅한 직위를 맡지 못했다고 생각했다. 그의 생각은 분명 뒤틀린 면이 있지만, 모두 성공한 사업가가 되도록 장려되는 현재 세상을 비춰 본다면 생각할 점을 주기도 한다.

아이히만의 생각과 반대로, 그의 실패는 직위, 부, 명예를 이루지 못해서 온 실패가 아니다. 그의 실패는 타인의 곤경에 반응하지 못한 데 있다.

성공을 우선시하는 경향은 우리를 가장 인간답게 만드는 관계에 관해 생각할 공간을 내어주지 못하게 한다. 어쩌면 업적을 우선시하는 태도가 타인의 어려움을 심각하게 여기지 못하도록 만든 주범일지도 모른다.

엘리자베스 미니치Elizabeth Minnich는 아렌트의 이론을 바탕으로 자기의 이론을 적용하여 『평범함의 악The Evil of Banality』을 집필했는데, 이 책에서 미니치는 아이히만의 문제를 출세 지상주의라고 진단한다. 현재 우리 사회에도 만연하는 문제점이다. 좇아야 할 유일한 목표가 직업적 성공일 때, 타인의 어려움은 나와 무관할 수밖에 없다. 나치의 시대는 지나갔지만 우리는 인간관계를 왜곡하는 사회 구조와 태도를 안고 살아간다. 경제가 모든 영역에 확장되자 삶의 평범한 혼란은 문제로 여겨지며 통제가 필요한 대상이 되었다. 비록 대량 학살로 이어지는 일은 없겠지만 이런 현상은 인간의 의미를 손상하기도 한다.

상실의 경험이
인생에 뿌리내리기까지

두 번째 대안을 이해하려면 인간이 가진 불완전성의 다양한 해석에 마음을 열어야 한다. 만약 우리가 인간의 예측 불가능함을 걱정하는 대신 이를 포용하면 어떨까? 내가 이 글의 한 문장, 한 문장 완벽하게 적어야 한다고 걱정하기보다 흘러가는 대로 둔다면 어떻게 될까? 비판적인 독자 걱정은 접어두고 내 생각을 쏟아내는 경험을 즐긴다면? 이 책의 평판은 어차피 내가 통제하지 못하는데, 그렇다면 창작의 경험이라도 즐기면 되지 않을까?

예측 불가능한 것을 위협이라고 느낄 필요는 없다. 오히려 인간의 삶을 풍족하게 만드는 생기로 보자. 어차피 인간은 종잡을 수 없다! 1장에서 아렌트가 우리의 관심을 사로잡은 것도 바로 이런 특징 때문이다. 사람은 언제나 '새로운 무언가를 시작'할 능력이 있다. 확실성에 집착한다면 그리고 실패를 배제하려고만 한다면 우리는 아렌트가 말한 중요한 사실을 놓칠 것이다. '새로운 것은 사실상 거의 정확한 통계적 수치와 가능성의 엄청난 확률을 뚫고 일어난다. 그러므로 새로운 것은 언제나 기적의 모습으로 나타나기 마련이다'. 아무리 세상에 있는 모든 제도를 가동하고 실패를 배제하여 성공할 확률을 높인다고 하더라도, 결국 변수 때문에 놀랄 일이 생길 것이다. 수치화된 세상에 맞서는 참으로 멋진 도전장이 아닌가.

우리가 불확실성을 수용하는 순간 통제력의 환상은 사라진다. 동시에 인간의 의미에 관한 새로운 관점을 얻게 될 것이다. '우리는 모른다. 그리고 우리는 확신할 수 없다'라는 진실을 인정하고 더 나아가 그 진실을 즐기는 인간일 뿐이다.

상황이 원치 않는 방향으로 흐를지도 모른다. 결과를 달성하지 못할 수도 있다. 그래서 어떻다는 말인가?

다음에 일어날 일을 모르는 편이 더 흥미진진할 때가 있다. 물론 지금쯤 회의적인 시선으로 바라보고 싶을 것이다. 인간이 통제받지 않는 세상이 두렵게 느껴지기도 할 것이다. 아렌트는 예측 불가능한 세상에서 잘 살아가기 위한 중요한 두 가지 개념인 약속과 용서를 소개하며 우리를 안심시킨다.

우리는 타인에게 안도감을 주기 위해 약속을 한다.[41] 약속은 불확실한 영역인 인간관계에서 어느 정도의 확실함을 얻기 위해 시도하는 것이므로 아주 진지한 사항이다.[42] 약속을 할 때, 개인은 자기가 말한 대로 행동하겠다고 결정한 사항을 밝힌다. 따라서 약속은 인간관계를 유지하는 기반이며, 타인의 두려움을 낮추도록 돕는 역할을 맡는다.

상황이 잘못될 가능성을 받아들이는 것은 용서의 가능성을 암시한다. 인간은 기만하고 배신하는 경향이 있으며 무자비한 기질을 보일 때가 있다. 하지만 잘못된 행동을 저지르고 상황이 바람직하지 않을 때조차 미래의 가능성은 존재한다.[43] 관계는 새로 시작하면 된다. 이것이 용서에 내재한 희망이다. 용서를 쉽게 하고 쉽게 받을 수 있다는 말은 아니다. 용서는 고통스러운 현실을 우리에게 상기시킨다. 하지만 현실에서 인간은 완벽하지 않으며, 도리어 관계의 경험에서 오는 기쁨과 고통으로 만들어진다.

메리언 파팅턴Marian Partington의 『가만히 앉아있을 때If You Sit Very Still』는 연약한 삶의 끔찍함과 어려움을 그려내면서도 희망을 말하는 책이다. 파팅턴은 실종된 여동생 루시Lucy에 관해 담담히 이야기한다. 버스를 타러 나간 루시는 영원히 돌아오지 못했다. 10년 동안 가족들은 간절한 마음으로 루시를 찾았지만, 결국 연쇄살인범 프레드 웨스트Fred West와 로즈메리 웨스트Rosemary West 부부의 손에 죽은 희생자로 밝혀졌다. 진실을 확인했지만 감정적 '끝맺음'이 가능할 리 없었고, 파팅턴은 그 후 10년 동안 동생의 끔찍한 죽음을 받아들이려고 애썼다. 분노에 마음이 갈기갈기 찢어졌다. 하지만 그녀는 마침내 삶을 다시 제대로 살기 위해서는 웨스트 부부가 한 짓을 용서해야겠다고 마음먹는다.[44] 파팅턴이 용서에도 로즈메리 웨스트가 전혀 반응하지 않았기에, 용서의 과정은 더욱더 어려울 수밖에 없었다.[45]

파팅턴 사건은 위태로운 삶을 뼈아프게 인정하는 이야기다. 모든 것을 통제하기는 어렵다. 모든 것을 안전하게 만들 수는 없다. 루시는 기다리던 버스가 오지 않은 바람에 목적지까지 태워주겠다는 웨스트 부부의 호의를 받아들였고, 결국 고문과 살인으로 이어졌다. 어떤 실패는 다른 실패보다 파괴력이 훨씬 크다. 웨스트 부부의 가학적 쾌락에 이용된 여자들을 보라. 이 부부의 실패는 성취나 업적에 아무 상관이 없다.

파팅턴은 이런 세상에서 살아가는 인간의 취약성을 정면으로 바라본다. 동생을 향한 애정과 상실이 가져다준 공허함으로 책의 곳곳에서 절규한다. 그녀의 경험은 다른 사람을 사랑하는 데서 오는 기쁨과 고통을 보여준다. 사랑은 기쁨, 즐거움, 우정, 친밀감, 더 나아가서는 새로운 삶을 가져다준다. 하지만 동시에 사랑한다는 것은 고통의 가능성을 자초하기도 한다. 타인에게 마음을 연다는 의미는 친밀한 관계가 주는 즐거움만 누리는 것이 아니라 고통, 배신, 상실의 가능성에도 열려있다는 것이다.

어떻게 고통의 가능성을 안고 살까?

우리는 고통에 쉽게 상처받지 않도록 다른 사람과 연결을 거부함으로써, 예측하지 못하는 경험을 다스리기도 한다. 그러나 타인에게 자기 자신을 절대 내어주지 않으면 우리는 다른 위험을 맞닥뜨린다. 고통을 피하려다가 풍성하게 삶을 사는 경험까지 놓치게 된다. 사랑의 고통은 다른 무언가로 승화될 수 있기 때문이다. 사랑하는 존재를 잃은 이야기는 경험의 깊이를 드러내는 아름다운 기도가 된다. 이러한 마술은 내면 깊숙하게 있는 감정을 불러내고 자기 자신을 넘어 타인에게도 전해진다. 『로미오와 줄

리엣』, 『테스』, 『코렐리의 만돌린』, 사랑의 비극적 이야기를 그려 낸 세 작품 모두 삶을 풍부하게 만드는 힘을 가지고 있다.

내가 가장 좋아하는 찬송가인 〈오, 나를 내버려 두지 않을 사랑이여Oh Love That Wilt Not Let Me Go〉는 조지 매더슨George Matheson 이 상실의 뼈아픈 경험을 토대로 썼다. 조지 매더슨은 눈이 멀고 있다는 사실을 약혼녀에게 말했고, 이를 감당하지 못한 약혼녀는 매더슨을 떠났다. 가장 감동적인 구절을 생각할 때마다 나는 아직도 몸에 전율을 느낀다. '나는 먼지에 누웠다. 인생의 영광은 죽고, 땅에서는 붉은 꽃이 피는데, 영원할 삶이여.'[46] 고통에서 오는 괴로움, 거절당한 아픔이 있지만 그럼에도 그의 시에는 이 아픔이 승화될 조심스러운 희망이 녹아 있다. 매더슨의 시는 단지 그가 겪은 역경만을 노래하지 않고, 고통과 분투에 맞설 방법을 내게도 알려준다. 내가 겪은 상실의 경험도 언젠가 삶에 더 깊이 뿌리내리는 씨앗이 될 것이라는 가능성을 엿본다. 사랑에 문을 열어둔다면 고통은 반드시 닥칠 것이다. 하지만 고통을 없애려 한다면, 고통과 맞서 싸우는 데서 모습을 드러내는 인간의 가능성마저 없애는 것과 다름없다.

불완전함이 우리 삶에 가져오는 것

이번 장을 시작하면서 나는 이 주제로 글을 쓰는 것이 두려웠다. 마무리 글을 쓰고 있으면서도 처음에 계획한 대로 잘 마치고 있는지 확신하지 못하겠다. 어쩌면 완벽하지 않으면 완벽하지 않은 대로, 두는 편이 맞을 것이다. 내가 의도하지 않았는데도 쓰다 보니 흘러나온 문단도 여럿 있고, 전달하려는 의미를 제대로 표현해내지 못한 단어도 있다. 루시 파팅턴 이야기와 사악한 부부 살인마 탓에 마음이 불편하기도 하다. 물론 돌아가서 다시 써도 되겠지만 과연 그것이 최선일까? 완벽하게 통제하고, 실패의 가능성을 제거하는 것이 때로는 나쁠 수도 있다는 사실을 인정하는 데서 가치를 찾으면 어떨까?

프란체스코회의 수사 리처드 로어Richard Rohr는 이렇게 말했다. '완벽을 요구하는 것은 좋은 일을 방해하는 가장 큰 적이다.' 얼마나 이상하게 들리는가? 어떻게 완벽이 좋은 것이 아니란 말인가? 로어는 순수성을 향한 욕구로 나타나는 문제의 핵심을 짚는다.

완벽은 수학적 개념이거나 신의 영역에 있는 개념이다.
선goodness은 우리가 모두 속한 아름다운 인간의 개념이다.

어느 쪽이 좋은 삶으로 향하는 길일까?

세상이 말하는 정확한 숫자는 인간의 미묘함과 복잡함을 포착하지 못한다. 이와 비슷하게 내 글이 당신의 경험, 분투, 희망, 꿈을 담아내기에 완벽하지는 않지만 나는 불완전한 글로써 다가

가려 한다. 수치로 내리는 평가는 정확성을 보장하기 위해 즉흥성을 억누른다. 사람과 현상에 대해 절대적으로 오류가 없는 결론을 내리려는 욕망은 가장 기초적인 진리를 부인한다. 타인과의 관계에서 우리는 불가피하게 타협하고 실패하고 불안감을 느끼고 때로는 좋은 기회를 놓치기도 한다. 인간관계의 혼란스러움을 받아들이고 출발한다면 우리의 초점은 특정한 결과를 달성하려는 마음에서 인간관계를 맺으면서도 잘 사는 방법으로 옮겨갈 것이다.

완벽을 향한 욕망은 혼란과 오류를 허용할 공간을 허락하지 않는다.

제임스 스콧James Scott은 독일에서 삼림을 관리하기 시작한 초창기에 숲을 제대로 관리하지 못한 일화를 말하여 중요한 예시를 보여준다. 나무, 식물, 야생동물의 복잡한 연결고리를 이해하여 숲이 존재하는 본연의 모습을 그대로 두는 대신, 나라의 귀중한 자원으로 취급되기 시작한 나무를 관리하기 위해 관리자는 나무의 수를 쉽게 세는 방법을 찾았다. 숲의 생태계를 국가 재정 단위로 격하하자 재앙이 뒤따랐다.[47] 오랜 세월을 거친 울창한 숲을 뿌리째 뽑아버리고, 획일적인 나무로 대체하여 수를 세기 쉽도록 줄을 맞춰 심었다. 곤충은 제거해야 할 할 해충으로 취급했다. 숲을 풍성하게 만드는 생명의 복잡한 연결고리는 무시되었다. 복잡함을 생략하는 이런 행위는 결국 생태계 파괴로 이어져, '삼림의 죽음forest death'이라는 새로운 용어를 낳았다.[48] 숲이 울창하려면 제멋대로 자란 듯한, 일정하지 않은 모습이 필요하다. 인간의 눈에 쓸모없어 보이는 다양한 특색은 건강한 삼림에 절대적으로 필요한 요소다.

대단한 상상력이 없어도 스콧이 든 예시가 인간의 불완전성을 막으려는 시도와 어떻게 연결되는지 눈치채기 어렵지 않을 것이다. 실패를 피하고 쓸모없다고 생각되는 대상을 배제하는 것이 언뜻 보기에는 타당하다. 하지만 문제는 우리의 실패가 사실 풍성한 숲을 만드는 데 필요한 불규칙성이라는 점이다. 우리 삶의 한 부분인 혼란을 깔끔하게 정리하는 것이 삶의 해답은 아니다. 확실성을 지키려고 너무 강요하다 보면 우리의 경험은 가능성을 열기보다 오히려 줄이고 만다. 확실성, 정확성, 수치의 순수성을 추구하는 욕구가 삶의 모든 영역으로 확장되면 인간에게 풍요로움을 가져다주는 요소를 모두 가로막을 것이다. 삶은 일정하지 않고 혼란스럽다. 우리에게 필요한 것은 혼란을 곁에 두면서 건강한 삶과 공동체를 짓는 방법이다.

인간의 즉흥성과 함께 따라오는 예측 불가능성을 받아들이기는 쉽지 않다. 그러나 이것은 인간을 문제로 삼지 않고 존재 자체만으로 좋은 것이라고 보게 한다. 제도와 절차를 맹신할 필요 없이 인간이 함께 존재하는 능력을 신뢰하면 된다. 그렇다고 인간이 함께 살아가면서 문제를 직면하지 않는다는 의미는 아니다.

나쁜 일은 여전히 일어날 것이다. 하지만 인간관계에 새롭게 초점을 맞춤으로써 우리를 인간답게 하는 것들을 올바른 자리에 배치할 수 있다. 신자유주의 체제처럼 모든 것이 경제적 가치로 축소될 때는 좋은 삶을 향한 고군분투마저 왜곡되어 개인의 업적으로 바뀌었다. 우리는 다른 가치가 필요하다. 인간의 불완전함을 받아들이고, 불완전함을 삶의 일부로 보고, 큰 실패(이를테면 관계에서 겪은 실패)를 겪어도 끝이 아니라는 사실을 깨닫는 의지가 필요하다.

어떻게 해야 함께 잘 살까? 어떻게 해야 모든 구성원이 번영하는 공동체를 꾸릴까? 이 질문에 대답하려면 그리고 실패를 수용하며 잘 사는 법을 찾으려면, '경제적 인간'으로 지나치게 단순화된 인간상을 초월하는 본보기가 필요하다. 인간성, 예측 불가능성, 통제 불가능성을 삶의 중심에 둔 본보기가 필요하다.

5장 단절된
꿈에서
깨어나다

실패는 승자와 패자를 나누는 것이
아니라, 그것을 공유하는 경험이다.
그것을 깨달으며 나는 단절된
꿈에서 깨어났다.

수도사 토머스 머튼Thomas Merton이 집필한 『토머스 머튼의 단상』을 보면, 이번 장에서 말하려고 하는 핵심을 완벽하게 드러내는 멋진 단락이 있다.

불현듯 내가 이 모든 사람을 사랑하고, 그들은 내게 속하고 나는 그들에게 속하고, 우리가 서로 모르는 사이라 할지라도 완전히 이질적인 존재가 될 수 없다는 사실을 깨닫고 벅차오르는 감정에 휩싸였다. 단절된 꿈에서 깨어나는 것 같았다.

현시대의 성공과 실패를 살펴보면 경제적 요소에서 자유로운 영역이 없다는 사실을 알게 된다. 이제 삶의 모든 측면에 금융화라는 틀이 씌워지곤 한다. 심지어 인간도 마찬가지이다. 개인이 경제주체로 이해되는 순간, 타인과 연결되는 감정은 거의 없어지고 대신 단절이 그 자리를 차지한다. 개인은 성공을 쟁취하기 위해 모두 개별적으로 움직이며, 성공과 실패는 성취와 성과에 따라 측정된다. 이런 식으로 자아실현의 점수를 매길 때, 사람은 이제 친구나 이웃으로 여겨지지 않고, 그저 인생이란 게임의 경쟁자로 생각될 뿐이다.[1]

단절이 우리 인생의 의미를 구성하고 우리의 행동방식이 되어버린 현재, '단절된 꿈'에서 깨어난다는 의미가 무엇일까?

2010년 3월 나는 취임 기념으로 공개 강의를 하게 되었다. 즐거운 일이었다. 친구들과 학계의 지인들 모두 많이 와주었다. 예전 학생과 새로 만나게 될 학생, 동료와 공동 연구자가 모두 모였다. 친구와 가족들이 나의 동료 교수들과 알게 된 계기도 되었다. 와인과 카나페가 넘쳐나고, 이야기와 웃음꽃이 피어났다.

얼마 후 2010년 5월 6일 총선이 실시되었다. 결과는 과반을 차지한 단일 정당이 없는 헝 의회hung parliament 상태가 되었고, 닷새 동안 정치적 논쟁이 진행된 끝에 보수당과 자유민주당 연립정부는 노동당의 고든 브라운을 교체했다.

이 두 가지 사건을 연결 지으면 이상하게 들릴지도 모른다. 하나는 개인적인 성공이고, 다른 하나는 정치싸움인 선거의 실패였다. 하지만 내게는 두 사건이 서로 뗄 수 없는 관계가 되었다.

사적으로 힘든 시기를 겪는 와중에 교수로서 강단에 서게 되면서 고속도로의 낙서가 다시금 나를 괴롭혔다.

'대체 무엇 때문에 매일 이렇게 살까?'

박수갈채 속에서도 나는 학계에서 그다지 즐겁지 않았다. 교수가 되니 모든 문제가 내게 집중되어 나타났다. 나는 교수들이 '마땅히' 내야 하는 결과물을 내지 못해 항상 죄책감에 휩싸였다. 유명한 학술지는 내 경력에서 최고의 결과물이라고 생각했던 논문을 거절했다. 여기에서 '거절'은 그들이 내 논문을 단호하게 비판했다는 말이다. 집필하고 있던 책에도 흥미가 떨어졌다. 나는 추락하는 듯했고, 실패의 기분과 함께 상실의 감정도 함께 찾아왔다. 학자로서, 내 뼈대가 되었던 철학에서 기쁨을 잃었을 뿐더러 철학자로서의 내 가치가 사라진 듯했다.

주변의 정치적 상황도 변하고 있었다. 2008년에 시작된 세계 경제 위기에 대응하여 새 정부는 '긴축의 시대'라는 이름으로 새로운 시작을 예고했다. 세계의 은행이 경제 위기를 초래했음에도 비난은 공공 부문에 가해졌고 결국 교육, 건강, 사회 복지, 경찰,

범죄 관련 부서의 재정 삭감 계획이 세워졌다.

뉴스를 보고 그저 지나칠 수 없었기에 나는 나 자신이 부족하고 무능력하다는 감정을 떨쳐버리고, 국가의 위기에 대응하는 정부의 불공정함에 분노하여 정치 운동에 개입하기로 했다. 나는 시위에 참여했고 지역 노동 협동조합당과 협력하여 지역을 위해 캠페인을 벌였다. 결국 나는 2012년 지역 선거의 후보자로 거론되었고 시의원으로 당선되었다. 희망적인 시간이었다. 더는 개인적 성공을 위해서 혼자 일하지 않았고, 이제 변화를 주도하기 위해 일하는 공동체의 일부가 되었다.

나는 단절된 꿈에서 그렇게 벗어났다.

새로 부임한 시의원으로 옥스퍼드 시의회에서 노동당원들과 진행한 첫 회의는 내게 큰 깨우침을 주었고 여전히 영감이 되는 사건으로 남아 있다. 나는 무엇부터 해야 하는지 모르는 초짜 의원이었기에 잔뜩 긴장한 상태였다. 타운 홀Town Hall은 19세기 시민들의 자부심의 증거로 남아 있는 인상적인 빅토리아 시대 건물이다. 나는 떨리는 마음으로 멋진 타운 홀 건물의 계단을 지나 마침내 회의실에 도착했다. 커다란 타원 모양의 탁자에 내 새로운 동료들이 앉아 있었다. 시의 여러 곳에서 모여든 우리는 직업적으로도, 교육 수준이나 수입으로도 한 가지로 정의할 수 없는 삶의 다른 경험을 가지고 모였다. 하지만 첫 회의에서 내게 가장

와 닿았던 점은 중앙 정부의 재정 삭감에 맞서서 우리 공동체에 꼭 필요한 정책을 위해 일하려고 모두 모였다는 사실이었다. 혼자 자존심을 내세울 자리가 아니었다. 물론 그 자리에서 자존심을 내세운 사람이 아무도 없었다고 말하진 않겠다. 하지만 공동체의 목표를 성취하기 위해 함께 일하기로 한 공동의 헌신이 있었다.

이 연대감은 학계에서의 경험과 극명하게 대조적이었다. 성공과 실패의 문제는 더 이상 내 개인적인 열망이나 성취가 아니라, 선거 유권자에게 '우리'가 제시한 정책들을 제대로 이행하느냐 마느냐였다. 진정 중요한 사항은 사람들의 삶을 향상하는 일이었고, 특히 새 정부의 긴축 정책으로 더 심하게 타격받은 사람들을 도와야 했다.[2]

이 모든 상황이 멋지게 들릴 수는 있다. 하지만 정치가 항상 멋지기만 한 것은 아니다. 표면 아래를 들여다보면 이타적인 목적보다는 욕심 때문에 움직이는 사람도 많을 것이 분명하다. 하지만 이런 욕심 역시 개인의 목표를 성취하려고 생긴 동기가 아니라 자신보다 더 큰 무언가를 이루기 위함이다. 이후 나는 교수와 연구자로서의 내 직업을 바라보는 태도가 바뀌었다. 실패에 대한 나의 두려움이 사소하게 보였고 자기중심적이라고까지 느껴졌다. 나는 20년 동안 살았던 구역을 대표했는데, 겉으로 보기에 부유해 보이는 옥스퍼드시에도, 부유한 지역 바로 옆에는 가난하고 기회가 없는 지역이 있다는 사실을 바로 깨달았다. 관심을 기울여야 할 부분이 많았고, 다른 학자들이 나에 관해 좋은 논평을 하든 말든 개의치 않게 되었다.

시간이 흘러 나는 이제 시의원이 아니다. 하지만 지방 자치 단체에 몸담았던 4년 동안 완전히 다른 사람이 되었다. 나는 공동체를 갈구하게 됐고 지금도 그렇다. 공동체는 신자유주의의 성공과 실패라는 틀에서, 잘 다루어지지도 않으며 제대로 인정받지 못하는 측면이 있다. 우리가 사회적 동물이고 공동체가 필요하다는 사실을 진지하게 받아들인다면, 실패와 상실을 다루는 방법도 달라질 것이다. 실패는 승자와 패자를 나누는 경험이 아니라, 오히려 어떻게든 함께 공유하는 경험이 될 것이다. 서로 필요하다는 사실을 인지하면 잘 사는 법에 대해 각자 다른 이론을 가지는 수준을 넘어서서, 함께 나아가기 위해서 무엇이 필요한지 생각하는 대안에 도달할 수 있다.

우리는 실패할 수 있다. 그럼에도 여전히 잘 살아낼 수 있다.

그러므로 나는 공동체와 연대를 가운데에 두는 인간에 관해 설명하려고 한다. 토머스 머튼처럼 단절된 꿈을 깨고 나오는 방법이다.

나와 타인, 세계와의 연결성

이 사회가 인간을 **호모 에코노미쿠스** 즉, 경제적 인간으로 만들어냈다면 이 책에서 제시하는 모델은 **호모 렐리기오수스**homo religiosus 즉 '종교적 인간'이다.[3] 지역 정치가로서 단체 활동에 개입하여 일했던 나의 경험과 동떨어진 개념으로 보일 수도 있겠다. 또한 종교 자체는 무해하게 들릴지 몰라도, 인간으로 살아가는 것과 종교와 결부시키면 해결하는 문제보다 일으키는 문제가 더 많을 것 같기도 하다.

종교적인 생각과 관행을 한 쪽으로 치워버린 세속적인 시대에 살고 있다는 사실을 기쁘게 받아들이는 사람도 있을 것이다. 아니면 종교적 신념을 근본주의자, 심적으로 나약한 사람, 향수병이 있는 사람이나 테러리스트들의 전유물로 생각할 수도 있다. 인종차별주의나 여성 혐오의 목소리를 내세우는 기독교 우파의 정치 강령으로 마음이 언짢을지도 모르겠다. 2016년 도널드 트럼프를 승리로 이끈 가장 충격적인 지지층은 복음주의 기독교 신자와 가톨릭 신자들이었다. 트럼프는 멕시코 사람들을 강간범이라 지칭하고 성추행한 일을 자랑한 발언이 녹음되었음에도, 그가 법적으로 낙태를 폐지하겠다고 선언하자 많은 기독교인이 그가 한 다른 말들은 문제 삼지 않았다. 따라서 종교적 인간에 관한 개념을 설명하기에 앞서, 내가 말하고자 하는 용어의 의미를 아주 확실하게 짚고 넘어가고자 한다. 왜냐하면 종교적 헌신과 보수

성향의 정치 견해가 불쾌하게 연결되기 때문이다.[4]

철학계의 이단아라 불리는 프리드리히 니체는 '망치를 든 철학자'가 되어야 한다고 말했다.[5] 그는 가까이 가지 않는 것이 좋겠다는 생각이 들 만큼 미친 사람처럼 이글거리는 눈매를 한 이단아였기 때문에 '망치를 든 철학자'라는 말이 그에게 어울리는 것 같기도 하다. 이 표현은 더 깊은 철학적 담론을 향한 니체의 공격이었지만, 경제적 인간의 대안으로 종교적 인간이라는 인간상을 제시하는 내 의도와 잘 맞아떨어지는 표현이기도 하다. 호모 에코노미쿠스는 끊어내기 아주 힘든 범주로 형성되어 있다. 삶의 모든 면에는 예외 없이 경제적 질문이 오간다.

'이건 얼마일까?' '저건 어떻게 측정할까?' '얼마만큼의 경제적 이윤을 남길 수 있을까?'

인간의 모든 활동을 경제적 개념으로 환산하는 차원을 벗어나려면, 경제적 가치만이 삶의 의미가 될 수 있다는 믿음을 완전히 떨쳐낼 수 있는 충격적인 그림이 필요하다. 다른 가능성을 고려하고 찾아볼 정도로 충격적이어서 지금처럼 살 필요가 없겠다는 생각이 들어야 한다. 즉, 삶에 관한 우리의 예상을 붕괴시키고, 존재의 본질을 흔들어야만 한다.[6] 세속적 사회에 사는 우리에게 인간이 원래 종교적이라고 주장하는 것보다 더 충격적인 상황이 있을까?

호모 렐리기오수스의 어원부터 풀어서 살펴보자. 이를 통해 종교에 관한 우리의 편견이 정당한지 의심해볼 수 있다. 종교적이라고 해서 세상과 인간을 비과학적으로 분석하는 신념을 맹신하지는 않는다. 보수적일 필요도 없고, 믿음과 삶의 방식이 다른 사람들을 증오와 편견으로 대할 필요도 없다. 오히려 '종교적인 사람'을 구성하는 개념들은 우리 자신, 타인, 그리고 세상과 맺는 관계의 중요성을 인식하게 한다.

라틴어 '호모homo'는 '사람'이라는 뜻으로, 땅을 의미하는 '후무스humus'라는 단어와 관련이 있다. 따라서 이 단어는 인간이 땅의 생명체 곧, 문자 그대로 '땅에서 태어난 생명'이라는 의미를 나타낸다. 이 의미 옆에 신자유주의 신화가 장려하는 독립적이고 강한 개인을 두면 잘 어울리지 않는다. 사업가적 자아는 세상에서 '구별'되는 태도를 주된 특징으로 꼽기 때문이다. 신자유주의에서 세상은 분리된 대상일 뿐이고 훔쳐도 되는 자원이다.[7] 하지만 '호모'가 함축하는 의미는 인간이 다른 무엇보다도 인간의 고향인 땅에 속한다는 말이므로, 우리에게 생명을 준 물리적 순리에서 인간이 근본적으로 분리되었다고 정의하는 것은 적절하지 못하다. 우리를 세상과 분리하기보다 인간을 정의할 때 근본적으로 이 세상에 의존적이라는 사실을 먼저 인정해야 한다. 인간은 '땅의 생명체'다.

'종교religion'는 라틴어 **렐리가레**religare와 연결되어 있으며 문자 그대로 '결속하다to bind'라는 의미다.[8] 논란이 있는 해석이긴

하지만 우리에게 생각할 거리를 주는 흥미로운 정의다. 따라서 어원을 따라가 보면 종교는 세상이나 타인에게 자기 자신을 결속, 연결하거나 또는 결속하려는 시도라는 의미를 지녔음을 알게 된다. 이런 이해를 바탕으로 삼는다면 의식, 신념, 사상과 같은 종교적 행위는 인간을 넘어서는 세상과 다시 연결되려는 시도라고 볼 수 있다. 우리는 인간이 만들어진 세상에 종속되어 있다. 하지만 그렇다고 우리가 완전히 집으로 돌아왔다는 의미는 아니다. 우리는 세상과 다시 연결되어야 한다. 아우구스티누스는 단절의 감정을 느낀 다음에야 연결되려는 욕망이 나온다고 보고, 다음과 같이 말했다. '당신(신)은 당신 자신을 위해서 우리를 지으셨습니다. 그러므로 당신 안에서 평화를 찾을 때까지 우리의 마음은 쉬지 못합니다.'[9]

물론 아우구스티누스는 신학자이므로 신앙의 모습으로 그가 느끼는 단절의 감정을 표현했다. 그가 말하는 쉬지 못하는 초조함을 조금 더 자세히 살펴보자. 신앙을 초월하여 우리에게 알려주는 바가 있을 것이다. 세상의 순리로 태어나 우리는 의식을 가지며 변하는 세상에서 삶을 성찰할 능력을 갖추고 있다. 이것이 인류에 내재하는 무한한 가능성이다. 인간을 세상을 성찰한다.[10] 하지만 아우구스티누스가 말한 것처럼 성찰할 능력은 불안을 동반한다. 존재를 위협하는 자연의 힘을 마주하며 우리의 연약함을 깨달을 때 느끼는 불안감이다. 우리는 위험한 세상에서 집에 온 듯 '편안하게' 있을 방법을 찾아야 한다. 종교에 냉담했던 프로이트조차 인간이 세상에서 평화로울 방법을 찾아야 한다는 점에서 아우구스티누스와 의견을 같이했다. 프로이트는 제의적인 행동이 세상을 더 안락한 집처럼 느끼려는 인간의 보편적인 시도라고 보았다.[11] 그런데 아우구스티누스와 달리 그는 종교적 행동을 미신으로 여겼다. 기도 같은 의식은 나무를 가볍게 두드리거나 검지와 중지 손가락을 서로 포개는 것 같이 행운을 비는 행동과 동등하게 간주했을 것이다. 여느 미신적 행위와 비슷하게 기도도 세상을 더 안전하다고 느끼고 싶은 실체 없는 노력이다.[12] 하지만 프로이트의 중재가 흥미로운 이유는 위협적인 세상과 접속하려는 인간의 욕구를 형식적 종교의 의식으로 제한하지 않았다는 점이다.

프로이트가 집필한 《일상생활의 정신 병리학》에 일화를 살펴보자.[13] 프로이트의 딸이 위독한 병에 걸렸다가 회복했다. 서재에서 걸어 나오며 그는 '갑작스러운 충동에 휩싸여 신발 한 짝을 벽에 내동댕이치는 바람에 대리석으로 된 아름다운 비너스상이 받침대에서 떨어졌다.'라고 회상했다. '파괴적 분노의 공격'에도 이상하게 자신이 동요하지 않는 모습을 보고 그는 다음과 같이 해석했다. '운명에 감사를 표하고 내가 **"희생적 행위"**를 수행하도록 해주었다. 딸이 건강만 회복하게 된다면 감사의 제물로 마치 내가 무언가를 희생하겠다고 맹세한 듯했다!'. 느낌표까지 등장하다니 프로이트가 자기의 행동이 꽤 어색했나보다. 하지만 그의 행동은 딸의 회복에 감사를 표하기 위해 외부의 존재에 닿으려는 인간적이고 이해할 만한 욕구를 잘 보여준다.

프로이트는 이런 행동 뒤에 있는 인간의 기본적인 동기를 통제하고 싶은 욕구를 느꼈다. 그러나 앞서 말했듯 우리의 소원대로 세상을 움직일 수 있을까? 나는 대안적인 해석을 제시하고 싶다. 미신적 행위에는 자아를 초월하는 존재에 손을 뻗으며, 우리가 통제하지 못하는 외부의 존재와 연결되려는 욕구와 간절함이 있다. 연결되려는 욕구는 단순히 인간의 연약함을 강조하는 것이 아니라, 오히려 인간이 풍요롭게 사는 데 필요한 요소를 알려준다. 개인을 원래 자립적이고 근본적인 존재라고 보는 신자유주의 사상으로 다시 돌아가보자. 아우구스티누스와 프로이트는 신자유주의의 개인상이 다루지 못하는 모습을 부각한다. 인간 개인은 세상과 타인에게서 철저히 분리된 독립적 개체가 아니다. 우리는 더 깊이 있는 무언가를 원한다. '타인'이 세상 자체를 뜻하든 다른 사람을 뜻하든, 인간은 다른 존재와 연결되려는 욕구가 있다.

딸이 회복되고 나서 프로이트가 어떻게 반응했는지 다시 살펴보자. 그가 느끼는 감사함은 의사에게 선물이나 카드를 보낸다고 끝나는 감정이 아니다. 밀려오는 안도감은 일반적인 감사 표시의 수준을 넘어 세상 자체에 손을 뻗으려는 욕구가 되었다. 그는 자신이 다양한 방법으로 이론화하여 인용한 '운명'과 소통하려는 욕구를 느꼈다.[14] 프로이트가 이 경험으로 알게 된 것은(거부하려 했을지라도) 평범한 세상을 초월하려는 인간의 의지다. 외부의 존재에 닿으려던 욕구를 나중에는 웃어넘길지 몰라도 그 순간, 그가 한 행동은 삶의 연약함을 떠올리게 한다. 인간의 힘을 제한하는 자연의 순리에 종속된 우리와 프로이트는 결국 간청할 수 있는 외부 존재를 갈망하기 마련이다.

따라서 **호모 렐리기오수스**는 인간에게 연결성이 필요하다는 사실을 알려준다. 인간은 아리스토텔레스가 말한 것처럼 연결되려는 욕구로 이루어진 '정치적 동물political animals'이다.[15] 이 사실이 왜 중요할까? 연결성이 필요한 존재로 인간을 정의할 때 실패와 상실은 그 동안의 해석과 상당히 다른 모습을 보일 것이기 때문이다. 인간관계의 맥락 속에서, 실패와 상실은 피해야 할 탈선이 아니라 삶에서 중요한 경험으로 부각될 것이다.

새로운 관계를 위한 상실

그렇다면 내가 주장하는 바는 **호모 렐리기오수스**가 **호모 에코노미쿠스**보다 인간과 인간의 사회화를 더 잘 구현한다는 것이다. 좋은 삶을 살고, 실패와 상실을 받아들이기 위해서 우리는 공동체와 연결성이 중요하다는 사실을 인지해야 한다.

자연의 순리를 생각하면 우리가 타인과 이 땅에 얼마나 깊이 의존하는지, 실패와 상실이 순리에 얼마나 중요한지 알 것이다. 이 순리를 철저히 조사하는 차원에서 정신분석학 이론을 가져와보겠다. 정신분석학이 제시하는 인간 발달 이론의 극적인 면을 좋아하지 않는 독자도 있겠지만, 나는 정신분석학이 성심리psychosexual 발달에 미치는 상실의 역할을 설득력 있게 풀어냈다고 본다. 먼저 정신분석학 이론은 고정적인 학문이 아니라는 점을 알아두기 바란다. 프로이트의 이론은 주로 인간의 행동을 유발하고 형성하는 원인에 관한 연구로 해석되는 경우가 많다. 그의 연구는 정신구조와 욕구에 초점을 두었기 때문에 당연히 이런 해석이 적절하다.[16] 하지만 프로이트의 오이디푸스 콤플렉스 개념[17]은 아이의 정신 발달에 관계가 얼마나 큰 영향을 미치는지 보여주기도 한다. 의식의 세 가지 요소인 이드Id(무의식), 에고Ego(의식이 있는 자기), 슈퍼에고Superego(양심과 연결되어 있다)를 설명하며 프로이트는 아이가 부모 또는 공동체와 맺은 내재화된 관계가 슈퍼에고로 나타난다고 주장했다. 후에 '대상관계object relations' 이론학자들이 프로이트의 이론을 바탕으로 더 구체적으로 연구했다. 특히 첫 번째 애정 대상(어머니) 및 주변 사람들과 맺는 관계가 어떻게 아이의 성격 형성에 영향을 미치고, 세상과 관계를 맺는 것에 작용하는지를 연구했다.[18]

의식의 세 가지 요소에 관한 이론에서 어린아이와 첫 번째 애정 대상의 관계로 넘어가는 흐름이 중요한 이유는 무엇일까? 우리의 탐구 목적에 비추어 보자면, 이 흐름은 관계를 경험함으로써 만들어지는 한 인간을 나타낸다. 그리고 여러 관계를 형성하고 경험하면서 상실은 특정한 역할을 맡게 된다.

상실의 경험은 피해야 하는 탈선이 아니라, 우리를 만드
는 힘 안에 깊숙이 새겨질 것이다.

한 발짝 더 나아가서, 상실은 정체성을 확립하는 데 필수적
인 요소라고 봐도 된다. 정신분석학자인 줄리아 크리스테바Julia
Kristeva는 지속적으로 이 연결성을 탐구해왔다. 크리스테바의 정
신분석학 체계는 언어가 무의식의 세계로 연결되는 통로를 제공
한다는 자크 라캉의 이론으로 구축되었다.[19] 동시에 아이와 어머
니의 관계에 관한 멜라니 클라인Melanie Klein의 획기적인 연구의
영향도 받았기 때문에 크리스테바는 인격이 만들어질 때 어머니
의 역할을 특히 강조했다.[20]

크리스테바가 관심을 가졌던 점은 어머니와 아이의 관계가
보여주는 **비극적** 모습이다. 아이가 성장하여 타인과 관계를 잘 맺
기 위해서는 어머니와 공생적 연결성으로 쌓은 최초의 친밀감을
끊어야 한다. 한때 어머니와 아이라는 관계가 있던 자리에 아이
의 언어구사를 가능하게 할 '제3자'를 수용하기 위해 공간을 만들
어야 하기 때문이다. 저서 『스타바트 마테르Stabat Mater』에서 크리
스테바는 어머니와 아이의 친밀감이 끊기고 난 이후의 현상을 탐
구한다. 책의 제목은 '슬픔에 차 서 있는 어머니'라는 뜻의 라틴어
로, 예수의 십자가 아래에 있는 성모마리아를 의미한다. 크리스테
바가 종교적 이야기를 인용한다는 사실을 눈치 챘을 것이다. 이
책의 이야기는 그녀가 어머니로서 직접 경험한 모성과 동정녀 마

리아에 관한 학문적 논의를 오간다.[21] 두 관점의 서사를 모두 등
장시킴으로써, 크리스테바는 어머니와 자녀의 분리가 일어날 때
의 고통을 깊이 사색할 공간을 마련한다.

   여자는 고통을 느끼며 출산하는 것이 아니라 고통을 느끼
려고 출산한다.

   분리는 출산하는 날에 끝나는 한 번의 사건이 아니라 어머니
로 사는 내내 겪는 경험이다.

   크리스테바가 말한 모성의 '끊임없는 분리'를 잘 표현한 예술
작품도 있다. 독일 베를린의 운터 덴 린덴Unter den Linden 거리에 전
쟁 박물관이 있다. 고대 그리스 양식의 기둥이 19세기 신전 모습
을 한 건물을 떠받치고 있으며, 1937년 케테 콜비츠Käthe Kollwitz가
만든 〈죽은 아들을 안고 있는 어머니Mother with Her Dead Son〉 조각
상을 확대하여 1993년 '전쟁과 독재의 희생자'를 추모하기 위해
설치했다.[22] 콜비츠의 조각상은 동정녀 마리아의 상실 모성과도
연결되어 피에타Pieta라고도 불리는데, 앞서 크리스테바가 연구한
마리아와 맥락이 비슷하다. 이 조각상은 20세기 피 튀기는 전쟁
에 휩쓸릴 수밖에 없던 수많은 어머니와 아들에게는 구슬픈 기념
비이며, 콜비츠의 개인적 아픔을 녹여내 만든 작품이다. 어머니가
죽은 아들을 양손으로 안고 있는 모습은 제1차 세계 대전 당시 아
들 페터를 잃은 자기의 고통을 표현한 것이다. 다음은 그녀가 아

들을 잃은 슬픔을 절절한 마음으로 쓴 내용이다.

　　가끔 생각한다. 내 힘을 포기한 것이 그때라고. 그 순간 나
　는 늙어버렸다.
　　무덤으로 걸었다. 그때였다. 무덤으로 몸을 굽히고 나서 다
　시는 꼿꼿하게 서지 못했다.[23]

　　예수의 어머니 마리아는 수세기가 흘러도 아이를 잃은 비통
함을 상징하고 있다. 콜럼 토빈Colm Tóibín의 단편소설 「마리아의
고백The Testament of Mary」에서도 상실의 슬픔과 고통을 이해하는
길을 보여주는 등장인물은 마리아다. 토빈은 1인칭 주인공 시점
을 사용하여, 아들이 고문당하고 결국 사형에 처하는 상황에 분
노를 억누르려는 마리아의 모습을 그려냈다. 아들을 죽인 집행관
에게도 화가 났지만, 마리아가 더 분노한 대상은 아들의 삶을 열
심히 신화로 만드는 제자들이었다. 그녀가 찾은 위안은 유대교
전통의 성부Father-God가 준 위안도, 예수의 추종자들이 만든 신이
준 위안도 아니었다. 아르테미스 신전에서 여신의 '너그럽게 맞는
손과, 다가오는 자들을 보살피는 여러 젖가슴'으로 마리아는 아
들의 죽음에 깨진 마음을 달랬다.
　　콜비츠와 토빈은 아이를 상실한 어머니의 모습을 극적으로
보여주지만, 크리스테바는 평범한 일상에서도 상실을 경험한다
고 말한다. 아이가 성숙할수록 어머니와 끊어져야 하기 때문이

다. 언어는 아이가 새로운 사랑과 관계를 경험하기 위해 타인에게 다가가는 데 필요한 요소로, 어머니와의 첫 번째 관계가 단절되어야 익힐 수 있다. 크리스테바는 『검은 태양』에서 우울증을 다루며 어머니와 자녀 사이의 관계가 변하면서 따라오는 고통을 분명히 이야기한다.

> 아이는 첫 단어를 말하기 직전에 어찌할 도리가 없을 정도로 슬퍼진다. 왜냐하면 아이는 어쩔 수 없이, 필사적으로 어머니와 분리되고, 그 상실 때문에 아이는 어머니 그리고 자기가 좋아하는 애정의 상대를 찾으려고 한다. 처음에는 상상 속에서 그다음은 말로 찾는다.

이것은 아주 의미 있는 해석이다. 어머니를 상실한 경험이 발화를 가능하게 하지만 그와 동시에 아이는 상실의 슬픔에 젖어서 타인, 꿈, 언어로 어머니의 그림자를 좇는다. 에덴의 동산에서 어머니와 친밀했던 경험으로 돌아가려는 근본적 열망이다. 하지만 열망은 절대 채워질 수 없기 때문에 결국 우리는 비극적 상황에 남겨진다.[24]

인간이 개별화되는 과정에 상실이 필요하다는 사실을 확인했으니 다시 호모 렐리기오수스로 돌아가자. 크리스테바의 이론은 연결성이 구축되고 다시 가혹하게 파괴되는 현상을 언급한다.

가장 먼저 어머니와 관계가 부서짐으로써 새로운 관계를 맺는 것이 가능해진다.

어머니에게서 분리되고 나서 타인과 연결되려는 욕구는 어린 시절에만 국한되는 이야기가 아니다. 심리 상담에서 내담자가 파괴적이거나 쓸모없는 행동 패턴에서 빠져나오지 못할 때 상담자는 내담자의 경험을 놓아주는 것에 주로 초점을 둔다.[25] 프로이트는 내담자의 헛된 행동을 '반복하려는 강박'이라고 설명한다. 누군가 비슷한 종류의 파괴적 관계에 반복해서 빠지는 모습을 본 적이 있다면 프로이트가 하는 말의 의미를 바로 알아챌 것이다. 프로이트는 이를 '죽음 충동death drive'이라고 부르는데, 파괴적이고 반복적 행동으로 극단적인 방향으로 흐르는 상황을 보거나 경험할 때 보게 된다. 이런 행동은 '변화하는 과정을 방해한다'. 심리 상담은 내담자가 세상과 관계하는 새로운 방법을 찾도록 가능성을 연다. 그리고 풍요로운 삶을 살기 위해서는 세상과의 경험을 구축하고 결정적으로는 부수어야 한다는 사실을 알아차리게 된다. 포기해야 할 것이 있으며, 삶에 흔적을 남길 상실을 좀 더 편안하게 받아들일 방법을 찾도록 준비해야 한다.

이 모든 과정은 쉽지 않다. 포기는 실패처럼 느껴지기 때문에, 또다시 상실이 실패와 결합하는 장면을 마주하게 된다. 관계가 끝났을 때, 과거에 소중했던 무언가가 이제 없다는 사실을 받아들이기는 쉽지 않다. 프리다 칼로의 작품이 사랑받는 이유는,

부러짐을 나타내는 수많은 모습을 담아냈기 때문이다. 그녀는 출산에 실패한 절망, 사고로 부러진 등과 허리에서 오는 고통, 예술가인 디에고 리베라와 관계로 얻은 슬픔을 작품에 쏟아냈다. 끝없는 가슴앓이는 그녀에게 사랑의 마지막에 관한 본능적인 통찰력을 주었다.

가장 유명한 그림인 〈두 명의 프리다 칼로The Two Fridas〉에 나란히 그려진 두 명의 칼로는 우리를 보고 있다. 한 명은 식민지 시대 여인이 입던 흰 레이스가 달린 드레스 차림이다. 위태하게 들고 있는 수술용 가위가 혈관에서 흐르는 피를 간신히 막고 있는데도 피가 뚝뚝 떨어진다. 멕시코 의상을 입은 다른 프리다는 그녀의 '더 자연스러운' 모습을 나타내는데, 남편인 리베라가 사랑했어야 하는 모습이다. 자연스러운 프리다는 피 흘리는 아내의 손을 잡고 있다. 이 모습은 리베라에게 아내로서 거부당한 실패의 감정이 그대로 드러나며, 이제 남편이 아닌 리베라를 향한 간절한 욕망과 잃어버린 사랑을 상기시키기도 한다. 칼로를 지지하는 사람들은 리베라의 빈번한 외도를 들추며, 진실한 사랑을 받을 자격이 없는 남편에 대한 고통을 극복하길 원했을 것이다. 이것이 쉬운 일인 양 말한다면 이상적으로 행동하는 일이 사실상 얼마나 힘든지 모르는 것이다. 정리하는 편이 최선의 방안인 줄 알면서도 쉽게 포기하지 못할 때도 있지 않은가.

한편 크리스테바는 아이가 어머니를 상실할 때 느끼는 상반되는 감정으로 이런 망설임을 분석했다. 즉, 어머니를 원하는 감정과 원하지 않는 감정이 공존할 때다. 아이의 혼란과 고통을 성인에게 적용하면, 우리도 새로운 삶과 변화를 원하는 욕망과 마주하지만 여전히 예전 모습의 안정감에 간절하게 매달려 있다는 의미다. 모든 것이 원하는 대로 분명하게 맞아떨어지지는 않는다.

관계와 정체성을 구축하려면 상실에 좀 더 편안해져야 한다. 크리스테바의 정신분석학 이론을 따른다면 상실은 우리가 피하길 바라는 나쁜 일로 격하해서는 안 된다. 고통은 분명 존재한다. 하지만 고통을 받아들이는 과정에서 새로운 삶의 가능성도 찾게 된다. 주디스 버틀러가 말했듯 '상실이 있고서 상실에 수반되는 변화가 있다' 상실과 실패가 지나가면 우리의 본래 모습은 변한다. 그렇기 때문에 힘들고 괴로운 경험일 수밖에 없다. 하지만 파괴적인 에너지에는 가능성도 있다. 좋은 삶을 살기 위해서 우리는 실패와 상실을 배제하는 방법이 아니라 수용하는 방법을 찾아야 한다.[26]

좋은 관계 맺기

관계는 세우고 무너지고 다시 세우는 끊임없는 과정으로, 확실하게 정해진 결론이 없다. 물론 인간이 관계를 통해 만들어진다는 점을 인정한다고 해서 앞으로 맺을 인연이 모두 바람직하거나 풍성한 삶을 가능케 해준다는 뜻은 아니다. 이것은 극단적으로 순진한 생각이다. 다만 이 가능성은 좋은 관계를 만들기 위해 꼭 필요한 조건을 진지하게 생각하도록 이끈다. 이것은 개인으로서 우리의 모습을 형성할 때 연결성의 역할을 중심에 두기에 가능하다. 공동체는 개인을 형성하는 데 꼭 필요한 요소다. 인간은 타인 및 세상과 결속하고 또 결속해야 하는 동물이다. 그러면 변덕스러운 삶의 맥락에서 실패와 상실을 겪을 때 우리는 무엇을 해야 할까? 실패와 상실의 실재를 받아들인다고 했을 때, 좋은 삶이 의미하는 바는 무엇일까?

이 장에서는 타인과 관계에서 나의 인간성을 지키는 데 집중하고자 한다. 만약 우리가 서로 육체를 지닌 생명으로 인정하면 어떨까? 희망을 품고, 사랑하고, 두려움을 느끼고, 욕망을 느끼고, 실수하고, 슬퍼하고, 괴로워하고, 결국 죽는 육신으로 보는 것이다. 이 도약에는 어느 정도 위험부담이 있다. 인간이 타인과 관계에서 항상 올바르게 행동하지 않는다는 사실을 알기 때문이다. 관계를 중시함으로써 우리는 호모 에코노미쿠스의 수준을 뛰어넘을 수 있지만, 동시에 풍성한 삶을 가능하게 하는 관계에 필요한 조건이 무엇인지 고민해야 할 것이다.

대화의 기술과 연결성 만들기

개인의 발달에 관한 크리스테바의 이론을 보면 어머니와 단절되는 경험에서 언어가 등장한다. 이것은 관계 맺기를 가능하게 하는 상실이다. 언어를 이용하여 어머니와 맺은 유대감에서 벗어나, '제3자'인 아버지, 주변 인물, 더 나아가서는 사회와 연결된다. 인간은 언어로 세상, 타인과 연결성을 만들려고 노력한다. 이러한 연결성이 인격 형성에서 대화의 중요함을 보여준다. 대화하며 우리는 관계를 맺고, 또 맺으려고 시도한다.

언어는 단어의 사용만을 의미하지 않는다. 몸짓, 표정, 접촉을 포함하여 대화의 방법은 다양하다. 페미니스트 신학자인 카터 헤이워드Carter Heyward가 표현한 대로 '접촉은 관계를 의미한다'

다양한 대화의 예시를 몇 가지만 들어보자. 대화의 다양성은 사회적 세상이 만드는 여러 활동을 의미한다. 나는 복잡한 거리를 걸으며 지나가는 여자와 미소를 주고받곤 한다. 그리고 산책 길을 걸을 때는 변함없이 항상 같은 벤치에 앉아서 강에 있는 오리에게 모이를 던져주는 남자와 인사한다. 우리의 대화는 비슷하다. 안부, 날씨, 오리, 주변 경치 이야기가 대부분이다. 대수롭지 않은 대화지만 그가 공원에 없을 때면 안부가 궁금하다. 가까운 사이는 아니지만 삶을 대하는 현명한 자세 때문에 내가 존경하게 된, 같은 교회 신도와의 대화도 있다. 서로 알고 지낸지 40년이 넘은 오래된 친구와 통화할 때는 온갖 주제가 튀어나온다. 이모든 대화는 나와 세상을 결속하고, 나와 타인의 유대감을 돈독하게 만든다.

대화하면서 맺는 연결성은 상당히 중요하다. 연결성은 세상과 창의적인 관계를 맺도록 해준다. 이런 관계에서 정치적 세계를 만드는 능력이 나오는데, 정치는 '사회적 동물'의 행동에 불과하기 때문이다. 앞서 설명한 것처럼 소소하고 개인적인 대화는 우리가 다른 각도로 생각하도록 장려할 가능성을 지닌다.

산책길에 보는 내 친구를 예로 들어보자. 그는 옥스퍼드에 거주하는 수많은 노숙자 중 한 명이다. 오리에게 줄 빵부스러기가 든 봉지와 함께 맥주 캔을 가지고 다닌다. 그는 아침부터 밤까지 그곳에 있다. 나는 그를 직장에 제대로 붙어있지도 못하는 '단기 체류자', '떠돌이', '실패자'로 여길 수도 있다. 하지만 대화를 나누고 일상에서 일어나는 사소한 일을 공유하다 보니 어쩌다 우리는 다른 관계를 맺게 되었다. 내가 번듯한 수입을 벌고 집에 살고 친구와 가족이 있는 것처럼, 그도 옥스퍼드의 사회적 조직의 큰 부분을 차지한다는 사실을 깨달았다.

대화는 타인에게 문을 여는 행동이다. 대화는 뭐랄까, 그저 **이야기**하는 것과 다르다. 이야기에서는 다른 사람이 나와 동등한 위치라는 점을 굳이 받아들이지 않아도 된다. 나는 내 말만 죽 늘어놓아도 된다. 하지만 상호 간의 배려와 상호작용을 하며 다른 사람을 대할 때 이야기는 비로소 대화가 된다. 이 과정에서 다른 현상이 일어나기도 한다. 바로 비인간적인 양상이 줄어들 가능성이다. 나는 각자 다른 모습을 한 타인을 있는 그대로 보며, 함께 공유하는 그 순간에 그들이 존재한다는 사실에 감사한다.

이런 대화가 중심에 있다면 정치가 어떻게 바뀔까?[27] 지역 정치인으로서, 사실 나는 주민들을 방문하여 이야기하고, 그들의 문제를 듣고, 해결책을 내기 위해 노력하는데 상당한 시간을 들인다. 하지만 실제로 이 방법이 폭넓은 대화를 보장한다고 자신 있게 말하지는 못하겠다. 1990년대부터 정치는 '초점집단focus group'의 의견을 반영하여 형성되고 있다. 선거의 승패는 주요 유권자 집단이 어느 후보자를 지지하는지에 좌우된다. 그러면 정책은 그들에게 유리한 방향으로 제정된다. 이런 방식으로 정치를 추진하는 테마가 계속된다. 결론을 중심으로 접근하는 방식의 문제점은 대화가 좁고 배타적이라는 점이다. 이미 정해진 안건이 있기 때문에, 여러 가지 주제를 자유롭게 논의하기는 거의 불가능하다. 더 야심 차게 공공의 공간을 만들어서 대화의 기술 자체를 더 진지하게 여기는 방안은 없을까?

대화할 때 우리는 타인과 함께 경청하고 기여할 공간을 만든다. 언어가 밀물과 썰물처럼 오가고 다른 사람이 말하고 나서 대응하는 것처럼 유동적이다. 좋은 대화는 직선적이지도, 미리 정해진 결론만을 향하지도 않는다. 오히려 두서없이 보인다. 생각, 단어, 기억, 기분이 만화경처럼 바뀐다. 대화에 참여하는 모든 사람이 존중받을 만하다고 생각될 때만 자유로운 대화가 가능하다.

하지만 정당정치와 이념의 갈등에서 편협하지 않은 태도를 보이기는 힘들다. 정치에서 타인은 자연스럽게 '사상의 전투'를 치러야 할 적으로 간주된다. 나는 승자와 패자의 개념에 의존한 이런 군사적 비유를 선호하지 않는다. 결과의 확실성을 얻으려는 욕구와 연관되면 정치 영역은 다수의 문제를 인식하기 어려워진다.[28] 우리를 결속하는 요소에서 시작했다면 의견을 달리하는 사람을 비난하는 일이 줄어들었을 것이다. 앞서 살펴보았듯이 죽음은 인간이 연약하고, 타인과 세상에 의지하는 존재라는 사실을 상기시킨다. 우리가 서로 만나서 이야기할 수 있다면 아마 상대방을 경쟁자로 여기기보다, 사회를 함께 구성하는 동반자로 생각하게 될 것이다.

도예가인 그레이슨 페리Grayson Perry의 화병 〈어울리는 한 쌍The Matching Pair〉은 정치적 대화의 모습을 묘사한다. 두 화병은 아주 흡사하다. 비슷한 색깔에 비슷한 모양을 하고 있다. 이 작품은 페리가 영국에서 브렉시트를 한창 논의할 때 완전히 다른 두 집단과 대화를 하고 완성한 작품이다. 한 집단은 유럽연합 탈퇴에 반대했고 다른 집단은 찬성했다. 페리는 그들 모두에게 영국을 사랑하는 이유를 물으며 '무엇이 포함되어야 하는지, 이 상황이 그들에게 의미하는 바가 무엇인지, 심지어 어떤 색깔이 어울릴지'에 관한 의견을 보내 달라고 요청했고, 그는 '결과가 놀라울 정도로 비슷했다'고 말했다. 그는 영국 국민을 갈라서게 하는 요소보다 공통점이 훨씬 많으므로 좋은 결과라고 덧붙였다.[29]

예술가의 천진난만함에 혀를 차는 사람도 있을 것이다. 20세기에 일어난 끔찍한 일들 그리고 오늘날에도 시리아나 미얀마에서 지속되는 인권유린을 지켜보자면 이념의 차이는 당연히 중대한 문제. 하지만 정치적 대화가 바람직하게 형성될 가능성을 제시했다는 점에서 페리의 의견이 맞을지도 모른다. 친구는 나와 정확하게 같을 필요가 없다. 차이점이 들어설 공간을 서로 확보

해주면서 동등함을 인정하는 것이 중요하다.[30] 서로 존중하는 태도로 정치적 토론을 시작하면, 헐뜯으려는 목적이 아니라 배우려는 목적으로 상대방의 의견에 이의를 제기하는 것이 가능해진다. 우리의 관점이 바뀔지도 모르고, 상대방의 관점이 바뀔 수도 있다. 서로 배우는 과정에서 새로운 믿음이나 행동의 가능성이 열린다. 즉, **함께** 만들어낸 무언가를 낳을 것이다.[31]

공공의 영역이 번영하려면, 관점과 경험이 다른 사람을 같은 공간에 모두 수용하여 그들의 삶과 공동체에 관해 대화가 오가는 자리를 마련해야 한다.[32] 이 일을 실제로 실천하기 위해서는 지역 정부의 모습을 인정하고 정치적 약속을 삶의 중요한 부분으로 삼겠다는 정치적 의지가 필요하다. 일하는 시간 이외에 시민 모두 대화에 참여하도록 따로 시간을 할애해야 한다. 이 과정이 공공의 삶을 바꾸는 데 아주 급진적인 변화라는 사실을 경시해서는 안 된다. 대부분의 사람들은 사회적, 정치적 그림을 세우는 공간에 접근하기도 쉽지 않고, 정책을 수립하는 영역에 참여하기도 어렵기 때문이다. 타인이 휘두르는 권력을 강요받을 뿐, 직접 참여하여 얻은 권력을 행사하는 사람은 많이 없다.

정치가 배타적인 대화의 형태를 취할 때 놓치는 또 다른 것은 무엇일까. 정치적 영역만큼 이것이 뚜렷하게 드러나는 곳은 없을 것이다. 그들은 일부 구성원을 배제하기도 하고, 심지어 성공한 사람이라 생각되는 사람에게 과도한 의무를 지울 때도 있다. 인류학자인 질리언 에반스Gillian Evans는 백인 노동자 계층 가정 아이들의 '교육적 실패'를 해결하기 위해 정책을 조사하다가 중요한 허점을 발견한다. 음악가인 배우자와 그녀는 공공임대주택단지Council Estate에 살게 된다. 그녀는 '대학교 교육을 마치고 수입이 높은 직업으로 옮겨가기에 실패'한 중류층으로서 '저렴한' 곳에 살아야 했기 때문이다. 그리하여 결론은 공공임대주택단지였다.

에반스는 그곳에 살며 이웃들에게 마음을 완전히 빼앗기며 연구의 원동력을 얻었다. 그녀는 처음부터 주택단지의 내부인이 아니었다. 잠시 '빈곤한 삶을 체험하는 사람'이 되어 그곳에 오래 산 이웃과 소통하지 않아도 상관없었다. 하지만 내부인도, 외부인도 아닌 중간자의 시선 덕분에 오히려 에반스의 연구는 뜻깊은 변화가 일어났다. 이웃들의 눈에 에반스가 낯선 이방인이듯, 그녀에게 이웃 가족과 아이들이 낯선 환경이 되었다. 중요한 점은 에반스가 '위에서 보는 시선'을 채택하지 않았다는 사실이다. 배경이 달랐지만 그녀는 공동체의 일원이 되었고, 그가 한 연구는 단지에 사는 개인들의 삶을 담게 되었다. 에반스는 이전 장에서 살펴본 수치의 문화에 맞추어 정돈된 통계로 연구를 내놓지 않았다. 대신 그곳에 사는 아이들과 가족의 이야기를 듣고 그들의 삶을 여러 이야기로 풀어냈다. 이웃과 관계를 맺으며 에반스의 변한 모습도 연구에 여실히 드러난다. 그렇다면 에반스가 면담한 이웃도 과연 변화를 느꼈을까?

이런 개인적인 연구가 공공 정책의 수립에 영향을 끼치지 못한 것은 아니다. 에반스는 한 가지 가치를 모든 시민에게 부과하려는 정치적 대화에 이의를 제기한다. 교육적으로 '더 성공적인' 아이를 배출하려고 고안된 정책과 아이들이 실제로 가진 가치가 전혀 맞지 않는다는 점을 발견해서였다. 에반스는 아이들에게 '포부'를 강요하는 정책에 아이들과 부모가 단호하게 반대한다고 말한다. 그들은 성공의 번지르르한 말 뒤에, 오직 시대가 요구하는 가치를 실현하는 삶만이 '제대로 된 삶'이라는 억측이 있다는 사실을 알아챘다. 실패를 피하려면 그들 삶의 모습을 형성하는 공동체를 포기해야 한다. '성공'으로 도망치는 기회에 감사해야 할 뿐이므로.

단단하게 결속된 공동체의 아이들은 굳이 신자유주의의 '글로벌 시민'이 되거나 곳곳에서 일할 인재가 되는 교육을 받기 위해 임대주택단지에서 '도망'치기를 원하지 않는다. 오히려 경제적 불안정과 분투하며 그들은 강한 사회적 유대감에서 힘을 얻는다고 느낀다. 그리고 '역경에 부딪혀도 회복하는 능력'이 있는 공동체에 자부심을 가지는 데다, 공공임대주택단지를 실패자의 무리로 보지 않고 자랑스럽게 여긴다.[33] 토니 블레어는 '오늘날 우리는 모두 중류층이다'라고 주장했지만, 에반스는 이런 미숙한 소견이 영국인의 경제적, 사회적 차이를 인정하지 않을 뿐이라고 주장한다. 토니 블레어의 기준을 들이댄다면 단지에 사는 아이들은 실패할 수밖에 없다. 아이들이 어리석거나 게을러서가 아니라 '교육 제도에 내재하는 중류층 성향'을 강요받았기 때문이다. 그들에게 제시된 성공의 본보기는 그들이 중요하다고 여기는 모든 것과 대치된다.

호모 에코노미쿠스 인간상은 공동체를 긍정적으로 인정하지 않는다. 이것이 왜 중대한 결함이 될까? 흑인 페미니스트도[34] 중류층, 전문직 여성의 문제에만 목소리를 높이는 '백인' 페미니즘의 부당함을 강조하며 비슷한 이의를 제기했다. 여성 개인이 목표를 성취하지 못하게 방해하는 성차별은 충분히 이해하지만, 개인주의는 공동체의 중요성을 담아내지 못한다. 공동으로 백인인 종차별주의에 맞선 경험이 있기 때문에, 흑인 여성은 이 중요성을 더 잘 이해할 수밖에 없다. 케리 데이Keri Day는 다음과 같이 지적했다. '자아selfhood 추구는 개인주의individualism 추구와 다르다. 진정한 자아를 지향한다는 의미는 건강한 인격을 추구하는 것이며, 이는 궁극적으로 **신, 자기 자신, 이웃**을 사랑하는 데서 나온다'. 흑인 페미니스트들이 공동체에 관하여 쓴 글은 확실히 개인의 중요성에 관한 이야기가 **빠져**있다. 이것이 무조건 좋다고 말하기는 힘들지만, 여러 각도로 해석할 여지를 준다. 공동체는 여성에게 문화적으로 결정된, 순종적인 역할을 강요하며[35] 성차별 문제를 간과할 때도 있지만, 불평등한 경제적·사회적 조건에 맞서 함께 싸워야 하는 상황을 펼쳐놓기도 한다.[36] 개인 혼자서 불평등을 극복할 수 있다고 생각한다면 이는 잘못된 판단이다. 흑인 페미니스트 사상가들은 정체성을 확립하는 데 공동체의 중요성을 강력히 주장한다.

정책 입안자가 다양한 공동체를 지탱하는 가치에 관해 이야기한다면, 노력으로 성취하는 개인만이 좋은 삶의 유일한 본보기라고 하는 획일화된 구조를 뛰어넘으리라고 본다. 신자유주의의 이상향이 모두에게 유용하지 않다는 의미는 아니다. 다만 사회에서 '실패자'로 치부된 사람들도 풍요로운 삶을 만드는 조건에 관해 할 수 있는 이야기가 많다는 뜻이다. 사회를 함께 공유하는 타인과 의미 있는 대화를 나누려고 할 때 우리에게 중요한 가치가 모습을 드러낸다. 물론 진정한 대화를 나누기는 쉽지 않다. 듣고 싶지 않거나 찬성하지 않는 이야기를 듣고 완강하게 반대하고 싶은 마음이 들지도 모른다. 하지만 모두에게 열린 정치적 공간을 만들고 자기만의 테두리를 넘어 변화를 불러올 진정한 대화를 촉구하려 한다면, 만나는 사람을 열린 마음과 관대함으로 대하는 태도를 키워야 한다. 그렇다면 관대함이란 의미가 무엇일까.

관대성 그리고 관계의 구축

경제적 인간상이 말하는 관대함이란 자선하듯 베푸는 행위에 있으므로, 반드시 돈과 연관된다. 마거릿 대처가 성경에 등장하는 선한 사마리아인 이야기를 자의로 해석한 유명한 일화가 있다. '선한 사마리아인이 그저 좋은 뜻만 품고 있었다면 아무도 그들을 기억하지 못했을 겁니다. 그는 돈도 가지고 있었습니다.' 마이크로소프트 창시자 빌 게이츠나 비즈니스계 거물인 워렌 버핏의 기부가 대처의 관점을 잘 드러낸다. 두 재벌은 그들의 부를 이용해 세계적인 문제에 초점을 맞춘다. 자원이 불평등하게 분배된 세상에서 당연히 인색하게 구는 편보다 그들을 따라서 자선 행위를 하는 쪽이 낫다. 하지만 자선 활동으로만 관대함을 정의하는 것은 문제가 있다.[37] 이 구조는 몇몇 부자의 손에 세계를 만드는 권력을 쥐여주는 반면, 정부가 빈곤층을 해결하려는 의지를 약화한다. 또한 경제적 성공이 중요하다는 가치를 사람들의 마음에 더 깊게 새기며, 정치 세계에 입문하고 그 세계를 만드는 능력을 함양하는 데 부는 필수적인 요소가 된다.

자선 사업은 개인의 경제적 성공을 드러내는 지표이지만, 놀랍게도 실패의 형태로 보이기도 쉽다. 이것은 동정심을 비판한 니체의 주장과 일치하는 동시에, 호모 렐리기오수스의 가치와 비슷한 대안적인 방법의 가능성을 보여준다. 타인을 동정하는 사람을 향해서 니체는 '동정하려는 갈망은…자기만족을 향한 갈증이며, 이는 타인을 희생해야 채워진다'라고 말한다. 동정심은 우월감에서 나오므로 고통 받는 사람과 연대감을 느끼지 못한다. 타인의 호의에 따라 달라지는 기부금을 받을 때와 마땅히 받을 권리가 있는 국가의 돈을 받을 때 기분이 어떨지 생각해보자.[38]

니체는 동정심이야말로 우월한 사람이 열등하다고 인식되는 사람에게 하는 행동이라는 사실을 간파하고, '권력을 행사하는 만족감에서 오는 기쁨'이라고 말했다. 동정심은 관대한 개인과 고통 받는 개인의 거리를 더 확장하는 행동이다. '우리는 동정심에서 우러나오는 행동을 수행함으로써 괴로움에서 멀어지려고 한다'.[39] 니체의 비판은 3장에서 다룬, 상실을 직면하는 방법을 연상케 한다. 이 이론을 적용하면, 우리 모두 겪을 경험으로 상실을 바라보고 고민하는 대신 자선 행위를 행함으로써 고통을 겪는 사람에게 문제를 국한한다는 의미다. 우리를 통합해서 보지 않고, 우리가 해결해야 할 그들의 문제로 바라볼 뿐이다.

니체에 따르면 동정심을 받는 쪽에 있는 사람들은 결과적으로 보이지 않는 존재가 된다. 또한 동정심을 자아내면 인류의 경멸을 경험한다.

> **동정심은 경멸의 신호다. 왜냐하면 동정심을 받는 순간 그**
> **는 두려움의 대상에서 완전히 제외되기 때문이다. 그는 균형**
> **상태의 아래로 가라앉는다.**

대등한 사람 사이의 관계는 자기의 권리를 동등하게 고집할 가능성을 바탕으로 한다는 니체의 가정에 반대할지도 모르겠다. 하지만 니체의 주장은 문제의 핵심을 분명히 짚었다. 도움이 필요한 사람과 도움을 주는 사람 사이에 관계의 동등함은 어떨까? 동정심이 관대함의 토대가 된다면, 상호 간의 배려는 어떻게 될까? 상호 간 배려는 앞서 개방된 정치적 공간을 만드는 대화에 꼭 필요하다. 그러나 관대함과 자선 행위를 동일시하면 도움을 받는 사람과 주는 사람의 불평등한 시작점을 받아들이는 셈이다. 어려움에 처한 사람을 바라보고 그들의 이야기를 들으면서도 우리 모두의 어려움으로 여기지 않을 것이다. 상대의 이야기를 듣지 않은 채 '돌팔이 의사처럼 환자의 건강을 제멋대로 진단한다'. 동정심은 인류의 평등을 인정하지 않으며, 도리어 불평등을 주장하는 수단이 된다. 따라서 타인에게 실패자라는 오명을 입히면서 자기의 성공에 더욱 도취하게 된다.

관대함을 구현하는 다른 방법은 우리가 죽음 앞에 서 있는 연약한 인간이라는 공통된 경험에서 시작된다. 2장에서 등장한, 거침없이 여성 혐오적 발언을 내뱉은 쇼펜하우어의 글에서 관대함을 지지하는 내용이 보인다는 점이 다소 놀랍다. 니체의 조언자였던 쇼펜하우어는 특히 타인의 고통을 **자기의 고통**으로 경험하는 것 즉, 감정을 도덕의 근거로 두었다. 그에 의하면 타인을 향한 연민compassion에서 우리는 공통된 인간성을 인식하게 된다.[40]

하지만 니체는 쇼펜하우어의 연민이라는 개념을 자신이 통렬하게 비난했던 동정심의 종류라고 여기고 일축한다.[41] 니체는 연민을 하는 쪽과 받는 쪽을 연결한 쇼펜하우어의 입장을 무시했기 때문이다. 쇼펜하우어가 주장하는 연민을 느낄 때,[42] 우리는 '타인의 불행을 보고 고통을 덜어주고 싶은 마음이 들기에 그의 고통은 나의 고통이라고 말할 수 있다'. 고통을 겪는 타인을 보면, '나는 대개 나 자신의 괴로움을 느끼듯 그의 괴로움을 느낀다'. 그 사람과 나는 동일한 사람이 된다.[43] 그 사람의 얼굴을 보며 '직관적이고 직접적인 진리'를 깨닫는다. 바로 타인의 고통이 내 고통만큼 중요하다는 것이다.[44]

인종차별과 성차별은 누군가를 한번 흘낏 보고 그의 가치를 표면적으로 계산한 결과를 따른 듯하다. 개인 고유의 완벽함을 보지 않고 겉으로 보이는 '흑인' 혹은 '여자'로 보는 것이다. 하지만 쇼펜하우어는 타인의 얼굴을 처음 볼 때 일상적 관계를 떠받치는 무언가, 아주 평범한 모습을 본다고 말한다. 이것은 '일상적 연민'으로 '타인의 고통에 참여'하는 행위다. 우리는 다른 사람의 얼굴을 보았을 뿐이지만 그들이 우리의 관심이 필요할 때 알아차린다. 이런 동료애 같은 느낌이 행동하게 만든다. 타인이 고통 받을 때, 그 고통은 우리에게 반응하라고 요구한다.

쇼펜하우어의 성차별적 태도에 비추어 보았을 때 그는 자기 자신의 이론을 제대로 지키지 못한 것 같다. 그렇다고 그의 주장이 의미 없다고 말할 수는 없다. 그는 지키지 못했지만 우리는 지킬 수 있다. 관대함은 타인을 단순히 동정하는 태도에서도, 타인의 필요를 채움으로써 우리의 재정을 과시하는 데서도 오지 않는다. 타인의 실패를 내 성공을 뽐낼 기회로 만드는 상황에서는 관대함을 경험하지 못한다. 대신 관대함은 우리가 하나의 인간이라는 점이 인정할 때 가능해진다. 타인의 고통이 내 고통만큼 중요하다는 사실을 깨닫는다. 이렇게 상상력을 동원하여 연결성을 찾는 행동은 좋은 관계를 형성하는 기초가 된다. 타인에게 마음을 열고, 관계를 맺고, 그 관계로 변화될 가능성을 준비한다. 우리 모두 고통을 받는 대상이므로 상실을 인정하는 것은 우리를 연결하는 요소다. 또한 나에게 타인의 보살핌이 필요하다고 인정하듯 우리도 타인을 보살펴야 한다. 실패를 이해하는 방법도 마찬가지로 다음과 같은 관점으로 볼 때 바뀐다.

> 상실과 같이 실패도 보편적인 경험이며 인간의 공통적인
> 조건이다.

실패는 우리를 구분 짓는 판단에 불과했으나 끝내 모든 인간의 경험을 강조하는 사건이 된다. 4장에서 마리안 파팅턴이 자신의 여동생을 끔찍하게 살해한 웨스트 부부를 용서했던 노력을 살펴보았다. 용서하려는 의지를 발휘한 데는 자기 자신에게도 있을 타인을 향한 분노와 매정함을 인정한 것도 어느 정도 작용했을 것이다. 파팅턴은 살인범들을 구분 짓지 않고 그들과 연결성을 맺으려고 했다. 그녀가 이렇게까지 했다는 사실에 경악하는 사람도 있을 것이다. 하지만 로즈메리 웨스트에게 보낸 편지는 파팅턴이 맺으려던 연결성을 잘 보여준다.

> 인생을 살며 나는 다른 사람에게 상처를 줄 만한 행동을 했
> 습니다. 특히 이유도 알지 못한 채 루시가 사라져서 깊은 혼란
> 과 고통에 빠져 있을 때 그랬지요 … 당신도 두려움을 많이 느
> 꼈다는 사실을 압니다. 당신은 평생 주위를 살피며 살았다고
> 말한 적이 있습니다. 그 두려움을 나도 느낍니다. 삶이 버겁고
> 앞이 보이지 않을 때가 있습니다 … 우리의 삶은 연결되어 있

습니다. 당신에게 다시 튀어 오르는 나뭇가지를 희망의 징표로 보냅니다. 두려움에서 조금이라도 가벼워지기 바랍니다.

사랑하는 사람을 해친 사람에게 이 정도의 관대함을 보여줄 수 있는 사람은 거의 없을 것이다. 하지만 파팅턴의 용서가 극소수일 뿐이라고 여기는 마음을 떨쳐낸다면 우리는 실패를 다르게 생각할 가능성을 찾을지도 모른다. 그 실패가 우리를 가장 걱정스럽게 하는 관계의 실패라 할지라도 마찬가지다. 파팅턴은 타인과 자기 자신을 가만히 살펴보면, 심지어 전혀 예상하지 못한 맥락에서도 연결성이 있다고 이야기한다.

하지만 파팅턴의 관대함이 적절한 대답을 얻은 것은 아니었다. 로즈메리 웨스트가 편지를 읽었는지 읽지 않았는지조차 알지 못한다. 웨스트가 더는 편지를 받고 싶지 않다고 구치소 당국에 한 말을 전해들었을 뿐이다. 이제 희망은 사라졌을까? 그럴지도 모른다. 하지만 정치 영역을 상상해보자. 소리는 덜 지르면서 상대방 이야기는 더 경청하려고 노력한다면, 상대방이 제대로 이야기하도록 배려한다면 어떻게 달라질까. 상실과 실패를 인간의 중심에 둔다면 타인과 관계를 맺을 수 있는 가능성이 열린다. 이런 시도가 어떤 결과를 낳을지는 모르지만, 사회에 다른 가능성을 제시한다는 사실은 확실하다. 그곳에서는 실패하고 상실에 괴로워해도, 우리가 함께 잘 살아갈 것이라는 희미한 희망이라도 잡을 것이다.

삶을 이해할 수 있는 힘

관계를 해석하는 분명한 방법은 인간을 호모 렐리기오수스로 정의할 때 따라온다. 종교는 인간을 초월한 존재와 연결되려는 시도다. 사물의 본질을 깨닫도록 자아를 수련하여, 열망을 좇는 영원한 순환에서 벗어나려는 방식도 있다. 종교적 전통, 믿음, 활동은 다양하지만, 이 모두를 연합하는 요소가 존재한다. 바로 자기 자신에게만 향한 시선을 타인으로, 또한 인간 너머로 돌리는 것이다. 그리고 자아, 열망, 불안이라는 개인적인 관심사를 우주라는 넓은 맥락에 두도록 주의를 기울인다.[45]

호모 렐리기오수스를 정의하는 특징인 관계를 향한 욕구는 다른 인간과 맺는 연결성에서 멈추지 않는다. 내 경험에 비추어 보자면, 정치 활동을 하며 맺은 연결성은 그저 출발점에 불과했다. 나는 주민 모임, 지역 자선단체, 인근 단체 등 공동체가 만들어지는 곳을 적극적으로 찾아 나섰다. 그리고 마침내 다른 무언가도 필요하다는 사실을 깨달았다. 나는 20여 년 만에 교회로 발걸음을 돌렸다. 교회는 내가 한 부분이 되고 싶은 공동체였고, 인간이 아닌 다른 연결성을 추구하기 위해 함께 모인 공동체였다.

관계를 원하는 인간의 욕구에는 다른 종류의 관계를 염원하는 마음이 있기 마련이다. 우리는 타인과 관계를 맺으려는 인간적 욕구를 초월하고 포용하는 관계를 갈망한다. 성공을 향한 집착과 실패에 대한 두려움은 자기 자신에 과도하게 집중하는 건강하지 못한 형태를 보여준다. 신경질적인 자존심은 4장에서 살펴본 숫자에 집착하는 태도에서 드러난다. 타인의 삶을 인정하게 되면 우리는 이 심술스러운 자기중심주의에서 벗어날 가능성을 볼 것이다. 하지만 세상의 순리에 굴복하는 연약한 인간임을 인정하는 데서 밀려오는 불안감을 피하려면 결국 다른 무언가가 필요하다.

1950년대 후반 폴 틸리히는 종교를 배제하면 모든 것이 괜찮을 것이라고 주장한 세속주의의 문제점을 분석하며 의견을 제시했다. 인간으로서 우리는 삶을 이해할 만한 힘이 필요하다. 형식적 종교의 가치가 점점 떨어지지만, 믿음은 포기해도 되는 선택 사항이 아니었다. 우리는 모두 믿을 존재가 필요하다. 믿음은 인간의 근본적인 요소다.[46] 도대체 믿음이란 무엇인가? 틸리히는 다음과 같이 정의한다.

믿음은 인간적 자아의 완전하고 집중된 행위이며, 무조건 적이고 무한하고 궁극적인 관심의 행위이다.

틸리히가 선택한 단어는 다소 이상하게 들린다. 종교적 믿음을 암시하는 '궁극적'이라는 단어 때문에 불편할지도 모르겠다. 하지만 틸리히는 궁극적이라는 말이 종교의 형식에서만 사용하는 단어라는 주장에 이의를 제기한다. 스스로 이렇게 물어보자. 나에게 가장 중요한 것은 무엇인가? 내 삶에 의미를 주며 내가 중점으로 두는 것은 무엇인가? 나는 무엇을 믿는가? 무조건적으로 가치를 두는 것은 무엇인가? 대답은 돈이나 부, 일 또는 다른 사람이 될 수도 있다. 그러고 나서 틸리히는 다른 질문을 던진다. 우리가 믿음을 두는 것이 만약 궁극적인 존재가 아니라 궁극 바로 직전에 있는 것이라면 어떨까? 즉, 최종이 아니라 최종에 '가까운' 것이라면? 우리가 무언가를 믿을 때는 대개 그 존재에 무조건적인 관심을 준다. 삶의 모든 면에 접근할 때 그러한 믿음의 눈으로 바라보며 우리가 사는 방법의 기반이 된다.

무조건적 관심에 관련된 모든 문제는 신이 된다.

신을 믿지 않는 사람에게 틸리히의 글은 미심쩍게 보일 것이다. 하지만 틸리히는 믿음이 필요 없는 사람은 아무도 없다고 확고하게 주장했다. 우리는 무언가에 믿음을 부여하는 존재다. 그런데 그 믿음이 '궁극적이라고 주장하지만 기초적이고 무상하고 유한한' 존재로 향할 때 문제가 발생한다.

가치를 판단하는 기준으로 경제를 꼽는다고 생각해보자. 모든 것이 금융화되는 현상은 돈을 무조건적 관심의 대상으로 만든다. 우리는 경제적인 근거가 모든 논쟁의 종점으로 흐르는 사회에 산다. 하지만 무엇을 위한 돈인가? 돈 자체를 위한 돈인가? 그것은 아닐 것이다. 만약 그렇다면 금괴만 잔뜩 가지고 있으면 행복해야 한다. 짐작건대 다른 목표를 이루기 위해 돈을 벌 것이고, 돈은 사용할 수 있으므로 가치가 있을 것이다. 그러면 돈은 성공을 보장하거나 성공을 드러내기 위한 수단일까? 만약 이것이 사실이라면 삶의 의미는 우리가 열심히 일해서 얻은 성공을 지키고 유지하는 데 있으므로, 항상 불안할 것이다. 이런 가설은 궁극적 의미를 가진 것, 우리의 믿음을 쏟을 가치가 있는 것을 설명하기에 납득할만한 근거가 없다.

틸리히는 제2차 세계 대전이 일어난 시대를 살았다. 그 전쟁은 틸리히의 조국 독일인들이 단 한 명의 인물, 아돌프 히틀러에게 믿음을 부여하는 바람에 따라온 참사였다. 히틀러든 돈이나 숫자든 다른 사람이든, 궁극적이지 않은 대상을 궁극적인 존재로 착각할 때, 우리는 피할 수 없는 결과 곧, '존재에 대한 실망'에 맞닥뜨리게 된다. 궁극적이지 않은 존재는 궁극적인 존재로 보이는 무게를 견디지 못한다.

인간은 관계를 맺는 동물이므로 살아남기 위해서는 타인과 연결되어야 한다. 종교에서 이 관계는 인간을 넘어서 인간을 초월한 존재까지 확장된다. 이 주장은 형식적 종교에서만 찾을 수 있는 진리가 아니다. 내가 물질만능주의에 갇히기를 거부한다고 해도 내 삶의 의미는 전적으로 다른 사람과 맺은 관계에만 의거하지 못한다. 관계가 아무리 좋아도 마찬가지다. 내가 타인에게만 의미를 찾는다면 그들이 죽거나 나를 떠날 경우 나는 망연자실할 것이다. 앞서 살펴본 대로, 관계를 맺은 이상 슬픔은 피하지 못한다. 좋은 삶을 살기 위해서는 소중한 관계를 잃었을 때도 우리를 계속 살아가게 할 다른 종류의 관계가 필요하다. 인간은 관계의 동물로서 의미를 주는 인간적 관계를 뛰어넘고, 감싸 안아 줄 다른 관계가 필요하다.

그 다른 관계가 '신'과 관계라면 너무 빤한 결론일 것이다. 물론 신과 맺는 관계가 결론인 사람도 분명히 있다. 하지만 틸리히는 다른 관계의 본질을 정교하게 드러낸다. 궁극적인 존재를 돈, 성공, 타인과 혼동해서는 안 된다. 왜냐하면 궁극적 존재는 말 그대로 '모든 존재의 근원'이며 '존재 자체'이기 때문이다.[47] 이 존재에서 우리가 실존하는 생명으로 만들어졌고, 삶의 근원이 시작되었다. 이 관계는 다른 모든 관계를 지탱한다. 잘 살기 위해서 우리는 이 존재와 한 번 더 연결되어야만 한다. 앞서 살펴본 타인과 맺은 풍성한 관계는 우리가 이러한 관계로 향하도록 힘을 실어줄 것이다.

사랑은 타인과 재회하도록 자아를 넘어서게 하고, 궁극적으로 자아가 분리되어 나온 근원과 재회하도록 추진하는, 모든 것의 근원이 되는 힘이다.[48]

하지만 연결하려는 욕구는 특별한 한 사람, 친구나 가족, 내 세상을 공유하는 특정한 사람과 관계를 맺는 것으로 안주해서는 안 된다. 연결성은 아주 중요하므로 우리는 우주의 맥락으로 삶을 보아야 한다. 한 가지 알아두길 바란다. 초월적 존재와 맺는 관계는 신앙심이 깊은 사람들의 전유물이 아니다. 그들도 다른 사람과 마찬가지로 궁극적인 존재와 그렇지 않은 존재를 착각하곤 한다. 오히려 신앙심 깊은 사람이 착각하는 경우가 많을지도 모르겠다. 상상 속의 신이 너무나 간단하게 존재 자체Being Itself의 모습으로 오인될 때가 많기 때문이다.[49] 좋은 삶을 살기 위해서 우리는 타인과 좋은 관계를 맺으려고 헌신해야 한다.

우리는 타인과 관계로 정의되고, 그 관계로 우리가 태어난 세계에 기반을 만든다. 넓은 세상이 삶의 배경이 되면 성공과 실패에 흥미로운 변화가 생긴다. 성공을 향한 욕구, 실패와 두려움 뒤에 따르는 공포는 우주라는 맥락 안에서 오히려 시시하게 느껴질 것이다.

궁극적 존재와 관계를 맺는 데 집중한다면 성공을 쟁취하고 실패를 피해야 한다는 압박은 사라진다.

이런 노력으로 나타난 자아는 분리된 경제 단위로 격하되지 않으며, 홀로 용감하게 세상을 바라볼 것이다. 인간은 타인 그리고 우주 자체와 연결성을 갈망하는 존재다. 상실은 자아를 위협하는 사건이 아니라 우주의 삶에서 피할 수 없는 특징으로 드러난다. 이 사실을 인정하면서 그와 동시에, 인간은 변하는 세상에 사는 변하기 쉬운 존재라는 진리를 안고 살아가는 것이 중요하다. 무엇보다도 우리는 실패와 상실을 밀어내지 않고 포용하는 방법을 찾아야 한다.

6장

우리 삶에 실패와 상실을 위한 공간이 생긴다면

실패와 상실의 경험이
우리의 유일한 정체성이 아니므로,
그것이 결코 우리를 파괴하거나
소모할 수 없다.

마침내 우리는 신자유주의 아래에서 제시된 인간상과 아주 다른 방법으로 인간의 모습을 생각하는 단계에 이르렀다. 사회적 동물인 우리는 우리 존재가 소속된 세계와도, 타인과도 연결되어 있다. 실패를 자각하고 상실을 경험하며 인간을 특징 짓는 한계와 마주한다. 육체적 또는 정신적 능력을 상실하든 질병이나 죽음으로 상실을 맞든, 살아가면서 상실을 경험하는데 그것들은 세상 중심에 욕망을 둔 오만한 인간을 당혹스럽게 만든다. 또한 실패를 자각할 때 우리는 자신, 인간관계, 삶에서 중요하다고 여기던 의무, 통제하지 못하는 경제적, 사회적 요소에서 한계를 느낀다. 한계와 마주하는 인간은 절망하거나 방어적인 태도를 취한다. 다른 사람을 비난하기도 하는데, 2장에서 살펴본 여성과 여성의 신체에 모든 문제를 부과하는 행동이 그 중 하나이다. 자기 연민에 굴복하는 경우도 있다. 3장에 등장한 질병, 죽음, 죽어가는 과정을 감안했을 때 당연한 반응이다. 하지만 이 모든 경험을 다른 각도로 고찰하면 삶을 다르게 살도록 촉구하는 원동력으로 보게 된다.

이번 장에서는 의미 있는 삶의 조건에 관한 우리의 관점을 다시 탐구할 것이다. 상실을 경험하고, 상실로 받은 상처와 가슴 조이는 공포를 느끼면서도 고통을 거부하기보다 함께 살아갈 방법을 찾을 수 있다. 마찬가지로, 현대 사회가 제시하는 본보기대로 성공하지 못해서 '실패자'가 되어도 여전히 좋은 삶을 살 수 있다. 오히려 충만한 삶에 필요한 시야를 성공이라는 존재가 가리고 있을지도 모른다.

삶을 쉽게 통과할 방법은 없다

지금까지 한 모든 이야기가 쉽게 들릴지도 모르나, 문제가 그리 간단하지만은 않다. 당신이 '웃을 때 세상이 함께 웃는다. 울 때는 당신 혼자 울게 될 것이다'는 말이 괜히 있는 말이 아니다. 힘든 시기를 겪는 사람이 느끼는 소외감을 제대로 포착한 문구다. 상실을 포용할 방법을 말하기 전에 반드시 인정하고 출발할 것이 있다. 5장에서 쇼펜하우어가 명료하게 말한 구절로, 아무도 상실에서 벗어나지 못한다는 내용이다. 사랑은 언젠가 다른 사람의 보살핌과 지원이 필요하므로, 단단히 준비하여 세상의 무게에 짓눌려 힘들어하는 사람을 기꺼이 보살필 각오를 해야 한다.

우리가 모두 고통에 부서지기 쉬운 존재라면, 불편한 진실을 간과하지 않는 것이 아주 중요하다. 고통은 동등하게 분배되지 않았다. 다른 사람과 비교했을 때 더 깊은 상실을 겪은 사람, 후유증이 더 큰 실패를 경험한 사람이 분명 존재한다. 다른 집단보다 더 고통을 심하게 겪은 집단도 있다. 상실을 동반하는 고통에 관한 논의는 이 차이를 심각하게 여겨야 한다. 악을 정의할 때, 개인의 도덕적 문제뿐 아니라 사회적, 정치적 구조도 인식하는 것이 필수적이다. 불평등을 이해하려면 정치적, 사회적 구조 속에서 법률을 제정하는 문제도 반드시 다루어야 한다. 인종 차별, 성차별, 계급 차별과 같은 구조적 악은 사람들이 겪는 고통의 크기가 다름을 의미한다.[1] 그러므로 우리에게 부과된 정치적 의무는 개인을 지원하는 개별적 정책 수립뿐만 아니라 사회적, 정치적 불평등에서 기인하는 고통을 인지하고, 이 둘을 모두 극복할 집단행동의 힘을 발휘하는 것이다.

세상에 존재하는 크나큰 고통과 괴로움, 절망과 불행 속에서 우리가 해야 할 최소한의 의무는 괴로움의 크기가 커지지 않도록 행동하는 데 전념하는 것이다. 매리언 파팅턴Marion Partington이 결국 웨스트West 부부를 용서한 엄청난 일도 이 의무에 바탕을 두었기 때문이다. 피해자에게 가한 극악무도한 폭력에서 보이듯 공감 능력이 부족한 웨스트 부부에 관해, 파팅턴은 그들도 다른 사람의 손에 학대받았기에 이런 일을 저지른 것처럼, 학대의 결과를 생각해봐야 한다고 제안했다.[2] 좋은 관계의 조건을 찾기 위해서는 폭력의 순환을 끊을 방법이 필요하다. 악은 '삶의 관계를 위반'하는 행위이며, 좋은 관계를 형성하려면 우리 개인적인 태도부터 돌아봐야 한다. 이에 더하여 폭력적인 관계를 청산하기 위한 공공 정책에도 관심을 가져야 한다. 관계의 현주소를 생각하면 이런 방안은 지나치게 낙관적으로 들리지도 모르겠다. 하지만 최소한 폭력적 관계에서 빚어진 상처를 치유하는 공간을 마련하도록 정치적인 개입이 필요하다.

그럼에도 정치적 행동에 치우쳐서 중대한 진리를 잊어서는 안 된다. 삶은 비극적이므로 쉽게 통과할 방법이 없다. 실패나 상실의 경험이 오늘날의 자신을 만들었다고 믿는 사람도 있다. 반대로 이런 경험 때문에 완전히 무너진 사람도 존재한다.[3] '인생의 불행 앞에서 모두가 평등하지는 않기 때문'이다. 스스로 자기 운명에 책임져야 한다는 고무적인 생각과는 달리, 인생의 큰 부분은 운에 좌우되곤 한다. 프로이트가 말년에 쓴 가장 아름다운 글한 편은 삶에서 운이 맡은 역할을 보여준다. 프로이트의 환자 중 신경증 증세에 시달리던 여인이 병을 치료하고 진료실을 떠났다. 세상에 나서자 여인은 연이어 일어나는 불행을 겪었지만 열심히 용감하게 맞섰다. 상황은 나아지는 듯했다. 그러던 어느 날 병에 걸려 수술을 받아야 했는데, 심각할 정도로 담당 의사에게 빠져버렸다. 짝사랑의 고통에 못 이겨 여인은 병마의 공격에 무릎을 꿇고 끝내 회복하지 못했다. 여인이 의사를 만나지 않았더라면 상황이 다르게 펼쳐졌을 것이라고 프로이트는 안타깝게 이야기했다.[4] 일터에서든 자기에게 가하는 채찍질이든, 열심히 노력한다고 행복한 결말로 이어지지는 않는다. 특히 인간 삶의 본질인 상실과 실패를 대면할 때, 노력은 더욱 소용없다.

지금, 여기에서 열정적으로 사는 것

상실 때문에 파멸하지 않으려면, 실패로 절망에 빠지지 않으려면 이것과 함께 살아갈 방법을 찾아야 한다. 이때, 타인과 고통을 나누면 결속감을 느끼겠지만 타인의 짐을 떠맡을 수 있는 사람은 결국 아무도 없다. 그러니 상실과 실패를 솔직하게 바라보고 싶지 않을 수밖에! 이런 경험에서 빠져나오는 방법은 다른 사람이 알려주는 간단한 '노하우'에 모두 담지 못한다. 유감이지만 당신이 이 책에서 노하우를 배우고 싶었다면 몹시 실망했을 것이다. 하지만 인내심을 발휘하여 고통스러운 경험을 주의 깊게 살펴본다면, 장담하건대 가망이 없는 세상에서도 새롭고 풍요로운 삶을 맞을 가능성을 찾을 것이다.

말하기는 쉽지만, 사실 고통스러운 경험이 종이 위에 단어로 정확하게 옮겨지다보면 다소 묽어지는 위험이 항상 존재한다. 나는 책 시작부터 쭉 내 개인적 상실과 실패를 언급해왔다. 속이 뒤틀리고 마음을 추스르기 힘든 이야기가 너무 단정하고 깔끔한 활자로 변했을까 두렵다. 나는 어머니가 되지 못하는 상실감을 몇 문단에 걸쳐 말하며 차분하게 의미를 전달했다. 슬픔을 긴 망원경의 끝에 두고, 대체로 충만하고 다채로운 삶을 사는 현재 시점에서 바라보았다. 20여 년이라는 세월이 지나고 이제는 겨우 보일 정도의 흉터지만, 상실은 여전히 남아 있다. 나는 그 흉터를 계속 들쑤시기가 불안하다. 그러다 연약한 살 아래 뭉쳐 있는 피가 터져 나와 멈추지 못할까 봐 걱정스럽다.

그때의 시간이 떠오른다. 배 속의 아이가 유산된 오후, 우연히 화장실에 가서 핏자국을 보았다. 친절한 동료가 50여 마일을 운전해 직장에서 옥스퍼드까지 나를 데려다주었고, 나는 침대에 누워 공포에 떨었다. '제발 있어 줘, 제발 있어 줘'라고 수없이 말했다. '제발 있어 줘'라고 말하는 것이 아기를 향한 내 복잡한 감정이었을까. 나는 아기와 나 자신을 안심시키기 위해서라도 그 말을 계속 되뇌었다.

병원에 도착해서 사람들이 나를 '의학' 박사라고 착각한, 웃지 못할 소동이 발생했다. 의학박사라면 이런 상황의 심각성을 제대로 파악했겠지. 다리 사이에서 작은 생명이 환자용 변기로 쑥 미끄러져 나왔지만 더는 생명이 아니었다.(나는 아기를 보지 않왔다. 내가 봤다면 다르게 느꼈을까? 아이를 상실하고 어머니로서 나 자신을 상실했다고 그 순간에 인정했다면 어땠을까? 고통, 두려움, 슬픔을 억누르지 않았다면 어땠을까?) 피가 멈추지 않았고, 의사가 피를 멈추려고 자궁을 긁어내는 데 고통이 느껴졌다. 마취 덕분에 의식 없이 수술하는 축복을 누리고, 살아 있는 기쁨으로 눈을 떴다. 나는 죽고 싶지 않았다. 살아서 피부에 닿는 햇빛을 느끼고 싶었다. 나와 마찬가지로 슬픔에 젖은 남편은 그래도 내가 죽지 않은 것에 안도하며, 아버지로서 누릴 삶의 상실을 안도감으로 애써 밀어냈다.

집. 초봄의 햇살. 나는 받아들이려고 노력했다. 묻고, 또 깊이 묻었다. 진부한 말이지만 그 아이를 낳았다면 지금 내가 누리는 삶은 없었을 것이다. 무언가를 잃었을 때, 그것도 절대로 회복하지 못하는 것일 때 받아들이기란 얼마나 힘든가. 이 작은 아이뿐 아니라, 수년간 아이가 성장하는 모습, 가정을 일구고 누군가의 어머니가 되는 모습을 보는 경험을 모두 잃었다. 결국 세 명이나 네 명이 아닌, 우리 둘만 남았다.

다른 많은 작가처럼 나도 상처 입은 이야기꾼이라고 나를 바라본다.[5] 상실로 입은 상처. 어머니가 되는 데 실패한 내 경험을 생각하면 이 책이 내게 던진 질문은 쉽지 않다. 나는 실패자가 되고도 여전히 잘 살 수 있을까? 내 안에는 여전히 상처가 있고, 아직도 건드리면 아픈 구석이 있다. 그러나 고통 속에는 상실을 겪은 사람, 잡지나 텔레비전에서 선전하는 인생의 모습을 이루는 데 실패한 사람과 연대감이 있다(물론 연대감은 잘 부서지는 도자기처럼 깨지기 쉽다). 아마 사람들은 삶이 계획대로 잘 흘러갈 때는 이해하지 못하는 우주의 본모습을 바로 이런 고통 속에서 조금이나마 맛보지 않을까.

소중한 무언가를 잃을 때, 원했던 바를 이루지 못했을 때, 가슴이 철렁 내려앉고 마음이 아파오면 우리는 속히 빠져나와 '일상'의 삶으로 돌아갈 방법을 찾는다. 고통 속에서 후회로 자책하며 마음이 무너질 때는 상실과 실패가 위협이나 모욕으로 보인다. 심지어 악마가 괴롭힌다는 생각마저 들기 때문에 좋은 삶에 관한 어떤 말도 어처구니없는 이야기로 들린다. 마치 상실과 실패는 아픈 기억을 비료 삼아 미래의 성공이나 행복에 필요한 요소로 바꿀 때만 가치를 발휘하는 사건으로 보인다. 내가 줄곧 빠지곤 하는 유혹은 상실의 고통에서 숨기 위해 서둘러 다음 일로 넘어가려는 전략이다. 이 전략은 오히려 상황을 악화할 때도 있다. 겨우 몇 년 전부터 나는 다른 사람의 아이들과 있어도 마음을 편안하게 먹게 되었고 기쁜 마음으로 대모, 이모, 이웃이 되었다. 아이의 삶에서 중요한 어머니와 다른 역할을 하는 사람이 된 것이다.

상실과 실패를 도망쳐야 할 경험이나 성공적 미래를 위한 준비 단계로 보지 않고, 오히려 삶과 더 깊이 관계를 맺는 중대한 사건으로 본다면 어떨까? 캐런 암스트롱Karen Armstrong이 말하는 바는 우리가 지금까지 이야기한 삶의 의미를 어렴풋이 보여준다.

종교적 탐색은 '진리'나 '삶의 의미'를 발견하는데 있지 않고 '지금, 여기에서 가장 열정적으로 사는 것'에 있다는 것이다.

열정적으로 사는 것.

이런 관점으로 보면 실패와 상실은 감추거나 버릴 경험이 아니라, 자아의 눈부신 그림에 등장할 삶의 필수 조건이다.

실패와 상실은 공통점이 있다. 평정심과 일상을 파괴하지만, 그 파괴에서 우리가 당연하게 여긴 것, 삶의 중심을 형성하는 것을 다시 생각해볼 가능성을 보여준다.

상실과 실패는 마음을 동요하게 한다. 일상의 흐름을 방해하지만, 결과적으로는 삶의 표면에 드러나는 모습 이상을 보도록 가능성을 열어준다. 피상적인 것을 찬양하는 문화와 대조적으로 실패와 상실은 존재의 가장 깊숙한 곳을 마주하도록 우리를 떠민다. 내가 겪은 상실에서 발견한 가능성은 무엇일까. 나는 '성공한' 교수로 보이는 겉모습 아래를 들여다봐야 했다. 그리고 삶을 더 깊이 생각하는 방법을 찾아야 했다.

'깊이'라는 말은 명백히 다른 두 가지 경험을 나타내므로 참 흥미로운 단어다. 먼저 상실이나 불행의 가장 극단적인 부분과 관련 지을 수 있다. 종교에서 지옥의 개념은 우리를 순식간에 삼

켜버릴 법한, 땅 밑 저 깊숙이 있는 공간으로 표현된다. 그리스도인의 신앙고백에는 그리스도가 '지옥에 내려가서서' 그곳에 있는 자들을 구원한다는 내용이 있다. 또한 구약성서 속《시편》작가에게 하나님은 심지어 지옥에서도 보는 존재다. 그는 자신이 죽은 자의 세계인 '스올에 가서 누워도' 하나님이 있다고 말한다.[6] 그리스 신화에 등장하는 여신 페르세포네는 어리석게도 땅의 갈라진 틈에서 자란 꽃을 따다가 하데스가 관장하는 지하세계로 떨어지게 된다. 떨어진 지하세계에서 길을 잃은 이야기는 상실과 실패에 수반되는 불행을 마주하는 심정을 대변하는 적절한 비유다. 존 디디온이 이름 붙인 '소용돌이' 비유도 마찬가지다. 딸과 남편의 죽음 후에, 추억과 살아가려고 발버둥칠 때마다 그녀를 휩쓸어 가버리는 위험한 공간이었다.

또한 '깊이'는 다른 의미도 지닌다. 사람들은 세상과 더 성숙하고 만족스러운 관계를 맺는 모습을 설명할 때 깊이라는 단어를 쓴다. 더 깊이 사랑에 빠지고, 더 깊은 우정을 나눈다. 특정한 주제든 기술이든, 무언가에 정통하겠다고 마음먹을 때 그것을 더 깊이 이해하게 된다. 1장에서 만난, 낡은 오토바이를 고치는 철학자 매튜 크로포드를 떠올려보라.

'깊이'의 두 가지 다른 의미가 서로 관련 없다고 생각해서는 안 된다. 가장 깊은 나락을 직면하면서 깊이를 얻을 가능성도 열리기 때문이다.

깊은 곳으로 가지 않으면 깊이도 없다.[7]

'가장 깊은 나락'과 '깊이'는 밀접하게 연결되어 있다. 율라리아 클라크Eularia Clarke의 그림 〈호수를 덮은 폭풍Storm over the Lake〉은 가장 깊은 나락과 깊이의 연관성을 잘 포착했다.[8] 이 그림은 성경에 나오는 그리스도가 폭풍을 잠재울 때의 장면이다. 배의 일부분이 물에 잠겨 사람들이 우왕좌왕한다. 서로 부둥켜안은 사람도 있고, 거센 폭풍으로 몰아치는 파도 사이로 겨우 보이는 배의 몸체나 밧줄을 잡은 사람도 있다. 손으로 눈을 가리고 울부짖는 사람, 물에 잠기는 두려움에 얼굴이 일그러진 사람도 있다. 뱃머리에는 아주 크게 그려진 그리스도가 축복을 내리며 손을 내민다. 살아있는 사람 중 몇몇 시선은 그리스도를 향한다. 그리스도 뒤에 모여 다닥다닥 붙어 있는 사람들도 있다. 그림은 상실의 공포와 삶의 힘겨움으로 가득하다.

우리가 주목해야 할 점은 가라앉는 사람들이 그리스도를 바라본다고 해서 괴로움이 줄어들거나 사나운 파도를 피하지는 못했다는 사실이다. 그들은 아무것도 피하지 못했다. 여전히 물속에서 겁에 질려있다. 하지만 파도 위로 시선을 돌리며 고난이 파괴로 이어지지 않으리라는 희미한 희망을 붙잡는다. 클라크의 그림은 상실과 실패를 다루는 여러 방식을 보여준다. 침몰하여 가라앉거나 고통에 갇혀 망연자실하는 경우가 있다. 두려움을 완전 없애지는 못해도 시선을 재조정하고 관점을 바꿔서, 삶의 고통을 마주하더라도 작은 위안을 찾는 경우도 있다.

종교적 이야기에서도 사람의 시선을 바꾸는 사건을 찾기는 어렵지 않다. 기독교의 신약성경에는 타르수스 출신의 사울이 새로운 종교를 박해하기 위해 다마스쿠스로 향하는 이야기가 등장한다. 그는 시력을 잃는 충격적인 상실을 겪으며 세상을 '다르게' 보는 체험을 하게 된다. 그리고 변화된 시선으로 '바울'이라는 새로운 이름도 갖는다. 보상은 상실 뒤에 온다. 바울은 공동체에서 지위를 잃고 삶의 원래 모습도 잃었다. 새로운 풍요로움을 찾기 위해서는 상실이 전제되어야 했던 것이다.

한편 불교에는 싯다르타의 이야기가 있다. 안락한 삶을 누리던 왕자였으나 성 밖으로 외출하였다가 괴로움의 수많은 양상을 마주하고 만다. 그는 사물의 본질을 깊이 명상하며 변화를 맞는다. 괴로움의 본모습을 제대로 마주하는 삶의 방법을 찾기 위해서 물질을 향한 욕망과 부는 제쳐두어야 했다. 그는 붓다로 깨달음을 얻고, 우연과 변화의 세상을 뛰어넘는 새로운 가르침을 찾았다. 자신의 의지와 상관없이 일상에서 벗어나, 자신의 바람이나 생각과 일치하지 않는 세상을 직면한 이야기들이 알려주는 점은 우리가 실패와 상실을 직면할 때야 새로운 삶이 가능해진다는 사실이다. 그리고 이야기를 더 깊게 살펴보면, 그들이 노력의 한계와 성공의 덧없음을 인정했다는 것을 볼 것이다.

세상과 더 깊은 관계를 맺는 데 성공만이 꼭 유용한 도구가 아니라는 사실은 진작에 드러났다. 허버트 헨슬리 헨슨Herbert

Hensley Henson은 1920년대 미국 노스캐롤라이나주의 더럼Durham
의 주교로, 자신의 삶을 회상하며 성공의 한계에 관해 지적했다.

삶의 성공을 말하자면, 나는 성공에 부여한 의미에 따라
모든 것이 달라진다고 생각한다. 외부에서 보면 내 직업적
삶을 성공적이라고 표현하는 데 무리가 없을 것이다. 하지
만 나는 한번도 그런 관점으로 내 일을 바라본 적이 없다.[9]

성취 여부가 확실치도 않은 화려한 목표에 삶의 의미를 둔다
면 닥치는 폭풍을 헤쳐나가는 데 필요한 관점을 기르지 못할 것
이다. 율라리아 클라크의 그림에 등장하는 난파선 생존자들에게
돌아가보자. 우리가 축적한 것들과 이루어낸 사회적 지위의 무게
는 우리를 아래로 가라앉히기 쉽다. 따라서 지금 이 시간, 이곳에
서 인간으로 사는 의미를 깊이 사색하지 못하도록 마음을 어지럽
힌다. 고대 스토아학파가 행운에 지나치게 기대는 현상을 걱정스
러운 눈길로 본 데는 다 그만한 이유가 있었다. 행운은 세속적 성
공에 필요하다고 간주되는 요소로, 로마 신화에서는 의인화되어
여신 포르투나Fortuna의 모습을 하고 있다. 변덕이 심한 정부인 포
르투나는 성공을 가져다줄 수도, 실패를 내릴 수도 있기 때문에
애초에 그녀를 믿지 않는 편이 낫다. 특히 당신이 '포르투나의 은
밀한 부분[10]'에 있다면, 욕망과 희망을 중심으로 우주가 돌아간다
는 생각에 사로잡혀 있을 것이다. 일이 잘 풀릴 때는 이러한 생각

에 현실이 부합할지 모르나, 이런 자기중심적인 세계관은 잘못된 믿음이다. 만일 이런 세계관에 기댄다면 상황이 원치 않는 방향으로 흐를 때 분노에 못 이겨 완전히 무너지기 쉽다. 그러므로 중심에 있는 자아를 주변부로 분산하는 편이 훨씬 바람직하며, 스토아철학자들의 경우 우주의 흐름과 자기 자신을 나란히 두는 관점을 갖도록 수양하였다. 이 훈련으로 그들은 삶에 실망하는 정도를 최소화하는 지혜를 얻었다.[11]

> 당신이 삶과 더욱더 깊은 관계를 맺으려 한다면 성공보다
> 는 실패에 답이 있을 것이다.

이 주장은 반직관적으로 들린다. 하지만 생각해보면 성공은 삶의 피상적인 모습에 만족하게끔 만든다. 그리고 틸리히가 경고한 것처럼 궁극적이지 않은 대상에 기대를 걸며 삶의 표면에서만 겉돌게 된다. 우리는 상황이 항상 지금처럼 좋으리라 믿고, 번듯한 성공을 유지하고 소원의 힘이 이루어지리라 믿는다. 하지만 이런 것은 우연과 변화로 움직이는 세상에서 영원히 존속하지 못하므로 결국 사라지기 마련이다.

신학자이자 배낭여행자인 벨든 레인Belden Lane은 실패를 아주 중요하다고 보았다. 실패야말로 우리 시선을 재조정할 공간을 마련해주기 때문이다.

실패는 우리의 가치를 보여주는 진정한 척도 즉, 우리의 행위가 아니라 존재 자체에만 의거한 척도로 방향을 돌리게 한다.

특히 중요한 것은 마지막 문장이다. 우리의 가치를 바람직하게 바라보는 유일한 방법은 행위가 아니라, 우리의 존재 자체를 보는 것이다. 자기를 과장하여 매력적이고 자신감 있는 모습으로 포장하는 방식은 실패와 상실을 겪으며 사라진다. 거만함, 교양, 지위, 특권은 삶이 강타하는 순간에 우리를 지켜주지 못하며, 그 순간에 자기의 진정한 모습을 비추는 거울과 마주한다. 왕위의 허식을 빼앗긴 리어왕처럼 우리도 우연과 변화의 세계에 사는 연약한 존재로서, 질풍에 벌거벗은 채 남겨진다. 실패 그리고 상실과 마주하며, 개인의 욕망으로 바꾸기에는 너무나 광활한 우주에 발을 딛는 존재라는 사실을 깨닫는다. 우주의 거대함에 비하면 인간의 이모저모는 얼마나 사소한가. 별과 행성의 움직임, 계절과 조수의 변화를 보는 관점으로 삶을 본다면, 중요하게 여기는 가치가 얼마나 달라질까.

멈출 때 삶의 공간이 생긴다

그렇다면 어떻게 해야 시선을 옮길 수 있을까? 어떻게 해야 중심에 있는 자아를 밀어낼 수 있을까? 상실과 실패는 일상적 삶을 파괴하는 중추적 순간을 안겨준다.

실패와 상실을 일부러 원하는 사람은 아무도 없다. 그러므로 이런 일이 닥치면 우리는 아주 생소한 곳으로 밀려 들어간다. 존 디디온이 반복해서 했던 말을 더듬어보자.

'삶은 빠르게 변한다. 삶은 눈 깜짝할 사이에 바뀐다. 저녁을 먹으려고 앉았는데 지금껏 내가 알던 삶이 끝나버렸다.'

대변동이 일어나면 삶의 평범함과 정체성이 너무나 환하게 드러난다. 자기 자신을 바라보는 방식, 일상, 자신의 존재를 단정하게 보여주는 이름표가 더는 우리를 대변하지 못하고 힘을 잃는다. 결국 삶의 의미를 주는 존재를 다시 생각해야 하는 상황에 부닥친다.

실패와 상실을 중추적인 순간으로 다시 만들기 위해서는 이 경험을 성심성의껏 살펴봐야 한다. 시간이 걸릴 것이다. 서두르면 갈등이 일어나기 쉽다. 실패, 상실과 나란히 앉을 방법을 찾고, 그 과정에 따라오는 고통과 불편함을 견디도록 연습해야 한다. 낯선 땅에 들어섰으므로 매우 힘들 수밖에 없다.

신학자 앨런 루이스Alan Lewis의 성토요일Easter Saturday에 관한 이야기[12]는 불편한 시간의 모습을 적절히 보여준다. 성토요일은 부활절 전날의 토요일로, 지옥에 떨어진 영혼을 구원하기 위해 그리스도가 지옥에 내려간 날을 의미한다. 루이스는 고난, 공포, 십자가의 실패로 얼룩진 성금요일 그리고 그리스도가 기쁜 승리로 부활한 부활절 사이에 성토요일이 중추적인 자리를 차지한다는 점을 주목한다. 실망이 밀려오는 날이자 너무나 소중한 대상이 돌이키지 못할 만큼 무너진 사실을 인정하는 음울한 날이다.

그럼에도 성토요일은 상실을 슬퍼하는 시간만은 아니다. 삶에 꼭 필요한 멈춤pausing[13]을 주기 때문이다. 성토요일은 과거의 고통과 더 나은 미래를 향한 희망이 공존하는 이중적 모습을 보여준다. 잠깐 멈춰 서서 한쪽에 있는 음울한 고통과 다른 쪽에 있는 어스름한 희망을 모두 주시함으로써, 인간의 의미 그리고 삶을 충만하게 사는 방법을 재고하는 것이 가능해진다.

'멈춤'이라는 단어는 뚜렷한 특징이 없는 나머지 의미가 다소 흐려진 것 같다. 실제 상황에서는 벽돌담에 갑자기 머리를 쾅 부딪히고 나서의 느낌일 것이다. 박살이 나고 피범벅인 채로 도로에 쓰러졌는데도 태연하게 일어나서 평소처럼 걸어가고 싶은 마음이다.

삶에서 멈춤을 맞도록 허락한다면 실패와 상실은 그저 간신히 통과해야 할 경험이 아니라, 삶을 바라보는 새로운(심지어 필수적인) 관점으로 문을 여는 사건이 될 것이다.

멈출 때 우리에게 공간이 생긴다. 평소에는 무시할 법한 대상이 들어오도록 자리를 내어준다. 멈춤으로써 우리는 자신 및 타인과 진솔한 관계를 맺지 못하도록 방해하는 반복적인 활동에서 잠시 벗어날 수도 있다. 실패와 상실로 일어난 혼란의 시기를 최대한 이용하기 위해, 반복되는 일상에서 잠시 시간을 내어 진정 중요한 것에 관해 생각하는 기회로 만들면 어떨까.

유대인 대학살의 생존자이자 정신의학자인 빅터 프랭클Viktor Frankl도 상실과 실패에 내재하는 가능성에 관하여 비슷한 의견을 제시했다. 테레지엔슈타트와 아우슈비츠 수용소에 있었던 정신의학자로서 프랭클의 후기 연구는, 인간의 원초적 동기가 쾌락의 추구라고 주장한 프로이트의 이론에 이의를 제기한다. 그는 의미 부여가 인간 활동의 중심을 차지하며, 모든 경험에 중요한 의미를 부여할 수 있다고 주장한다.

당시로서는 프랭클의 주장은 파격적이어서, 악랄한 베르겐-벨젠Bergen-Belsen 수용소에서 아내가 죽은 사건을 포함하여 인간의 최악을 경험한 그 자신이 말하지 않았다면 비상식적이라고 간주되어 즉각 거부당했을 것이다. 프랭클은 삶의 목표가 행복이라는 개념을 거부한다. 삶은 우리에게 행복을 줄 의무가 없으므로, 만일 이 목표에만 매진함으로써 의미가 이루어진다고 생각한다면 우리는 착각에 빠진 것이다. 오히려 행복은 타인이나 자기 자신을 넘어서는 이상에 헌신하면서 얻은 '뜻하지 않은 결과'다.[14] 삶이 주는 것은 의미를 찾거나 만드는 가능성이다. 이 과정에서 결정적일 순간은 삶이 우리에게 질문을 던지는, 혼란스럽고 괴롭고 절망스러운 사건에서 의미를 찾도록 도전장을 내미는 순간이다. 우리는 모든 것을 빼앗길지도 모른다(프랭클의 '모든 것'은 말 그대로 정말 '모든 것'이다). 하지만 언제나 한 가지가 남아 있다. 바로 '인간의 마지막 남은 자유는 어떤 환경에 처하더라도 자기의 태도 그리고 자기의 길을 선택할 수 있는 것이다'. 상실과 절망의 순간에 인간은 사는 방법을 재고하고, 일어난 일에 현명하게 대처하는 시각을 키우라는 '삶의 요청'을 듣는다.

프랭클의 주장에 동반하는 자유의 모습에 다소 불편한 마음이 들면서 이런 생각이 들지도 모른다. 삶이 던지는 질문에 다른 사람보다 더 잘 대응하는 사람이 있지 않을까? 정신적으로든 물질적으로든 더 좋은 자원을 가지고 있어서 괘씸한 행운의 여신이 쏜 화살과 투석기를 잘 피하는 사람이 있지 않을까? 다른 경험보다 의미를 부여하기 쉬운 경험이 있지 않을까? 프랭클은 이런 문제를 부정하지 않는다.

삶의 불공평함에 상관없이 모든 사람은 삶의 질문을 받는다. 중요한 것은 우리가 어떻게 반응하는지다.

상실과 실패의 시기는 삶의 의미를 사색하도록 새로운 전망을 열어준다. 하지만 상실의 고통이나 실패의 좌절에 휩싸여야만 새로운 시각이 나타나는 것은 아니다. 어느 시기라도 의의가 있는 사색 방법을 고안한다면, 벌어진 일 때문에 낙심해서 중심을 잃지 않을 가능성이 생길지도 모른다. 그렇다고 항상 상실이나 실패가 닥치리라고 예상할 필요는 없다. 이런 신경과민은 건강하지 않은 자기중심주의이며 자기 자신 너머에 있는 것을 보지 못하게 한다. 넓은 우주에 자리 잡은 자신의 공간, 앞으로 다루게 될 사색하는 공간이야말로 상존하는 상실과 실패의 가능성을 수용하는 데 도움이 된다. 삶을 우주가 흐르는 방식으로 재조정한다면, 성공과 실패라는 현대적 서사에 때묻지 않은 좋은 삶의 방식을 찾게 될 것이다. 일과 업적만이 좋은 삶의 증거라는 서사를 훌훌 털어버리면 우리는 풍요로운 삶을 만드는 훨씬 단순한 방법에 이를 것이다.

멈춤을 위한 공간 마련하기

삶이 기울 때 다가오는 낯선 경험의 충격은 자기 자신에게 고정되어 있던 시선을 옮길 가능성을 마련해준다. 보통 상실과 실패를 겪을 때 멈춤을 위한 공간이 생기지만, 삶과 더 깊은 관계를 맺기 위해 정기적으로 이런 분리를 연습하는 방법도 있다. 정신분석학 치료법에서 상담자와 내담자 사이의 공간이 하는 역할은 내담자가 자기의 삶에서 한 걸음 물러나도록 유도하는 것이다. 따라서 내담자는 자신의 경험을 대상으로 보고 객관적인 시선을 갖게 되는데, 이는 고통스러운 감정이나 파괴적 행동에 휘말리지 않는다는 의미다.

이런 생각의 방식을 훈련하면서 나는 삶을 다르게 생각하게 되었다. 나 자신에게 덜 휩쓸리고, 내 삶을 형성하는 여러 관계 속에 나 자신과 욕구를 배치할 수 있게 되었다. 이와 비슷하게 나에게는 종교적 활동도 야단법석인 삶에서 한 걸음 물러날 공간을 주었다. 되풀이되는 주기 속에 나의 하루하루도 존재한다. 기도나 명상 중에 나는 시선을 다시 맞추려고 노력한다. 내가 가진 희망과 두려움, 욕망과 불안은 우주의 광활한 모습에 상응하지 않게 만들어지기 때문이다. 나의 존재보다 훨씬 크나큰 우주에 종속된 나를 다시 보게 되면 걱정의 무게감이 줄어들곤 했다.

이러한 종교 활동과 정신분석학 치료는 즉각적인 욕구에 집중하는 시선을 다시 생각해볼 기회를 준다. 평범한 일상에서 시간을 내어, 활동으로 하루를 가득 채우려는 부산함을 밀어내면 다른 생각이 들어올 공간이 마련된다. 이를 실천하려면 침묵할 공간이 필요하다. 그러나 우리는 여러 활동과 혼잡함을 일상에 채워 넣음으로써 침묵을 방해하려고 든다. 오늘날 사회에서 침묵은 문제로 간주된다.[15] 혼자 있는 것은 외로움으로, 침묵은 이야기할 상대가 없는 것으로 비친다. 외로움을 원하지 않는 마음은 20세기의 사회적 병이며, 올리비아 랭Olivia Laing이 미국의 도시에서 느낀 바를 쓴 책은 고립과 외로움의 절망감을 묘사한다.

혼자 있고 싶지 않다. 누군가가 나를 원해주길 원한다. 외롭
다. 무섭다. 나는 사랑받고, 손길을 느끼고, 안겨야만 한다.

랭이 묘사하는 감정은 친교를 원하는 인간의 욕구를 보여준
다. 나도 이 사실을 부정하지 않는다. 하지만 모든 형태의 침묵이
외로움과 동일하지도 않을 뿐더러, 무언가를 피하거나 숨긴다는
의미도 아니다.[16] 침묵에 편안해져야 자신의 욕구와 상처에서 눈
을 돌려 사색이 가능해지고, 결국 삶의 의미를 뿌리내리는 만족
스러운 방법을 세울 것이다.

시인 R. S. 토마스는 새로운 삶에 필요한 침묵의 중요성을 묘
사하는 대가였다. 짜증스럽고 염세적이고 성공회에서도 이단아
였던 사제이자 웨일스의 애국주의자였던 그는 '정신이 침묵'하는
시간을 '우리가 하나님이라 부르는/침묵의 소리가 들릴 법한 거
리에서/우리는 최고의 삶을 산다.'라고 표현했다. 그가 생각하는
신은 유신론적 이론으로 인간의 모습으로 빚어낸 신이 아니라 훨
씬 광활한 존재다.

그렇다면 존재일 것이다,
존재의 한계가 우리의 한계,
자기만의 마음속에서 나오도록
우리를 부르는 존재가. 할 일은
세상 어디에나 존재하는 그에게

그저 조금이라도 가까이 가는 수밖에, 고요하게 있음으로써.[17]

나는 서둘러 흐르는 내 삶을 초월하는 존재, 영원한 존재로 시선을 옮긴다. 침묵과 고요함으로 멈춘 지금, 내 안에서 나와 인간 세상을 초월하는 존재에게 손을 뻗는다.

이런 침묵의 의식을 행하는 고요한 공간을 찾기란 쉽지 않다. 지금 이 글을 쓰는 나는 샌디에이고 시내에 있는 동생의 집에 홀로 있다. 집은 '조용'하다. 하지만 고속도로에서 달리는 자동차의 소음이 내가 있는 7층에서도 윙윙거린다. 근처 공항으로 착륙하기 위해 날아오는 비행기의 소리도 들린다. 냉장고 돌아가는 소리, 이따금 이웃이 문을 쾅 닫는 소리도 귀에 들어온다. 책상 너머에 세상이 있다는 사실을 상기하지 않을 수 없다. 지금도 사람들은 회사나 회의에 서둘러 가고 있을 것이다. 이런 생각이 드는 순간 컴퓨터에서는 이메일이 도착했다는 알림 소리가 들린다. 경제 활동만큼이나 분주한 활동을 중요시하고, 조용한 사색보다는 소음과 흥분을 더 좋아하는 세상에서는, 삶을 사는 데 꼭 필요한 침묵을 행할 만한 공간을 찾기가 어렵다. 토마스는 기독교 시인이었는데, 만일 지금 종교적 공간에서 침묵을 찾겠다고 기대한다면 실망이 클 것이다. 실패와 상실이 일상에서 멈춤을 주는 사건이라면, 우리도 고요함과 침묵을 찾기 위해 일상에서 벗어날 필요가 있다. 낯선 장소에서 받는 충격으로, 좋은 삶을 다른 각도로 바라볼 공간에 입장할지도 모른다.

사막은 인간을 개의치 않는다

일상의 스트레스와 부담에서 벗어나기 위해 사막을 찾는 사람들이 있다. 그리스도교 역사에 등장하는 사막교부와 사막교모는 혹독한 환경이야말로 고요하게 명상하는 데 바람직한 환경이라고 생각했다.[18] 사람이 견디기 힘든 척박한 곳은 좋은 삶으로 방향을 전환하도록 강제로라도 힘을 가하기 때문이다. 사막교부들은 세속적인 성공에 젖으면 삶을 재평가하는 공간을 마련하기 힘들다고 보았다. 성공은 세속적 가치가 옳다는 믿음을 굳힐 뿐이었다.

하지만 자신이 나아가는 방향을 재조정하기 위해 진짜 사막으로 떠나야 한다는 생각에 구애받지 않길 바란다. 벨든 레인이 말했듯, 어떤 장소라도 '사막'이 될 수 있다. 인간이 자기 자신 너머를 보게끔 밀어붙이는, 인간의 욕망 따위에 개의치 않는 환경이라면 그곳이 사막이다. 디트로이트에 있는 일부 산업 지대는 전통적인 산업의 붕괴로 사람들이 모두 떠나는 바람에 '황무지'가 된 곳이다. 사막과 마찬가지로 이곳 역시 인간이 대단하다는 믿음을 깨기 쉬운 공간이다. 인간 활동이 전혀 없는 공간, 말 그대로 인간 산업이 모두 떠난 황무지를 보며 깨닫는 바는 사회와 가족이 일러준 삶의 방식이 너무나도 피상적이었다는 사실이다. 실제 사막이든 사람이 만든 사막이든, 모래 위에서 좋은 삶을 짓겠다는 안일한 주장은 이상하게 들릴 수밖에 없다.

내 생각에 삶의 방향을 재조정하기에는 지질학적 사막이 인간 경제가 만든 사막보다 훨씬 효과적이다. 척박한 모래 위에서 우리는 인간이 절대로 통제하지 못하는 요소와 직면하기 때문이다. 인간의 욕구를 매몰차게 거부한 지역의 특징은 이름에도 그대로 반영된다. 신대륙을 정복한 스페인 사람들이 최초로 큰 협곡과 맞닥뜨렸을 때 그들은 그곳을 쓸모없고 끔찍한 '불모지'로 보았다. 인간이 정착하기에 거의 불가능한 곳이었기 때문이다. 여러 사막 역시 인간을 거세게 밀어냈다는 사실이 이름에서 드러난다. 미국 네바다주에 있는 악마의 협곡Devil Canyon, 소노라 사막의 지옥의 협곡Hell's Canyon, 죽음의 계곡Death Valley에 있는 악마의 골프 코스The Devil's Golf Course, 카라쿰 사막Karakum Desert에 있는 천연가스전. 지역 사람들은 이 가스전을 지옥으로 가는 문The Door to Hell이라고 부르기도 한다. 인간에게 '쓸모없는' 지역들은 악령이 들린 피폐한 곳으로 전락했다.

그럼에도 이 묘한 장소는 인간의 의미를 성찰하려는 사람을 끌어당기는 엄청난 마력을 지닌다. 왜 사막을 좋아하냐는 질문에 작가이자 환경운동가인 에드 애비Ed Abbey는 애리조나주의 코코니노 카운티를 홀로 거닌 이야기를 들려준다. 집으로 가는 새로운 길을 찾다가 그는 협곡을 타고 올라서 '세상의 꼭대기'에 도착했다. 이 길을 처음으로 밟은 사람이 자기라고 확신하는 찰나, 발 앞에 놓인 무언가를 발견한다. 90센티미터 정도 되는 돌화살이었다. '화살은 언제나 한결같은 자줏빛 경관을 향해 북쪽을 가리켰다. 너무나 거대한, 너무나 광활하고 불가사의한 광경. 끝없는 협곡, 계속되는 구릉과 고원, 굽이굽이 이어지는 산맥, 어룽거리는 구름, 햇볕의 빛을 받아 반짝이는 사막의 모래와 암석, 이 모든 것 위에 드넓고 가슴을 저리는 하늘이 있다'. 화살은 북쪽을 향한다. 가리키는 것이 정확하게 무엇일까? 광활한 광경과 하늘을 향하는 것 이외에는 확실하게 알지 못한다. 애비는 화살 주위에 쌓인 먼지 더미의 높이를 보고 적어도 백 년은 그 자리에 있었을 것으로 추측하며 글을 써내려갔다. '그곳에는 아무것도 없었다. 아무것도. 오직 사막만 존재했다. 침묵의 세계뿐이었다.' 우리는 아무것도 존재하지 않는 허공과 침묵을 피해 달아나고 싶을지도 모른다. 인간사가 너무나도 작고 보잘것없어져 답답함으로 숨이 막힐 것이다. 하지만 애비에게 그리고 먼 과거 이곳을 찾은 여행자에게 '아무것도 없는 허공'이야말로 사막을 사랑하는 이유다.

애비를 포함한 여러 사막 애호가들의 글에서 사막은 삶을 올바른 위치에 두도록 돕는 공간으로 묘사된다. 사막의 풍경은 아름답지 않다. 쉽게 설명하거나 갈만한 곳이 아니다. 엽서나 냉장고 자석 속에 완전히 담을 수 있는 곳은 더욱 아니다. 따라서 사막은 인간 중심으로 세상을 세우려는 노력이 거의 불가능한 공간에 우리를 데려간다. 사막은 우리가 스스로 중요한 사람임을 입증하기 위해 방패 삼은 것들을 무너뜨림으로써 인간의 거만함을 날카롭게 찌른다. 벨든 레인은 다음과 같이 이야기했다. '사람이 사막에 처음으로 들어오면 자아의 허물이 벗겨지기 마련이다. 한때 중요하다고 여긴 모든 것이 가차 없이 뜯겨 나가기 때문이다'. 인류의 문명화된 사회를 찾아볼 수 없는, 애비가 말한 '아무 것도 존재하지 않는 허공'은 자아를 씻어 내리는 과정을 가능케 해준다.

사막에서 마주하는 침묵은 다른 무엇보다 뜻깊다. 우리는 죽음의 계곡에 있는 모하비 사막Mojave Desert을 걸으며, 입구가 나 있는 큰 바위 안으로 걸어 들어갔었다. 좁은 길을 뒤로 하고 들어가면 어느 순간 바위의 높은 벽 바깥이 보이지 않는다. 사람이나 자동차 소리도 새가 지저귀는 소리도 바람에 흔들리는 나무소리조차 들리지 않는, 소리가 없어서 오히려 귀가 먹먹해지는 공간이다. 바위와 모래만 남은 사막처럼(잘 모르는 사람의 눈에는 그렇게 보인다), 침묵에 휩싸여 나는 '완전히 발가벗은 채'[19] 원시의 상태로 떨어진 것 같았다.

사막에서는 인간이 없는 초월적 세계를 피하지 못한다. 죽음의 계곡은 경외감awe-inspiring을 불러일으킨다. 우리는 경외awe라는 단어를 포함한 '엄청나다awesome'라는 말을 별생각 없이 사용한다.

'파드리스가 다저스를 꺾었어! 엄청난데!'

'피자가 엄청 맛있구나!'

'오늘 수업이 취소됐어! 엄청나게 신난다!'

종교적 외경심에서 유래한 단어인 '경외awe'는 죽음의 계곡에서 드디어 원래 의미로 쓰인다. 약 7770제곱킬로미터로 어마어마하게 펼쳐진 이 지역은 동쪽으로는 아마르고사 산맥Amargosa Mountains, 서쪽으로는 파나민트 산맥이 경계를 이루고, 북쪽으로는 실베니아 산맥Sylvania Mountains, 남쪽으로는 아울스헤드 산맥Owlshead이 자리 잡고 있다. 죽음의 계곡에는 미국에서 가장 낮은 지점인 배드워터 분지Badwater Basin가 있는데, 새하얀 소금으로 된 얕은 호수로 밟으면 발밑에서 타닥타닥 소리를 내며 갈라진다. 지구에서 가장 뜨거운 장소에 속하는 이곳은 섭씨 56.66도를 기록한 적도 있으며, 여름에는 37도가 넘는 날이 대부분이다. 반면 연중 강수량은 50밀리미터 채 되지 않는다. 땅의 95퍼센트가 '불모지'지만 간혹 있는 오아시스 덕분에 포유동물과 파충류가 이곳에서 간신히 살아남았다. 산맥, 모래 산, 소금 호수가 모두 존재하는 이곳의 광경은 너무나도 기묘해서 인간의 미미함을 인정하지 않을 수 없다. 소설가인 바버라 킹솔버Barbara Kingsolver는 이 감정을 적절히 표현했다. '사막에 들어서고 얼마 지나지 않아 내가 인간의 관점으로 생각한다는 사실을 깨달았다. 그곳에서 나는 완전히 압도당했다.' 이런 공간은 우리의 방향성을 흔들어 놓는다.

우리는 관광객에게 오아시스 역할을 하는 퍼나스 크릭Furnace

Creek에 머물렀다. 이 쉼터에는 식당 두어 군데, 편의점, 수도시설과 편안한 침대가 있는 숙소가 있다. 불 옆에서 맥주를 마시며 지역 사람들이 도란도란 나누는 이야기를 듣기도 했다. 다음날은 죽음의 계곡을 빠져나와 사막을 횡단하여 트로나Trona라는 마을에 가기로 했다. 트로나의 분위기는 삼류 공포 영화 촬영지 같았다. 폐가와 버려진 공장 지역이 대부분으로, 사람이 거의 살지 않는 곳 같았다. 신자유주의 경제가 실패한 증거를 대자면 이는 바로 트로나일 것이다. 동네에 하나 남은 주유소에서 기름을 넣고 화장실에 다녀오는데, 그늘에 앉아 있는 동네 노인이 우리에게 고개를 까딱했다. 이 을씨년스러운 마을에 들른 사람을 보고 꽤 놀란 눈치였다.

사실 노인이 놀랄 법도 했다. 이 경로를 택한 첫 번째 이유는 '뭔가 다른 것'을 보고 싶은, 관광객들이 흔히 가지는 호기심 때문이었다. 편안하게 전날 밤을 보낸 우리는 안도감에 마음을 놓아버렸다. 그리고 얼마 지나지 않아, 우리를 따뜻하게 받아준 미국의 모습과 편리한 20세기 수도시설이 사라지자 기대했던 것과 사막이 달라도 한참 다르다는 사실을 깨달았다. 계곡을 지날 때 포장도로였던 길이 갑자기 경고도 없이 조약돌과 날카로운 돌멩이로 덮인 길이 되었다. 자동차 바퀴에 펑크가 날 가능성이 갑자기 현실로 다가오는 듯했다. 만에 하나 이곳에서 문제가 생긴다면 구조될 희망이 거의 없을 것이라는 생각이 스쳤다. 그러고 보니 장시간 자동차를 타고 가면서 다른 자동차가 지나가는 모습을 한

번도 보지 못했다. 죽음의 계곡에서 사람이 죽는 사고가 자주 발생한다는 끔찍한 사실을 그 당시에는 몰랐던 것이 천만다행이었다. 철저히 준비하지 않은 관광객들이 아직도 대가를 치르는 사고로 미루어보면, 국립공원으로 지정된 곳이라 할지라도 절대 안전하지는 않다.[20]

차를 타고 사막을 지났던 그 순간만큼 내 미미한 존재감을 그토록 뼈저리게 느낀 적은 없을 것이다. 나와 내 희망과 꿈을 무심하게 바라보는 세상의 실체를 인정할 수밖에 없었다. 사막은 내가 집에 돌아가서 이 책을 마무리하든 말든 개의치 않을 것이다. 어머니가 되지 못하는 내 슬픔에도, '나라는 존재 자체'에도 전혀 관심을 두지 않는다. 사막이 '잔인'하거나 '적대적'이라서 그런 것이 아니다. 그저 사막에서 내 존재나 부재가 전혀 중요하지 않을 뿐이다. 사막의 무심함을 나타내는 증거를 하나 더 대자면, 붕사Borax를 캐러 몰려왔던 사람들이 모두 떠나고 황폐해진 하모니 보락스Harmony Borax Mine가 있다. 사막은 이 땅에서 큰돈을 벌겠다는 희망에 모든 것을 걸었던 사람들의 야망을 철저하게 묵살했다. 죽음의 계곡이 이 지역에 떨친 위세를 목격한 것은 정말이지 아찔한 체험이었다. 이후 내 세상을 움직이는 축이 바뀌었다. 인간이 얼마나 연약한지, 인간의 꿈 따위는 개의치 않는 세상에 우리가 얼마나 종속되었는지를 고스란히 느꼈다.

인간 세상에 있는 안락한 틀 밖의 공간을 인지하는 것이 그토록 두려운 도전이라면, 좋은 삶을 꾸리는 데 굳이 자아를 주변부로 밀어내야 하는 이유가 무엇인지 궁금할 것이다. 물론 인간 외부의 세계를 인정하기는 두렵다. 하지만 관점을 바꾸면 자유를 누릴 것이다. 사막과 같이 기묘한 장소는 성공을 쟁취하고 실패를 피했는지 평가하는 수준으로 삶의 의미를 격하하는 시도의 부당함을 우리 눈앞에 드러내준다.

사막에서 우리는 어쩔 수 없이 다른 존재에게 기댈 수밖에 없다. 성공과 실패라는 제한된 이분법으로 설명하지 못하는 존재, 호모 렐리기오수스가 잘 포착한 인류의 핵심을 사색하도록 우리에게 요구하는 존재다.

인간으로 살아가는 의미는 우리의 관계를 통해 만들어진다. 하지만 생명을 창조한 우주의 영향으로 만들어지기도 하고, 우주에 의존하기도 한다. 이 두 가지의 중요성을 모두 받아들이면 삶의 새로운 우선순위가 생긴다. 어떻게 하면 타인과 좋은 관계를 형성할까? 어떻게 하면 우리에게 생명을 불어넣어 주고, 우리를 감싸 안은 우주를 항상 염두에 두며 살아갈까?

앞으로 소개할 사막에 관한 두 이야기는 위의 두 가지 질문으로 얻은 관점 덕분에 찾게 된 자유를 조명한다. 첫 번째는 에드 애비의 이야기다. 그는 실종된 사람을 찾는 구조대의 일원으로 엄숙한 작전에 참여한 적이 있다. 그랜드캐니언의 사우스 림South Rim에 있는 그랜드뷰 포인트Grandview Point를 지나 실종된 관광객의 시신을 찾는 작전이었다. 구조대가 이 딱한 남자를 발견했을 때, 다행히도 시신에 독수리가 날아들지는 않았지만 대신 까마귀들이 달려들어 열심히 쪼고 있었다. 그날 저녁 애비는 하루를 돌아보며 독수리 시점의 '잔인한 눈'으로 자기 자신을 바라보았다. 그는 다음과 같이 상상 연습을 하곤 했다.

나는 뿌리를 박고 있는 바위나 나무처럼 움직이지 않는 풍경 속으로 들어간다… 지는 해를 향해 새가 날아들며 뒤로 멀어지는 인간의 모습이 점점 작아진다… 바위와 사구와 사암으로 된 탑이 있는 언덕진 황무지가 둘러싸고 있다. 어두운 협곡과 강줄기와 산맥을 넘어 콜로라도, 유타, 뉴멕시코, 애리조나를 걸친 광활한 고원… 그리고 더 멀리에는 어두컴컴한 동쪽, 빛나는 태평양, 거대한 지구의 부드러운 가장자리, 지구 너머에는 우리가 절대 발견하지 못할 태양과 별들이 있는 가장 먼 세상.

이 상상 연습은 인간이 가진 자만심에 허를 찌른다. 아무리 성공한 사람이라도, 금은보화가 가득하더라도, 남들에게 존경받는 사람이라도 독수리의 눈에는 모두 똑같다. 반대로, 대단한 일을 달성하지 못한 사람도 마찬가지다. 독수리의 시점으로 상상 연습을 하면 분명히 알게 된다. 하물며 독수리보다 더 높은 우주의 눈에 자잘한 인간사는 전혀 중요하지 않다는 사실 말이다.

두 번째 이야기는 벨든 레인이 이어간다. 사막은 인간의 치열한 노력이 부딪히는 한계를 분명히 보여준다. 그런데 레인은 애비보다 훨씬 더 긍정적인 시선으로, 사막은 특별히 잔인한 공간도, 우리를 무너뜨리는 공간도 아니라고 말한다. 오히려 사막은 삶의 고통이나 불안을 더 쉽게 대하도록 안도감을 준다고 한다.

사막의 침묵에서 맞바꾸는 것을 생각해보라. 당신은 협곡의 바닥에서 수백 피트 위로 솟은 붉은 암벽 앞에 펼쳐진 광활한 땅에 홀로 있다 … 당신 앞에 있는 암벽은 절대로 움직이지 않는다. 하지만 조금 지나면 이런 생각이 들 것이다. 하필이면 내가 이혼하는 날, 부모님이 돌아가신 날, 알코올이나 마약 중독이라고 인정한 날, 왜 협곡의 암벽 모양이 달라 보일까?

대답이 돌아온다. 암벽은 전혀 바뀌지 않았다.

대답과 함께 깨달음이 머리를 스친다. 당신의 삶, 기쁨, 슬픔은 세상의 중심이 아니다. 레인의 깨달음은 혹독한 자연의 매정함을 확대하여 개인의 중요성을 평가 절하하는 주장이 아니다. 자연 바깥의 세상에서 인간의 미미함을 인정함으로써 우리를 괴롭히는 문제를 올바른 곳에 배치하려는 것일 뿐이다.

면접에서 떨어진 일, 이혼, 아이를 떠나보낸 일, 부끄러운 순간, 왜 이런 일을 모두 마음에 담아둘까? 사막의 시점으로 바라보면 아무것도 중요하지 않은 것을.

사막의 끝없는 긴장 상태만이 사막을 바라보는 유일한 방법은 아니다. 이런 시선으로만 사막을 이해한다면, 자신을 낯선 땅에 사는 이방인으로 보게 될 것이고, 인간 중심적 서사에서 벗어나기는 힘들다. 그보다는 세상의 영원한 본질을 깊이 생각한다면, 우리가 만물에 연결된 사실에 새롭게 감사하는 마음을 갖게 된다. 삶은 고립된 채 존재할 수 없다. 우리는 지구의 순리와 물질성에 뿌리를 내리고 있다. 레인은 이런 관점을 바탕으로 생명의 죽음을 보는 새로운 시선을 보여주었다. 죽음이 아무리 끔찍하더라도, 인간 개개인을 모두 포용하는 이 세상은 감히 상상하지 못할 정도로 더 많은 것을 잃고 있다. 개인으로 경험하는 고통은 모든 생명이 겪는 고통의 일부일 뿐이다. 이 깨달음은 우리에게 좌절보다 희망을 선사한다. 죽음이 있음에도 지구는 살아남기 때문이다. 이 희망은 사막에서 아주 분명하게 다가온다. 사막은 고통과 상실, 실패와 실망이 우주의 드넓은 그림 속에 그려지도록 공간을 마련해준다.

그럼에도, 다르게
사는 법은 존재한다

지금까지 낯선 공간에서 받는 충격을 살펴보았다. 이 충격은 자기중심적 자아를 재조정해, 우주의 맥락 속에 삶을 내려놓도록 도와준다. 나는 실패와 상실이 삶에서 진정 중요한 요소가 무엇인지 재고하는 데 꼭 필요한 멈춤을 준다고 했다. 침묵 속에서 그리고 사막에서 우리는 삶의 의미를 다른 방식으로 생각하게 된다. 세상 속에서 새로운 관점으로 살아가는 방법을 소중하게 여기고, 신자유주의식 좋은 삶에서 해방감을 느낀다.

낯선 곳에서 느낀 충격만으로는 실패와 상실을 안고 잘 살아가기에는 부족한 점이 있다. 삶의 의미를 다시 생각하려면 일상의 평범함에서 정신이 갑자기 번쩍 들어야 한다. 하지만 성공과 실패의 현대적 해석에 꽉 매인 자아를 자유롭게 놓아줄 만한 공간이 과연 있을까? 실패를 포용하고 상실을 안고 살아갈 공간을 일상에서 찾는 것이 가능할까?

스탠리 스펜서Stanley Spencer의 그림은 눈을 일상으로 돌리게 만든다. 일상은 겉보기에 경제적 이념의 영향을 받지 않는 공간으로 비친다. 버크셔 지역의 쿡햄Cookham이라는 마을에서 태어나고 자란 스펜서에게 이 '천국의 마을'은 영원한 주제인 기쁨, 희망을 그리는 캔버스가 되었다. 우거진 초목, 열심히 헤엄치는 백조, 큼직큼직한 그의 그림에서 자연의 눈부신 아름다움이 드러난다.

동네 사람 두 명이 넓고 잎이 많은 울타리 위로 손을 뻗어 서로 새빨간 장미를 건넨다.[21] 거대한 그리스도가 백합꽃을 음미한다.[22] 종교적 주제들이 붉은 벽돌집, 잡담하는 동네 사람들이라는 소박한 모습을 배경으로 펼쳐진다. 그러나 스펜서는 동네에서 일어나는 일상을 미화하지만은 않았다. 쿡햄의 길거리에는 기뻐서 웃는 날만큼 괴로운 날도 닥친다. 풍요로운 일상만큼 상실의 순간도 있었다. 그림 한 점에는 십자가를 진 그리스도가 깔끔하고 정돈된 집들을 지나간다.[23] 쿡햄의 거리에서 그리스도가 십자가에 못 박히는 그림에는 못을 박는 집행부의 얼굴이 증오와 혐오로 일그러져 있다.[24] 하지만 스펜서의 그림은 삶의 풍부함 그리고 좋고 나쁜 일, 기쁘고 끔찍한 일을 포함한 모든 경험을 담아내, 일상의 경이감에서 우러난 눈부신 색감들이 담겨있다.

페미니스트 신학자 헤더 월턴Heather Walton은 스펜서의 작품에 깊이 공감하며 일상에 참여하는 삶이 경험을 길들여서는 안 된다고 주장한다. 월턴은 '모든 일의 중심에는 열정적 기운'이 있다고 주장하며 신학자들이 이런 현상을 단조롭게 간추려서는 안 된다고 말한다. 삶은 대부분 아주 멋지다. 하지만 삶이 비극적이기도 하다는 사실을 잊어서는 안 된다. 비극적 삶을 인정할 때 비로소 불행과 자유를 함께 잡을 힘이 생기며, '이미 아는 세상에서 오는 무기력한 안정감에 충성'하는 데서 해방될 것이다.

그렇다면 어떻게 해야 스펜서의 그림과 월턴의 글에서 말하는 일상의 풍성함을 경험할 수 있을까? 1장에서 본 크로포드와 세넷은 기술을 연마하고, 하는 일을 더 잘하려고 집중할 때 좋은 삶을 산다고 말했다. 손으로 직접 만들거나 고치는 일도, 좋은 관계를 구축하는 노력도 모두 가능하다. 비슷한 맥락으로 나는 관계와 공동체를 풍요롭게 가꾸는 활동을 제시했다. 지금까지 소개한 여러 방법에 더해, 실패를 받아들이고 상실을 포용하는 삶에 적응하는 방법으로 나는 걷기를 추천하고 싶다.

삶에서 직면하는 필연적 상실을 대응하는 방법이 고작 걷기라니, 다소 김이 빠질지도 모르겠다. 하지만 걷기의 평범함이 바로 걷기의 강점이기도 하다. 최소한 걸을 만한 신체적 요건이 있는 사람에게 걷기는 아주 쉽다. 그리고 차차 살펴보겠지만 만일 걷지 못하는 사람이라 할지라도 가능성의 공간을 만드는 다른 방법은 분명 존재한다.

걷기의 치료 효과는 이미 오래전부터 언급되었다. 아우구스티누스는 모든 문제가 걷기로 해결된다고 말했다(라틴어로는 'Solvitur Ambulando'라고 한다).[25] 로마 제국이 기울던 시기에 이런 말을 했다는 사실을 고려한다면 상당히 강력한 주장이다. 오늘날 많은 일터도 이와 비슷한 맥락으로 '걷기 모임으로 건강한 생활하기' 같은 활동을 제공한다. '슬픔을 나누는 걷기walking through grief' 같은 모임도 점점 많은 이들에게 알려졌다. 이 모임은 사별로 가까운 사람을 잃었거나 불치병으로 힘들어하는 사람들이 만나서 함께 걸으며 담소를 나누는 공간이다. 사람들은 걸으며 아픔을 나누고 상실을 받아들이며 새로운 관계를 형성한다.[26]

하지만 관계를 맺으려는 목적 때문에 내가 걷기를 지지하는 것은 아니다. 걷기는 자기 자신과 일상적 세계를 나란히 두는 연습이다. 걸을 때 우리는 한 장소에서 땅을 디딘다. 주변을 보지 않은 채 달리기 시합하는 것이 아니다. 주변 세계의 일부라고 스스로 느끼도록 천천히 박자를 맞춘다. 이런 식으로 걸을 때 주변에 관심을 가지게 된다. 레인은 이렇게 말했다. '나는 이제 관찰자에 불과한 존재가 아니다. **나는 이곳의 일부다**'. 이 소속감은 사막에서 길 잃은 느낌과는 대조되는 감정이다.

나는 걸으면서 세상의 일부가 된다.

소설가이자 에세이스트인 윌 셀프Will Self는 동네를 걸으면서 '집'이라고 부르는 장소와 더 깊은 관계를 맺을 수 있다고 말한다. 규칙적으로 걷는 습관을 들이면 동네의 오가는 변화가 보이고, 해가 지나며 계절에 따라 바뀌는 모습을 보게 된다. '눅눅한 운하 옆의 녹슨 석탄 수레를 바라보는 것조차 신성한 경험이 된다.'²⁷ 주변을 유심히 보며 걸으면 우리가 사는 장소와 연결성을 느낀다. 이곳은 그저 지나치는 길도, 나와 무관한 일시적인 장소도 아니다. 걸으며 이곳은 우리의 일부가 되고 우리는 이곳의 일부가 된다. 또한 걷기는 상실과 실패를 담고 살아갈 방법을 보여준다. 비극적 사건은 삶뿐만 아니라 우리가 속한 더 넓은 세계와도 밀접하기 때문이다. 게다가 걷는 활동은 사람을 치유하는 측면도 있다. 마음을 편안하게 해주어, 여러 가지 생각과 기억이 들어오도록 자리를 만들기 때문에 수선스러운 자아를 잠재운다. 우리를 괴롭히는 생각은 밀어내고 삶의 다양한 경험을 들인다.

이 부분을 쓰는 동안 갑작스럽게 힘든 시기가 닥치면서 이 글은 나에게도 특별히 관련이 있는 주제가 되었다. 어머니가 유방암 진단을 받았다. 그리고 어머니에게 맞는 치료 방법을 알려줄 검사 결과가 나오기를 초조하게 기다리고 있다. 물론 이것도 손을 쓸 수 있다는 결과가 나와야 가능한 이야기다. 불안과 두려움으로 머리가 복잡하다. 희망이 보일 때도, 그렇지 않을 때도 있다. 어머니가 없는 세상이 어떨지 상상해본다. 마음이 어지러울 때면 나는 동네 공원을 걷는다. 구름 몇 점에 바람이 살랑살랑 부는 전형적인 영국의 여름날이다. 산비둘기의 울음소리를 들으니 어린 시절 뛰놀던 할머니, 할아버지 댁으로 돌아간 기분이다(두 분은 오래전에 돌아가셨다). 내게 관심을 가지고 내 말을 찬찬히 들어주시던 모습을 기억한다. 나와 지금 내가 가진 가치는 할머니, 할아버지의 경청 덕분에 형성될 수 있었다.

잔디 냄새는 첫사랑과 헤어진 어느 여름날로 나를 되돌려 놓는다. 20대 초반, 사랑의 열정으로 슬픈 시간이었다. 다시는 사랑하지 않으리라 생각했지만 지금 나는 다른 사람과 22년째 아주 행복한 결혼 생활을 유지하고 있다. 나무로 시선을 돌린다. 초여름의 푸른 활기로 가득한 너무나 건강하고 멋진 나무다. 바람에 춤추는 나뭇잎을 보며 나는 또 한 번 생각한다. 내가 세상에서 사라진 후에도 이 나무는 오래도록 이 자리에 있을 것임을. 주위 공간은 내 삶을 더 넓게 바라보도록 해준다. 어머니와 내가 죽고 나서도 계속 흘러갈 세상을 원망하지 않으면 오히려 마음이 훨씬 가벼워진다. 나는 나를 아우르는 세상의 일부다. 슬픔, 불안함, 불행, 심란함은 다시금 찾아올 것이다. 하지만 주변 세상에 주의를 기울임으로써 내가 다시 안도감을 느끼리라는 사실도 안다. 삶이라는 끝없는 춤에서 내 두려움, 상실, 자아는 앞으로도 경험할 것이다.

걷기가 개인의 관점을 바꾸는 강력한 방법이라고 주장한 사람은 나뿐이 아니다. 시인 로리 리Laurie Lee도 1930년대에 코츠월즈에 있는 자택에서 나와 무작정 걷기로 했다. 런던으로, 해안가로, 그리고 결국에는 스페인에 이르기까지.[28] 걸으며 세상을 보는 시야가 확장되었고, 낯선 곳에 들어서며 기존 사고 방식이 흔들리게 된 경험을 묘사했다. 니체도 창의적으로 사고하기 위해서는 걷기가 필수라고 말했다.[29] 그의 영원회귀사상은 1881년 실스 마리아Sils-Maria 산을 걷는 중 깨달음으로 탄생했다. 니체는 저서인 『이 사람을 보라Ecce Homo』에서 이 산을 '인간과 시간을 초월한 6천 피트'라고 표현을 했다. 이 기쁨의 순간을 바탕으로 그는 기쁨, 괴로움, 희망, 고통이 모두 있는 삶에 '예'라고 대답해야 한다고 했다. 이 주장은 아주 극단적이다. 상상해보라. 악마가 당신에게 나타나서 아주 세세한 일 하나까지도 똑같은 삶을 다시 살아야 한다고 말했다고 치자. 지옥이라는 생각이 드는가, 기쁘게 받아들이겠는가? 다른 모든 일을 되풀이하면서라도 다시 살고 싶은 순간이 있는가? 이것이 바로 좋은 삶을 알아내기 위한 니체의 시험으로, 이 이론은 그가 산의 아름다움에 푹 빠져 걸으면서 영감을 받아 탄생했다.

걷기는 자연의 세상 안에 자기 자신을 두는 방법 중 한 가지다. 하지만 우리에게 걸을 자유가 없다고 해도 다른 방법은 존재한다. 스탠리 스펜서는 그림으로 세상과 관계를 맺을 방법을 제시한다. 세상을 유심히 바라볼 때 관심이 생기기 때문이다. 한편 빅터 프랭클은 스펜서의 그림에 등장하는 버크셔의 마을보다 훨씬 끔찍한 장소가 그려진 예시를 제공한다. 바로 수용소에서 갇혀 있던 시간이다. 그가 그린 그림은 유대인 학살을 한 나치의 행각에 반대하는 정치적 행동이 아니다. 오히려 반대다. 그 그림들은 공포스럽고 괴로운 상황 속에서 잠깐이라도 휴식하는 모습을 보여준다. 프랭클은 육체적으로 고되고 영혼을 짓밟는 강제 노동을 하면서도 나치에게 빼앗긴 시간을 잠깐이라도 붙잡고 석양의 아름다움을 바라보는 사람들을 묘사했다.[30] 자기를 빤히 바라보는 새의 모습에서 잔혹하게 헤어질 수밖에 없던 아내와 연결되는 느낌을 받는다.[31]

어느 여자가 가리키고 있는 나무는 그의 '외로움을 달래는 유일한 친구'다. 이렇게 끔찍하고, 잔인한 환경은 인간이 존중과 친절로 타인을 대하는 데 철저하게 실패하기 쉽다는 사실을 상기시킨다. 이를 보며 우리는 괴로움을 멈추도록 행동해야겠다는 갈급

함도 느낀다. 하지만 프랭클이 말하고자 하는 바는 이런 처참한 곳에서도 자연 세계의 넓은 관점 속에 괴로움을 놓아둔다면 결국 조금이나마 위안이 찾아온다는 것이다.

히틀러를 죽이려는 계획에 가담한 죄목으로 재판을 기다리던 신학자이자 목사인 디트리히 본회퍼Dietrich Bonhoeffer도 자연 세계를 보며 비슷한 위안을 얻었다. 그는 감옥의 안뜰에서 지저귀는 개똥지빠귀새를 보고 '작은 것에도 감사하다'라고 말했다. 수용소에서의 삶은 무료하고 힘들고 끔찍했을 것이다. 하지만 자연을 보면서, 자기에게 일어나는 일과 함께 살아가는 방법을 다시 떠올리는 기회이기도 했다. 그는 이렇게 표현했다. '수용소 생활은 자연이 고요하고 열린 생명으로 끊임없이 이어나가는 모습을 보여주고, 우리에게 동물과 식물을 대하는 아주 특별한 태도를 가르쳐준다.' 본회퍼는 신앙을 붙잡으며 희망을 버리지 않았지만, 자연도 그가 상실과 실패를 초월하는 마음을 얻도록 해주었다.

프랭클과 본회퍼의 이야기는 극단적으로 어두운 시대에서 가져온 예시다. 하지만 극단적인 상황에서도 그런 방법들을 실천했다는 사실은 우리가 사는 지금, 이곳에서도 효과적으로 적용될 것이라는 가능성을 내민다. 걸으며 철학한 니체의 경험이 아마 우리가 직면하는 시험과 가장 비슷할 것이다. 만성병에 시달리며 몇 주 동안 방에만 갇혀 있는 순간도 그에게는 삶을 더 넓게 바라보는 공간이 되었다. '아픔은… 내 습관을 완전히 잊을 권리를 주었다. 아픔은 망각을 허용하고 명령했다. 아픔은 내가 가만히 누워서 빈둥거리고, 참을성 잊게 기다리도록 시켰다.… 하지만 이렇게 하면 결국 생각할 수밖에 없다!… 내 눈만 하더라도 나를 책벌레로 살 수 없게 만들었다.… 나는 책에서 빠져나와 구원받았다.'

병은 니체의 시선을 내면으로 돌려놓았다. 한편, 말기 암으로 언제 세상을 떠날지 알 수 없는 극작가 데니스 포터Dennis Porter의 시선은 침실 창문 밖에서 잎을 피우는 연약한 꽃으로 향했다. 꽃의 한시적 아름다움은 그에게 '모든 것의 현재성nowness'에 참여하라고 손짓했다. 그는 꽃이 피는 모습을 다시는 보지 못할 것이다 (그도 안다). 하지만 현실에 낙담하지 않으면 마지막 꽃을 보는 데서 새로운 지혜가 생겨난다. '모든 것이 지금까지 그랬던 것보다 훨씬 더 하찮으면서, 지금까지 그랬던 것보다 훨씬 더 중요하다. 그러나 하찮음과 중요함의 차이는 그다지 문제 되지 않는다.' 그가 세상을 떠나고 세월이 지나도 사라지지 않을 이 세상, 끝없이 변하는 것들의 연약한 아름다움은 이 모든 것을 아주 멀리서 바라보게 만든다. 심지어 코앞으로 다가온 자기의 죽음까지도.

데니스 포터가 꽃을 감상한 이야기를 읽으며, '정신을 차리다brought to our senses'°라는 표현이 떠올랐다. 잘못 이해되는 경우가 많은 표현이다. 이 이야기는 희망과 꿈을 거부하도록 강요하는 암울한 현실주의를 묵묵히 받아들이라는 의미가 아니다. 돈이

° 여기서 senses는 정신+감각을 모두 포함한다.

나 지위를 좇거나, 무언가를 얻고 축적한다고 해서 정신을 차리는 것이 아니다. 우리를 괴롭히는 실패는 잊어라. 우리에게 고통을 안겨주는 상실은 잊어라. 꽃의 모습을 보며 우리는 **정신을 차린다**. 우리는 진정 중요한 것이 무엇인지 본다. 꽃의 아름다움, 부드러운 향기, 섬세하고 보드라운 촉감, 바람에 가지가 움직이며 내는 소리, 꽃에서 자라는 열매의 맛. 꽃이 보여주는 삶의 충만함은 우리가 훨씬 깊고 넓은 세상과 연결되어 있음을 암시한다. 이 정신이야말로 우리가 주의를 기울일 때 모든 진리를 속삭여줄 것이다.

애나 번스Anna Burns의 소설 『밀크맨』에서 비슷한 이야기가 소개된다. 저녁노을이 말 그대로 이름 없는 주인공의 시야를 활짝 열고 현실의 가능성을 내민다. 20세기의 마지막 30년 동안 북아일랜드에 있던 '여러 문제'를 빚은 엄격한 종파 이념의 현실과는 다른, 다양하고 다채로운 가능성이다. 프랑스어 선생님과 남자친구에게 용기를 얻어, 여자주인공은 해가 지는 하늘을 진심을 다해 바라본다. 정치적으로 적대적인 두 진영의 주장과는 달리, 하늘을 단순히 파란색으로만 볼 필요가 없다는 것을 깨닫는다.

이 하늘을 말하자면 지금은 분홍색과 레몬색 그리고 그 뒤에는 은은한 연보라색이 모두 섞여 있다 … 연보라색 위로 금빛이 솟아나며 은빛으로 흐른다. 옆에서 움직여온 다른 연보라색이 구석이 있다. 그리고 그곳에서 분홍색으로 변한다. 그러고는 흰 라일락색이 된다. 그때 청록색이 흰색 구름을 모두 밀어낸다.

하늘을 유심히 들여다보며 그녀는 자신이 속한 세상의 제한적인 정치와는 상당히 다른 현실과 마주한다. '여러 색깔이 한데 모이고 섞이고, 미끄러지듯 움직여 넓어지고, 새로운 색깔이 등장하고, 모든 색깔이 함께 있었다. 색깔은 그렇게 계속 흘렀다. 한 가지 없는 색깔은 파란색뿐이었다'. 흑백으로 된 세상은 그 순간 깨지고 '진실이 내 정신을 번쩍 들게 했다'. 다르게 사는 방법은 분명 존재한다.

스스로 좋은 삶을 사는 방법을 찾아가면서 다른 사람들의 이야기에 도움을 받아도 된다. 세상에 나가서, 정원이나 공원에서, 길에서, 창문 밖을 바라면서, 새소리를 들으면서, 무엇이 되었든 간에 삶과 실패를 더 넓은 맥락에 둠으로써, 우리가 소속된 세상에 문을 여는 관점을 키우게 된다. 호모 에코노미쿠스가 세운 제한된 구조를 흔들고 궁극적으로 무너뜨릴 호모 렐리기오수스의 약속은 다음과 같다.

경제는 삶을 건설하는 유일한 방법이 아니다.

일상과 더 폭넓게 연결성을 맺고, 주변의 세상과 관계함으로써 우리는 상실과 실패를 조금 더 수월하게 버틸 수 있다. 힘든 경험만이 우리의 존재를 결정짓는 기준이 아니므로, 우리는 그런 경험 때문에 무너지거나 마음을 병들게 둘 필요가 없다. 삶에서 진정 중요한 것을 다시 살펴보자. 그러면 주변과 관계를 맺고 우주와 연결되도록 마음을 열 여유가 생길 것이다.

우리는 실패자가 되는 날도, 상실을 경험하는 날도 맞을 것이다. 그럼에도 우리는 새로운 관점을 받아들여 좋은 삶을 살 것이다.

맺음말

✳

실패자가 되고도 잘 사는 법

실패에 관해 살펴보며 함께 먼 길을 걸어왔다.

내가 제시한 관점을 받아들여 드넓은 우주의 그림에 삶을 놓게 된다고 해서 갑자기 상실에서 벗어난다거나 실패에 휘둘리지 않는다는 의미는 아니다. 우리가 발을 딛고 있는 세상에서 아무도 실패와 상실을 피하지는 못한다. 우주는 우연과 변화, 성과 쇠, 성장과 부패로 이루어졌기 때문이다. 좋든 싫든 인간은 이것의 일부다. 삶은 필연적으로 기쁨과 슬픔, 행복과 불행, 오르막과 내리막, 성공과 실패를 모두 담고 있다. 두 측면 중 이른바 긍정적인 면만 받아들이고 그에 맞춰 삶의 가치를 평가하려고 애쓰기보다,

우리가 두 측면에 아주 밀접하게 연결되어 있다는 사실을 인정하는 방법이 훨씬 바람직하다. 이 책에서 그 방법이 잘 전달되었기 바란다.

삶은 좋은 날과 그렇지 못한 날, 고통과 즐거움으로 짜여 있다. 성취하려는 집착과 성공하려는 욕망에 고정된 초점을 옆으로 움직인다면, 인간이 가진 모든 한계를 포용하기가 훨씬 쉬워진다. 삶 자체는 본질적으로 종잡을 수 없으므로, 초점을 이동하라는 제안은 상당히 현실성 있는 조언이다. 어떻게든 상실에서 도망칠 방법이 있으리라 생각하며 이것을 피하려는 욕망을 밀어냄으로써, 실패를 피하기만 하면 정복당하지 않으리라는 환상을 거부함으로써, 우리는 경험의 전체성을 포용하게 될 것이다. 현재 당신에게 일어나는 일은 마지막 심판이 아니다. 지금껏 살아온 모습, 세상과 그리고 타인과 가꾸어온 관계야말로 진정 소중한 것이다.

커스티 보든Kirsty Boden의 이야기는 이런 삶의 관점을 보여주는 훌륭한 사례다. 보든은 2017년 런던교London Bridge에서 이슬람교도 테러범들이 승합차와 흉기로 시민들을 공격한 사건에 휘말렸다. 부상자들을 도우려는 마음에 그녀는 도망가지 않고 참사로 뛰어드는 바람에 결국 그날 숨지고 말았다. 슬픔에 잠긴 가족은 보든이 어떻게 세상을 떠났는지가 아니라 어떻게 살았는지를 이야기했다. 그녀는 다른 사람을 도우며 살던 너그러운 사람이었다. 폭력으로 빚어진 마지막이 아니라 다른 사람을 보살피던 모습으로 그녀의 삶은 그려질 것이다. 벌어진 사건과 상관없이 일상에서 실천하는 헌신은 한 사람의 삶의 목적을 드러낸다.

모든 영역을 재정화하려는 책략 그리고 인간을 타인에게서 분리된 독립적인 주체로한 보는 사상은 보든이 그날 보여준 행동을 설명하지 못한다. 다른 사람을 위해서 목숨을 위험에 빠트린 이유에는 금전적 계산이 없다. 보든이 취하게 될 이익은 아무것도 없었다. 그런데도 그녀의 삶은 자기중심주의의 옹졸함을 초월함으로써 인류가 추구할 최고의 면모를 드러냈다. 성공이나 실패로 보든의 삶을 평가하는 것은 그녀가 보여준 용기를 설명하는 옳은 방법도 아니고 바람직한 처사도 아니다.

결국 우리가 맺은 관계의 깊이에 따라 인생의 의미가 형성될 것이다. 나는 다양한 형태의 관계가 좋은 삶을 가능케 한다고 앞서 제시했다. 이런 삶은 사랑하는 사람이나 이미 아는 사람과의 관계로만 관계의 영역을 제한하지 않는다. 삶이라는 훨씬 넓은 망의 일부분으로 자신의 위치를 받아들일 때, 비로소 관계를 확장하여 우리가 발 딛고 사는 연약한 세상의 모든 모습과 이 세상을 공유하는 모든 존재를 아우르게 된다.

누군가를 상대할 가치도 없는 패배자로 치부하고 소위 성공했다는 사람에게는 좋은 것을 모두 주려는 부당함을 파헤치기 위해 적극적으로 정치적 세력을 형성해야 한다. 하지만 정치적 행동이 중요하다고 해서 자기중심적 사고를 내려놓는 훈련을 무시해서는 안 된다. 넓은 우주와 관계 속에 자기를 두면, 세상을 공유하는 다른 사람들의 필요를 진지하게 바라보는 새로운 관점을 갖게 된다. 삶의 일부로 실패와 상실을 수용하면 풍성한 삶의 그림에 들어갈 중요한 경험이 된다. 따라서 우리를 만들고 우리의 일부가 되는 사건과 이야기로 포용된다. 빅터 프랭클은 이렇게 말했다. '세상의 어떤 힘도 당신이 경험한 일을 빼앗아 가지 못한다.' 벨든 레인은 한 걸음 더 나아간다. '우리는 선물처럼 가지고 다니는 상처를 본다'. 단순히 상실과 살아가는 데서 멈추지 않고 우리는 이를 끌어안을 수 있다. 우리는 연약하고 불완전하다. 하지만 같은 이유로 우리는 훨씬 나은 존재가 될 수 있다.

주석

시작하며

1 오드리 로드, *Cancer Journals* (San Francisco, CA: Aunt Lute Books, [1980] 1997).

2 미셸 르 되프, *Hipparchia's Choice: An Essay Concerning Women*, Philosophy, Etc. (New York: Columbia University Press, [1989] 2007).

3 벨든 레인, *The Solace of Fierce Landscapes: Exploring Desert and Mountain Spirituality* (Oxford: OUP, 1998).

4 로런스 하탑, *Nietzsche's Life Sentence* (London: Routledge, 2005).

5 마크 오클리, *The Collage of God* (London: DLT, 2001).

6 *The Fragility of Goodness* (Cambridge: Cambridge University Press, 1986)에서 마사 누스바움이 비슷한 주장을 제시했다.

7 한나 틸리히, *From Time to Time* (New York: Stein and Day, 1973).

8 '영혼'이라는 말이 다시 쓰이고 있다. 피터 타일러의 *The Pursuit of the Soul: Psychoanalysis*, Soul-Making and the Christian Tradition (New York: Bloomsbury, 2016)과 마크 에드먼드슨의 *Self and Soul: A Defense of Ideals*(Cambridge, MA: Harvard University Press, 2015)를 참고할 것.

9 정신의학이 어떻게 슬픔을 우울증으로 바꾸는지 보려면 앨런 V. 호르위츠와 제롬 C. 웨이크필드의 책 *The Loss of Sadness* (Oxford: OUP, 2007)를 참고할 것.

1장 | 21세기식 좋은 삶

1 조시 윌슨, 'Work Related Stress Now Accounts for Over Half of Work Absences', The Telegraph(2018. 11. 1) https://www.telegraph.co.uk/news/2018/11/01/wor k-related-stress-mental-illness-nowaccounts-half-work-absences/.Accessed 1March 2019.

2 영국 보건안전청, 'Work Related Stress Depression or Anxiety Statistics in Great Britain, 2018', (2018. 10. 31) http://www.hse.gov.uk/statistics/causdis/stress.pdf. (2019. 3. 1)

3 패트리샤 힐 콜린스는 『흑인 페미니즘 사상』(여성문화이론연구소, 2009)의 서문에서 이론을 이용하는 의도를 정확하게 밝히는데, 그녀가 속한 흑인여성 공동체의 요구와 중요사항을 반영하는 범위에 한한다.

4 마샬 맥루한(2005)의 '환경'과 '반환경anti-environment'의 조건에 관한 논의를 참고할 것.

5 프랑스 철학자 미셸 푸코는 우리가 당연시하는 세계와 제도를 낯설게 만드는 데 대가였다. 『광기와 역사』(나남, 2020)와 『감시와 처벌』(나남, 2020)을 참고하라. 푸코는 광기나 처벌에 관한 현대적 해석이 우월하다고 가정하기를 거부한다. 역사적 실례를 살펴본다면 광기나 처벌을 형성하는 가치를 재고하게 될 것이다.

6 나는 이 책에서 서구 사회에 초점을 맞추었는데, 서구의 지배적인 경제적, 사회적 모델에서 생겨나온 가치에 관심을 갖는 것은 서구에 사는 사람에게 중요하다. 왜냐하면 글로벌화의 현실은 서구의 구조가 개인과 공동체의 번영에 바람직한지 그렇지 않은지는 크게 신경 쓰지 않은 채, 다른 문화와 맥락에 서구형 모델을 부지런히 강요하는 것이기 때문이다.

7 소위 TINA(There Is No Alternative)라는 별명을 가진 '대안은 없다' 정책으로, 마거릿 대처가 가장 좋아하는 슬로건이었다.

8 데이비드 하비의 중국에 관한 분석이 이와 관련된 내용을 다룬다. 『신자유주

의』(한울아카데미, 2014)의 5장 "'중국식' 신자유주의'를 참고하라.

9 데이비드 하비의 같은 책 1장에 신자유주의의 합의가 등장하는 맥락에 관한 상세한 설명을 제시한다.

10 사상의 전투에 관한 흥미로운 해석은 필립 미로스키(2014, 제2장)를 참고하라.

11 데이비드 하비의 같은 책을 참고하라.

12 이 용어는 리처드 세넷의 『뉴캐피털리즘』(위즈덤하우스, 2009)을 참고하라.

13 가이 스탠딩의 『프레카리아트. 새로운 위험한 계급』(박종철출판사, 2014)을 참고하라.

14 니콜라스 로즈(1999)를 참고하라.

15 '호모 에코노미쿠스'라는 용어는 미셸 푸코가 1978~79년 '생명관리정치의 탄생'에 관한 강연을 할 때 만들어졌다. 이 강의에서 그는 경제가 인간 주체를 형성하는 미래를 내다보았다. 이 강의는 2004년에 처음으로 출간되었다 (edited by Michel Senellart; translated by Graham Burchell, London: Palgrave Macmillan, 2008).

16 '모든 것의 금융화'에 관한 표현이 궁금하면 웬디 브라운의 『민주주의 살해하기』(내인생의책, 2017)를 참고하라.

17 일의 본질이 바뀌는 현상을 더 깊이 알고 싶으면 키스 토머스의 이론에서 이 주제에 관련된 내용을 참고하라.

18 칼럼 브라운의 *The Death of Christian Britain* (London: Routledge, 2000)을 참고하라. 봉사 단체가 세속화되어 생기는 해로운 영향이 자세하게 나와 있다. 세속화의 역할을 분석한 그의 연구는 높이 평가할 만하지만, 나는 '일의 세계'가 삶의 모든 영역으로 확장된 것이 문제를 더 복잡하게 만들었다고 생각한다.

19 가이 스탠딩의 같은 책 참고.

20 가이 스탠딩의 같은 책.

21 니컬러스 로즈(1999)참고.

22 니컬러스 로즈 참고.

23 2017년 11월 영국의 고용재판소는 우버의 기사들을 자영업자로 분류하지 못하도록 판결을 내렸다. 우버가 기사들에게 국가의 최저임금에 맞게 급여와 유급 휴가를 제공해야 한다고 결정내린 중요한 재판이었다.

24 이 문제에 관한 논의는 데이비드 하비의 같은 책을 참고.

25 이 전략이 계속 지속되는 정책을 간과해서는 안 된다. 2018년 보수당 전당대회의 구호는 오직 한 단어, '기회'뿐이었다.

26 이런 사고방식을 교육 제도에 미칠 영향을 비판하는 내용에 관심이 있다면 애클스턴과 헤이즈(2008)를 참고하라.

27 Commons debates, 1986, 2003-07-02, col. 407에서 인용.

28 가난함의 수치심에 관한 깊이 있는 통찰이 궁금하다면 싶다면 로버트 워커 (2014)를 참고하라.

29 Bradley Allsop의 다음 기사를 참고하라. 'The BBC's "Britain's Hardest Grafter" Show Should Be Britain's Greatest Shame', HuffPost, (2015. 6. 3) http://www.huffingtonpost.co.uk/bradley-allsop/britains-hardest-grafter_b_7499800.html.

30 2010년 영국의 연립정부 출범 당시 고문으로 임명된 로런스 미드를 예로 들어보자. 그는 1986년 '정부는 수당 청구자가 자기 스스로를 비난하도록 납득시켜야 한다.'(가이 스탠딩의 책에서 인용)라고 주장한 사람이다. 이런 견해는 텔레비전 방송을 만드는 사람들뿐 아니라 정책수립자들에게도 깊숙하게 박힌 생각이다.

31 창세기 3장 17절을 참고하라.

32 칼 마르크스의 『1844년의 경제학 철학 수고』(박종철출판사, 1991)를 참고하라.

33 'This Is Money'라는 웹사이트에 2015년 12월 30일자로 기고된 기사에 따르면, 영국에서 임금의 실질 가치는 2008년 세계 금융 위기 이후에 14퍼센트나 하락했다.

34 이 논점에 관해서는 가이 스탠딩의 같은 책을 참고하라.

35 '반 노동주의 움직임'의 출현은 일에 관한 주장의 모순을 인지하고 일의 세계 너머에 있는 삶의 가능성에 문을 연다. 서르닉과 윌리엄스(2016)를 참고.

36 가이 스탠딩의 같은 책 1장을 참고하라.

37 리처드 세넷의 같은 책.

38 가이 스탠딩의 같은 책 참고.

39 리엄 번의 다음 자료를 참고. Social Market Foundation report on 'Robbins Rebooted: How We Make Our Way in the Second Machine Age', published in 2014.

40 서르닉과 윌리엄스(2016)는 자동화의 확장이 더 큰 자유를 가져다줄 가능성을 보고, 자동화를 수용하는 방향을 제안한다. 자본주의 체제 아래에서 흘러온 기술의 역사를 감안했을 때, 나는 이 예측에 완전히 동의하지는 않는다.

41 한나 아렌트, 『인간의 조건』(한길사, 2019)을 참고하라.

42 한나 아렌트의 같은 책 참고.

43 한나 아렌트의 같은 책.

44 쓸모없음에 관한 논의는 리처드 세넷의 『뉴캐피털리즘』을 참고하라.

45 5장에서 좋은 삶을 세우기 위한 공동체의 중요성에 관해 다시 논의할 것이다.

46 한나 아렌트의 같은 책.

47 한나 아렌트의 같은 책.

48 빈부격차가 더욱 심해지는 현실은 일이 유익하다는 가정에 문제가 있다는 것을 암시한다. 2015년 〈이퀄리티 트러스트Equality Trust〉는 영국의 상위 10퍼센트가 전체 44퍼센트의 부를 차지하는 반면, 하위 50퍼센트는 9.5퍼센트밖에 소유하지 못한다고 보고했다. 미국의 수치는 더욱 놀랍다. 2016년 8월 CNN은 미국의 상위 10퍼센트가 전체 부의 70퍼센트를 장악하고 있다고 밝혔다.

49 가이 스탠딩은 『프레카리아트. 새로운 위험한 계급』에서 다음과 같이 말했다. '일이 우리에게 행복과 만족을 주고 우리가 어떤 사람인지 보여준다고 말함으로써, 우리는 긴장감의 불안의 원인을 스스로 제공한다. 일 대부분은 우리의 기대에 미치지 못하기 때문이다.'

50 단테 알리기에리, 『신곡』.

51 니콜라스 로즈(1999)를 참고하라.

2장 | 이 세계는 왜 여성의 실패를 원하는가

1 주디스 버틀러는 『의미를 체현하는 육체』에서 다음과 같이 말했다. '배제는
   … 아브젝트의 한계 또는 아브젝트를 철저하게 제외한 것으로서의 의미를 집
   요하게 좇는다. 살 수 없고 서사성이 없으며 트라우마의 대상이다.

2 틸리히의 『존재의 용기』(예영커뮤니케이션, 2006)를 참고하라. '근본적인 불안감
   즉 유한한 존재가 비존재가 되는 위협은 없어지지 못한다.'

3 맥다월과 코트가 말한 여자의 세 가지 미덕인 '붙임성, 배려, 그리고 섬김'을
   참고.

4 직장의 변화가 미국남성에게 끼친 영향을 더 깊이 있게 알고 싶으면 수전 팔
   루디의 저서 *Stiffed*(1999)를 참고하라.

5 이에 관련된 요인의 분석은 리사 애드킨스(2002)에 자세히 나와 있다.

6 애드킨스의 같은 책 참고.

7 주디스 버틀러의 『젠더 트러블』(문학동네, 2008)을 참고하라.

8 수전 헤크먼(2014)은 보부아르의 영향이 후기 페미니스트 사상가에게 미친
   영향을 분석했다. 특히 주디스 버틀러의 이론에 막대한 영향을 끼쳤다.

9 리사 애드킨스를 참고.

10 오스트레일리아 정치의 성차별에 관한 줄리아 길라드의 이야기에 관심이
    있다면 그녀의 자서전 *My Story*(London: Bantam Press, 2014)를 참고하라. 101~2
    쪽에 빌 헤퍼넌이 그녀를 '고의적 비출산'이라고 표현한 것과 과일바구니 사
    건이 나와 있다.

11 May Bulman, 'Andrea Leadsom on Theresa May and Motherhood', (2016. 7. 9)

https://www.independent.co.uk/news/uk/politics/andrea-leadsom-interview-theresa-may-mother-tory-leadershipcampaign-a7128331.html.
(2019.3.1)

12 멜라니 클라인과 안나 프로이트는 상당히 방향성이 다른 정신분석 접근법을 사용함에도, 성심리 발달을 모두 핵심에 둔다.

13 지그문트 프로이트(1925)를 참고하라.

14 '트랜스젠더'의 경험에 비추어 신체의 성적인 특징이 가지는 의미를 경시하려는 움직임이 있다. 하지만 사회화의 과정에서 신체적 특징이 큰 일부였다는 점을 생각할 때, 나는 선천적인 성적 정체성의 의미를 그렇게 쉽게 넘어갈 수 있는지 의문이다. 진정 이런 주장에 반문하고 싶다면 남성과 여성을 이해하는 방식을 형성한 역사적 개념을 무시해서는 안 된다. 따라서 신체를 바탕으로 성공과 실패를 가르는 것을 우려할 필요가 있다.

15 남성 정체성의 전형과 영성의 관계에 관한 주장을 살펴보고 싶으면 제임스 넬슨(1964)을 참고하라.

16 프로이트가 주장한 여성의 성적 발달 이론을 비판한 뤼스 이리가레의 견해를 알고 싶으면 다음을 참고하라. *Speculum of the Other Woman*, trans. Gillian Gill (Ithaca, NY: Cornell University Press, 1985).

17 여성의 복잡한 성적 정체성에 관한 설명은 지그문트 프로이트의 *Female Sexuality*(1931)를 참고하라.

18 지그문트 프로이트(1920b)는 이 정체성을 따르지 않는 사람은 정신적인 문제를 겪는다고 해석했다.

19 장 폴 사르트르가 정신분석학 이론을 비판한 내용에 관해서는 *Sketch for a Theory of the Emotions* (London: Routledge, 1971)의 2장을 참고하라.

20 이 설명에 관해서는 장 폴 사르트르의 『존재와 무』(동서문화사, 2009)를 참고하라.

21 '초월한 자'는 사르트르가 '외부에 서있는(ex-sist)' 사람을 지칭하는 용어로, 세상과 '구별되는' 사람이다. 사르트르가 여성의 신체에 부여하는 역할을 더

보고 싶으면 클라크(2002)를 참고하라.

22 보부아르의 모성에 관해서는 『제2의 성』(동서문화사, 2009)을 참고하라. 보부아르의 연구를 재평가하는 오늘날의 페미니스트는 보부아르가 단순히 모성을 거부한 것이 아니라, 모성에 대한 복잡한 해석을 보여준다고 말한다. 앨리슨 스톤의 'Beauvoir and the Ambiguities of Motherhood', in ed. Laura Hengeholdand Nancy Bauer, *A Companion to Simone de Beauvoir*(Oxford: Wiley Blackwell, 2017, pp. 122-33)를 참고하라. 스톤은 다음과 같이 기술한다. '기쁨, 가치, 복잡성을 포함하여 어머니를 긍정적으로 묘사한 대목을 『제2의 성』에서 찾을 수 있다. 따라서 모성을 향한 보부아르의 태도는 단순한 적대감을 넘어선다.'

23 여성에 관한 다양한 이론을 살펴보고 싶으면 클라크(1999)를 참고하라.

24 임마누엘 칸트의 『아름다움과 숭고함의 감정에 관한 고찰』(책세상, 2005)을 참고하라.

25 하지만 칸트가 지적했듯이 고결함의 가장 중요한 것은 존경을 받게 되더라도, 존경을 받겠다는 생각을 하지 않는 마음이다. 칸트의 같은 책을 참고하라.

26 위계적으로 구성된 도덕 체계에 관해서는 캐롤 길리건의 『다른 목소리로』(동녘선서, 1997)를 참고하라.

27 임마누엘 칸트 『윤리형이상학 정초』(아카넷, 2018)를 참고하라.

28 쇼펜하우어의 이론을 빌어, 타인을 향한 감정에 기반을 둔 도덕성이 칸트의 이론보다 훨씬 바람직한 기초를 제공한다.

29 칸트는 여자가 늙어갈수록 '매력이 떨어지므로, 독서를 하고 식견이 넓어지면 삼미신과 무사이로 부족한 부분을 채울 수 있다. 그러나 남편이 그녀를 가르치는 첫 번째 교사가 되어야 한다.'고 말했다. 여자는 남자가 허락하는 범위 내에서 이런 점에 주의하며 공부해야 했다.

30 쇼펜하우어는 여자가 '다 큰 어린이로, 평생 그렇게 살아간다.'고 말했다.

31 플라톤의 『향연』을 참고하라.

32 플라톤의 이원론이 물리적 세계를 인정하고 보존함으로써 미치는 해로운 영향을 설득력 있게 분석한 주장에 관심이 있다면 벨 플럼우드의 *Feminism and Mastery of Nature*(London: Routledge, 1993)를 참고하라.

33 플라톤의 같은 책 참고.

34 아리스토텔레스의 *On the Generation of Animals* 참고할 것.

35 아리스토텔레서의 같은 책 참고할 것.

36 토마스 아퀴나스『신학대전』제1부의 제92문 참고할 것.

37 토마스 아퀴나스의 같은 책 제93문을 참고할 것.

38 아퀴나스가 분명히 영향을 받은 비슷한 주장이 아우구스티누스의 『삼위일체론』12권, 7장에 등장한다.

39 이성적 '남자'에 관한 대표적인 연구는 제너비브 로이드(1984)를 참고하라.

40 이와 비슷하게, 성서의 인물인 하와에 수백 년간 부과된 모습을 보자. 아담의 행동이 아니라 하와의 행동을 통해 죄와 벌이 세상에 들어왔다. 이 과정을 추적하는 두 가지 중요한 해석을 더 알고 싶다면 다음을 참고하라. 일레인 페이절스의『아담, 이브, 뱀』(아우라, 2009), 우타 랑케-하이네만의 *Eunuchs for the Kingdom of Heaven* (Harmondsworth: Penguin, 1991).

41 화장품, 성형수술 산업에 관해 페미니스트의 획기적인 연구를 보고 싶다면 나오미 울프의『무엇이 아름다움을 강요하는가』(김영사, 2016)를 참고하라.

42 할리우드에서 만연하는 성추행이 2017년 불거지면서 여전히 성차별, 여성혐오, 성추행이 빈번하다는 사실이 드러났다.

43 캣 바냐드를 참고하라.

44 영국의 인간생식배아관리국(HFEA)에 따르면 2014년 체외수정 성공률은 다음과 같다. 35세 이하의 여성은 32.2퍼센트, 35~37세의 여성은 27.7퍼센트, 38~39세의 여성은 20.8퍼센트, 40~42세의 여성은 13.6퍼센트, 43~44세 여성은 5퍼센트, 45세 이상의 여성은 1.9퍼센트다.

45 Yahoo7 Lifestyle, 2014년 10월 22일.

46 전문은 다음을 검색하라. Daily Mail, (2016. 8. 23). http://www.dailymail.

co.uk/tv showbiz/article-3753829/Maybe-stay-sun-Renee-Actresslooks-tired-wrinkled-promotes-new-Bridget-Jones-film-Australia.html#ixzz4Uyepxo00. (2019.7.17).

47 르네 젤위거를 향한 비난에 반대하는 목소리도 있다. 2016년 8월 8일 'Peaches&Scre am'(@keli_juepner)은 '여자가 나이를 먹으면 늙어 보이는 사실에 놀라는 마냥 르네 젤위거를 헐뜯는 사람들'이라는 내용으로 글을 썼다.

48 아브젝트의 요소에 관한 내용은 쥘리아 크리스테바의 『공포의 권력』(동문선, 2001)을 참고하라.

49 『공포의 권력』 아브젝트는 '있는 그대로' 죽음에서 발견된다. 아름답게 보여지는 것이 아니다. 따라서 '신 없이, 과학의 외부에 있는 죽은 시신은 극도의 아브젝시옹abjection이다. 죽음은 삶에 침투한다.'

50 움베르토 에코는 이 방법론을 열렬히 지지하는 사람이다. 『추의 역사』(열린책들, 2008)를 참고하라.

51 움베르토 에코의 『추의 역사』에서 테르툴리아누스도 비슷하게 말했다. '화장으로 피부를 못살게 굴고 볼을 빨갛게 물들이고 눈을 더 길게 그리는 여자는 그에게 죄를 짓고 있다. 이런 여자들은 신의 창조물을 분명 싫어할 것이다.' 보카치오는 '그녀는 키가 크고 날씬하다…분으로 가려진 축 처진 살을 보지 못했으니 당신이 그녀의 얼굴이 진짜라고 믿는다.'라고 말했다.

52 예술과 문학작품에서 나이 지긋한 여자가 받는 대우에 관해 더 알고 싶으면 시몬 드 보부아르의 『노년』(책세상, 2002)을 참고하라.

53 저메인 그리어(1991)를 참고하라.

54 연결성에 관한 논의는 클라크(1999), 로이드(1984), 플럼우드(1993)를 참고하라.

55 온라인 잡지 〈Caring.Com〉의 어느 기사는 여성이 노화에 관해 느끼는 가장 큰 두려움이 투명인간 취급을 받는 것이라고 밝혔다. https://www.caring.com/articles/5-things-women-fear-about-aging.

56 보부아르가 연구하던 이 주제를 잘 드러내는 제목이다.

57 재클린 지타(1993)를 참고하라.

58 '건강, 삶, 사랑의 상실은 절대 우리를 가만히 변치 않도록 두지 않는다'(앤더 슨 2017: 16).

59 나는 뤼스 이리가레의 글을 중심이자, 그레이스 잔첸이 발전시킨 성적 차이 를 다루는 철학을 경계하려고 한다.

60 시몬 드 보부아르『노년』(책세상, 2002)을 참고하라.

61 같은 책을 참고. 또한 마르틴 하이데거의『존재와 시간』에서도 죽음의 역할 에 관한 논의를 찾을 수 있다.

62 사르트르는 타인의 가치와 판단을 지나치게 찾는 '타인을 위한 존재'와 안정 된 주체가 타인과 진정한 행위를 하게하는 '타인과 함께 하는 존재'를 크게 구분하지 않았다.

3장 | 언젠가 우리가 세상에서 사라진다면

1 죽음을 향한 사고방식에 관한 연구는 필리프 아리에스의『죽음의 역사』를 참 고하라.

2 루크레티우스의『사물에 본성에 관하여』에 이 부분이 등장한다. 이 주장에 관 해서는 스티븐 로젠바움의 다음 자료를 참고하라. 'How to Be Dead and Not Care: A Defence of Epicurus', in John Martin Fischer, ed., *The Metaphysics of Death* (Stanford: Stanford University Press, 1993).

3 미다스 데커스『시간의 이빨』. (영림카디널, 2005).

4 존 힉(1985)과 뉴버거, 화이트(1991)의 자키 바다위의 이론을 참고하라.

5 뉴버거, 화이트(1991)의 피터 하비를 참고하라.

6 이 논쟁의 자세한 사항은 일레인 페이절스의『아담, 이브, 뱀』(아우라, 2009) 6 장을 참고하라.

7 아우구스티누스의 주장을 자세히 보려면 일레인 페이절스의 같은 책을 참고

하라.

8 일레인 페이절스의 같은 책을 참고하라.

9 이 개념을 더 광범위하게 적용한 논의는 하이데거(1962: 264)와 쿠퍼(1990: 136~9)를 참고하라.

10 칼 세더스트룀과 안드레 스파이서(2015: 4).

11 '일하는 복지welfare to work' 프로그램은 1990년대부터 영국에서 실시되어 왔다. 오랜 기간 실업 상태인 사람을 일터로 복귀하도록 돕는 취지였으나, 장애인이나 장기간 병을 앓은 사람의 복귀까지 관리하도록 점점 확장되었다. 제도가 확장됨에 따라 많은 자선단체의 비난을 받았다. 2015년 정신건강 자선단체인 마인드Mind는 영국 정부에게 '복지 제도를 철저하게 점검하고, 개인에게 맞춤 지원을 하는데 엄청난 투자를 쏟아 부어 사람들을 밀어붙이지 않도록' 해달라고 요청했다.

12 칼 세더스트룀과 안드레 스파이서의 같은 책을 참고하라.

13 터부시되는 현상에 도전하는, 해방의 관점으로 부각된 그리스도의 모습을 보려면 Lisa Isherwood, *The Fat Jesus: Christianity and Body Image* (New York: Seabury Books, 2007)를 참고하라.

14 지그문트 바우만(1992: 138).

15 샤론 코프먼이 했던 미국 병원에서 맞는 죽음에 관한 연구(2005)를 참고하라.

16 상세한 이야기는 샤론 코프먼의 같은 연구를 참고하라.

17 자세한 기관에 관해서는 마크 오코넬의 『트랜스휴머니즘』(문학동네, 2018)을 참고하라. 알코어 생명연장재단(Alcor Life Extension Foundation)같은 단체의 연구와 활동을 초월적 세상과 무관하고 무가치한 작업으로 취급하고 싶지만, 죽음을 극복하려는데 점점 관심이 많아지고 있는 세태를 인정할 수밖에 없다. 2016년 영국 법원이 암으로 죽어가는 소녀의 소원(소녀는 죽은 뒤 냉동 보존되고 싶다고 말했다)에 손을 들어주면서, 인체 냉동 보존술이 대중적으로 알려지게 되었다.

18 2016년 10월 13일자 BBC 웹사이트.

19 마크 오코넬의 같은 책을 참고하라.

20 좋은 죽음을 맞을 개인의 권리를 형성하는데 법적인 사례 한 가지가 중대한 역할을 맡았다. 1970년대 중반(신자유주의 이상의 탁월함을 강조했던 아주 중요한 시기였다는 점을 주목하라), 캐런 퀸란의 사례를 중심으로, 자기 자신의 죽음을 주도한다는 의미가 무엇인지 공개적으로 논의가 시작되었다. 퀸란은 몇 달째 혼수상태였고 그녀의 부모는 인공호흡기를 제거해달라고 요청했으나 의사들이 이를 반대했다. 범법 행위로 고소당할 우려 때문이었다. 결국 부모가 재판에서 이겼으나 퀸란은 무의식 상태로 9년 정도 더 살다가 세상을 떠났다. 퀸란의 사례는 의료 기계로 목숨을 이어가는 환자들에 대한 문제를 수면 위로 드러나게 했다. 과거에는 상상도 못할 일이었다. 특히 오늘날 죽음은 개인이 언제 죽을 것이라고 결정하고, 그가 언제 죽은 상태라고 판단할 수 있는지 고민해야 하는 문제가 되었다. 퀸란의 죽음은 개인이 통제하지 못하는 영역이 아니었다. 물론 우리는 죽지 않는 것 자체가 아니라, 언제 죽을지를 결정할 가능성이 관건이었다는 사실을 알아야 한다. (퀸란의 사례에서 이것은 부모가 내린 결정이므로, 죽는 사람의 요구가 안락사를 결정하는데 반영되지 않았다는 점을 비난하는 목소리가 있다.) 결국 선택이 가장 중요한 것이며, 심지어 죽어가면서도 신자유주의의 주체는 그들이 내린 선택으로 존재가 정의된다.

21 개인이 느끼는 부담감에 관해서는 코프먼의 같은 책을 참고하라.

22 알라스테어 캠벨은 총리와 정부를 '우리는 신에 관해서는 아무 것도 하지 않습니다.'라고 말했다.

23 필립 굴드(2012)를 참고.

24 좋은 삶을 위한 멈춤의 시간의 개념은 6장에서 자세히 다룬다.

25 이런 신앙에 관한 디트리히 본회퍼의 비판은 『옥중서신 – 저항과 복종』을 참고하라.

26 필립 굴드(2012).

27 신노동당의 여러 정책은 삶의 모든 영역에서 야망을 중요하게 생각하도록 만들었다. 이 접근법에 대한 비판은 다음을 참고하라. Konstanze Spohrer,

'Deconstructing "Aspiration": UK Policy Debates and European Policy Trends', European Educational Research Journal, vol.10, no.1(2011): pp. 53-63.

28 프랜시스 라이언, 'Death Has Become a Part of Britain's Benefi t System', The Guardian, (2015. 4. 27). 실제 상황 같은 시나리오를 보고 싶으면 켄 로치의 영화 〈나, 다니엘 블레이크〉를 보라.

29 톨스토이의 『고백록』(현대지성, 2018)을 참고하라.

30 그녀는 C.S. 루이스의 『헤아려 본 슬픔』(홍성사, 2019)이 이 주제를 제대로 다룬 몇 안 되는 책이라고 말한다.

31 존 디디온의 『상실』(시공사, 2006)을 참고하라.

32 나는 파멜라 수 앤더슨이 식도암으로 투병하다 세상을 떠나기 수년 전, 그녀 덕분에 처음으로 그들의 시를 접했다. 지금 다시 읽으니, 이 시들이 파멜라의 죽음에 대한 내 애도, 그리고 앞으로도 계속될 슬픔을 표현한다.

33 『트랜스휴머니즘』에서 마크 오코넬이 말했듯, '우주는 계속 진행되는, 타협할 수 없는 감소하는'의 상태에 있다.

34 아서 프랭크의 『아픈 몸을 살다』(봄날의책, 2017)를 참고하라.

4장 | 삶의 불확실성을 받아들이기

1 지그문트 프로이트(1927)를 참고하라.

2 프로이트의 전문을 보고 싶으면 『문명 속의 불만』(열린책들, 2020)을 참고하라. 브라이언 R 클라크의 *Love, Drugs, Art, Religion: The Pains and Consolations of Existence* (Farnham: Ashgate, 2014)에도 흥미로운 논의가 실려 있다.

3 손자가 하는 놀이를 보며, 프로이트는 아이가 실타래를 던지며 '없다'라고 말하고, 그러고 나서 다시 잡아당기며 '있다'를 말한다는 사실에 주목하게 되었다. 프로이트는 어머니의 존재가 사라지고 다시 나타나는 것을 놀이로 만들

었다는 사실을 발견했다. 어머니의 부재는 무서운 경험이지만 놀이로서 아이
는 이를 통제할 수 있다고 느낀다.

4 '보통 정도의' 어머니 혹은 '괜찮은' 어머니라는 말은 도널드 위니콧의 연구에
서 나왔다. 아이가 외부의 세계에서 안정감을 느낄 정도로 환경을 조성하기
만 하면 되지, 어머니가 완벽할 필요가 없다는 뜻을 의미한다.

5 지그문트 프로이트(1911)의 *'Formulations on the Two Principles of Mental
Functioning'* in Standard Edition Volume 12, pp. 213-26을 참고하라.

6 지그문트 프로이트(1927, p. 50)를 참고하라. 그는 죽음을 자연스러운 현상이라
고 생각할 필요가 없다는 주장에도 매료된 적이 있다(프로이트 1920a, pp. 44-61
참고).

7 막스 베버의 『경제와 사회 1』(문학과지성사, 2003)을 참고하라.

8 페리 힌턴(2000)은 이성적인 의사결정의 한계에 관해서 통찰력 있는 관점을
제시한다. 그가 지적한 것처럼 결정을 내릴 때 우리가 이성을 사용하지 않는
것이 아니라, 의사 결정을 간단하게 만드는 주변의 문화적 배경을 받아들이
는 경우가 많기 때문이다. 하지만 간단한 결정이 항상 환영받지는 않는다.

9 막스 베버와 관료주의의 본질에 관한 논의는 데이비드 비첨(1996)을 참고하라.

10 한나 아렌트의 『전체주의의 기원』(한길사, 2006)을 참고하라. 아렌트는 인간
의 문제에 전체주의 사상이 제시하는 대안이 과학을 신뢰하는 일반적인 믿
음의 극단적인 모습일 뿐이라고 생각했다. 에릭 푀겔린을 인용하자면 과학
을 '마법처럼 악의 존재를 치료하고 인간의 본성을 바꾸는' 해결책으로 보는
믿음을 말한다.

11 1937년 나치는 뮌헨에서 퇴폐미술전을 개최한다. 아리아인의 순수한 정신
에 순응하지 않는 현대 미술, 추상 미술 등이 모두 포함되었다.

12 『예루살렘의 아이히만』(한길사, 2006)을 참고하라.

13 헤더 모리스의 『아우슈비츠의 문신가』(북로드, 2019)를 참고하라.

14 'Father of Two Deported to Mexico after 30 Years in the US', New York Post,
(2018. 1. 17), https://nypost.com/2018/01/17/father-of-twodeported-to-

mexico-after-30-years-in-us/. (2019. 5. 15).

15 그의 '생명관리정치의 탄생'이라는 강의가 1978~79년 진행되었고 2004년 전사되어 출판되었다. (English translation by Graham Burchell, London: Palgrave Macmillan, 2008).

16 신자유주의 시대의 권력에 대한 푸코의 비평은 필립 미로스키(2012)를 참고하라.

17 들뢰즈의 이론이 푸코가 주장한 규율과 통제사회의 연장선이었는지 아니면 완전히 새로운 이론인지는 의견이 분분하다.

18 자세한 사항은 애클스턴과 헤이즈(2008)를 참고하라.

19 질 들뢰즈의 'Postscript on the Societies of Control', October, vol. 59(1992): pp. 3-17을 참고하라.

20 니컬러스 로즈는 이를 다음과 같이 설명한다. '통제는 잠정적인 접근을 통해 문명과 소비의 회로로 작용된다고 이해하는 편이 좋다. 소비하는 상품에 접근하도록 함으로써 개인의 권리를 끝없이 감시한다. 자유가 주는 혜택을 받기 위해서는 되풀이되는 스위치를 통과해야 한다'(로즈 2000: 326).

21 Steven Shaviro blog 'The "Bitter Necessity" of Debt', 1 May 2010.

22 리처드 탈러와 캐스 선스타인의 『넛지』(리더스북, 2018)를 참고하라. 그들의 방법은 미국과 영국 정부에 영향을 주어, 데이비드 캐머런 총리와 버락 오바마가 도입했다.

23 개인의 정치적 결정에 영향을 미치려는 시도는 여전히 밝혀지지 않은 경우가 많다. 다음의 기사가 일례다. 'of the use of data in Nigerian elections in 2015' The Guardian, (2018. 4. 15), https://guardian.ng/news/jonathan-unaware-of-cambridge-analytica-campaign-role/.

24 이언 해킹(1990), 제임스 스콧의 『국가처럼 보기』(에코리브르, 2010).

25 제임스 스콧의 같은 책을 참고하라.

26 수치와 마케팅에 관한 인기 경영학서적인 『마케팅 매트릭스』(럭스미디어, 2011)는 수치에 관한 아주 유용한 정의를 제공한다. '수치는 트렌드, 힘, 특징

을 수치화한 측정 시스템이다. 사실상 모든 학문에서 학자들은 현상을 설명하거나 원인을 진단하거나 결과를 내놓거나 미래에 일어날 결과를 예상할 때 수치를 사용한다. 과학계, 경영계 그리고 정부기관에서 수치는 정밀함과 객관성을 추구해야 한다. 지역과 시대를 모두 걸쳐, 수치가 관찰 결과를 비교할 수 있게 해 주기 때문이다. 수치는 이해와 협력을 가능하게 한다.'

27 19세기 수학 물리학자이자 기술자였던 켈빈 남작은 이 관점의 핵심을 언급했다. '당신이 말하는 대상을 측정할 수 있고 숫자로 표현할 수 있으면 그 대상을 아는 것이다. 하지만 그 대상을 측정할 수 없고 숫자로 표현할 수 없으면 당신의 지식은 변변찮고 충분하지 못한 수준이다'.

28 심지어 교회 역시 경영학 이론과 특히 관리 통제주의에서 벗어나지 못했다. 린든 셰익스피어의 연구에 이에 관련된 연구와 접근법에 대한 비평이 나와 있다. *Being the Body of Christ in the Age of Management* (Eugene, OR: Cascade Books, 2016).

29 이 제도가 발달한 간략한 역사는 스테판 콜리니의 *What Are Universities For?* (London: Penguin, 2012)를 참고하라.

30 자세한 내용은 로저 버로스(2012)를 참고하라.

31 이 논쟁에 관심이 있다면 HEFCE's report, (2015. 7 .9), 'The Metric Tide'를 참고하라. 과학 분야가 아닌 과목까지 수치의 잣대를 연장하는 현상에 우려를 강조하면서도, 여전히 '분별 있는 수치'를 개발하여 연구를 평가해야 한다는 결론에 이른다는 점을 주목하라.

32 이언 해킹, 『우연을 길들이다』(바다출판사, 2012).

33 이언 해킹의 같은 책.

34 이언 해킹의 같은 책.

35 이런 질문을 하면 향수에 빠진다는 주장에 캐서린 오플린의 『사라진 것들』(문학동네, 2014)은 어느 정도 반대하는 이야기를 그려낸다. 그녀는 개인이 겪는 상실의 고통과 사회적 해석을 함께 녹여내며, 1980년대 시내 중심가의 가게들이 시내 밖의 쇼핑몰로 옮겨가며 이웃의 개념에 영향을 끼쳤다고 본

다. 이런 변화는 공동체의 상실을 수반한다.

36 블로거인 수전 크로지에는 실패를 적극적으로 받아들이고 연마해야할 사건으로 바라보는 그녀의 글에서 이런 질문을 아주 강력하게 던진다. 'Towards a Manifesto: On the Love of Failure', in Beverley Clack and Michele Paule, *Interrogating the Neoliberal Lifecycle: The Limits of Success* (Cham, Switzerland: Palgrave Macmillan, 2019), pp. 169-88.

37 베티나 슈탕네트의 *Eichmann before Jerusalem: The Unexamined Life of a Mass Murderer*(New York: Vintage, 2015)를 참고하라.

38 한나 아렌트의 『예루살렘의 아이히만』(한길사, 2006)를 참고하라.

39 나치 친위대의 훈련에 관해 더 관심이 있다면 다음을 참고하라. Alex Grobman, Daniel Landes and Sybil Milton, eds, *Genocide: Critical Issues of the Holocaust*(Dallas: Rossel Books, 1983).

40 5장에서 내가 제시하는 대안적 인간상을 살펴보며 쇼펜하우어의 윤리사상을 고려할 것이다. 앞으로 보겠지만, 개인 안에 윤리적인 가치가 자리 잡고 있다.

41 한나 아렌트의 『인간의 조건』(한길사, 2002)을 참고하라.

42 인간과 동물을 나누는 중요한 특징으로 약속의 능력을 꼽은 니체의 주장을 빌어 한나 아렌트도 '약속'이라는 개념을 형성했다는 점을 주목하라.

43 한나 아렌트의 같은 책을 참고하라.

44 메리언 파팅턴(2012).

45 메리언 파팅턴의 같은 책.

46 조지 매더슨, *Hymns and Psalms*, Number 685 (London: Methodist, 1983).

47 제임스 스콧의 같은 책을 참고하라.

48 제임스 스콧의 같은 책을 참고하라.

5장 | 단절된 꿈에서 깨어나다

1 신자유주의 모델의 경쟁이 가진 한계에 관한 논의는 윌리엄 데이비스(2014)를 참고하라.

2 그레이스 잔첸의 페미니스트 종교 철학은 이번 장의 주된 주제를 형성하는 문제의식을 제공한다. 신뢰할 만한 공동체를 어떻게 가꾸는가? 좋은 삶을 살게 해 주는 제도를 어떻게 지키는가?

3 호모 렐리기오수스라는 용어는 종교역사와 철학에서 다양한 각도로 거듭 등장한다. 벨라(1964), 해밀턴(1965), 밀러(1966)를 참고하라. 호모 렐리기오수스는 신성을 향한 인간의 욕망을 의미하거나(엘리아데), 좋은 삶을 살기 위해 자기 존재의 가장 깊은 내면과 자신을 맞추려는 필요성을 강조함으로써(틸리히) 긍정적으로 쓰일 때도 있는 반면 미신적이거나 잘못된 생각을 나타내며 부정적으로 쓰이는 경우도 있다. 따라서 카를 바르트는 그리스도교의 하나님의 진리를 깨닫기 위해서 신을 자연에서 찾을 수 있다는 주장에 반대해야 한다고 말한다(바르트 1934). 바르트의 비판은 그가 대항해 싸우던 나치 정권이 쉽게 종교의 형태를 도입하는 것을 막기 위한 이유도 어느 정도 있었다. 마찬가지로 히틀러에 맞선 독일의 영웅 디트리히 본회퍼도 『옥중서신 – 저항과 복종』에서 그리스도의 믿음을 종교적 사고방식에 토대를 두는 데 반대했다. 대신 인간의 성숙함을 수용하고 대중적 세계를 받아들이는 그리스도교의 '비종교적' 형태를 지지했다.

4 2018년 10월에 브라질의 대통령으로 당선된 극우 정치인 자이르 보우소나루와 복음주의 기독교 단체 사이에도 비슷한 동맹의 모습이 보인다.

5 니체가 집필한 『우상의 황혼』의 부제는 '어떻게 망치로 철학하는가'다.

6 여기에서 나는 폴 틸리히의 설교 모음집 『흔들리는 터전』의 제목을 참고했다. 틸리히는 우리 삶과 깊이 연결되려면 이런 고의적인 흔들림이 필요하다고 생각했다.

7 파괴적인 인간중심적 관점에 관해서는 굿차일드(2002)와 플럼우드(1993)를

참고하라.

8 인간을 호모 렐리기오수스로 정의하면서 나는 지난 책에서 종교적인 사람에 관한 이론을 발전시켰다(see Clack 2008 (with Brian R. Clack), 2012, 2013).

9 아우구스티누스의『고백록』(CH북스, 2016), 제1권을 참고하라.

10 Brian R. Clack and Tyler Hower's edited collection, *Philosophy and the Human Condition*(Oxford: OUP, 2018)의 서문을 참고하라. 인간의 철학적 이야기를 성찰하는 중요성을 분명히 제시했다.

11 지그문트 프로이트를 참고하라.

12 자기의 소원이 어머니를 통제한다고 믿는 아이들의 행동과 연관되어 있다.

13 이것에 관한 흥미로운 견해와 프로이트의 다른 미신적 행동이 궁금하면 마이클 팔머(1997)를 참고하라.

14 프로이트가 운명이라는 용어를 사용하는 다양한 사례를 더 알고 싶으면 클라크(2013, 5장)를 참고하라.

15 아리스토텔레스의『정치학』(도서출판 숲, 2009), 제1권을 참고하라.

16 상세한 설명은 지그문트 프로이트(1923)에 이론에 나와 있다.

17 아이의 심리를 설명하는 논란이 많은 주장이다. 아이가 자신과 성별이 반대인 부모를 차지하려고 하는 동시에, 같은 성별인 부모에게서는 벗어나려고 한다는 이론에서 형성되었다. 프로이트의『정신분석 강의』(열린책들, 2020)를 참고하라.

18 아이의 심리 발달을 둘러싼 관계에 관한 논의는 멜라니 클라인(1945)과 로널드 브리튼(1989)을 참고하라.

19 라캉의 언어에 관한 연구를 잘 설명한 책을 보고 싶다면 조엘 도르의『라깡 세미나·에크리 독해 1』(아난케, 2009)을 참고하라.

20 크리스테바가 '여성 천재' 시리즈로 멜라니 클라인에 관하여 연구하고 썼다는 점이 주목할 만하다.『정신병, 모친살해, 그리고 창조성: 멜라니 클라인』(아난케, 2006)

21 아주 복잡한 텍스트인 'Stabat Mater'를 바라보는 여러 해석이 궁금하면 다

실패에 대하여

음을 참고하라. Morny Joy, Kathleen O'Grady and Judith Poxon in their *French Feminists on Religion: A Reader* (London: Routledge), pp. 112 – 14.

22 이 문구가 바닥에 새겨져 있는데, 모든 독일인이 희생자인 듯한 의미를 내포하는 것처럼 보여서 국민들의 시위를 불러일으켰다. 자칫 독일 나치가 저지른 학살과 제2차 세계대전의 만행을 슬쩍 덮을 수도 있다는 우려 때문이었다.

23 이에 관한 논의와 자세한 사항 그리고 콜비츠의 이야기는 다음 웹사이트에 있다. https://theculturetrip.com/europe/germany/articles/k-the-kollwitz-andberlin-s-neue-wache/

24 앙드레 그린의 연구인 '죽은 어머니dead mother'는 이 단절이 불러올 수 있는 문제를 탐구한다. 그는 아이가 경험하는 우울한 어머니는 심리적으로 죽은 어머니나 다름없으며, 아이가 후에 타인과 세상을 경험할 때도 영향을 미칠 수 있다고 언급한다. 다음을 참고하라. Gregorio Kohon, ed., *The Dead Mother*(London: Karnac, 1999); Andre Green, 'The Dead Mother, Life Narcissism, Death Narcissism*(London: Free Association Books, 2001), pp. 170 – 200.

25 프랑스 정신분석학자인 앙드레 그린은 '정신의 결합, 분리의 총체'(2011)를 생각할 때, 이 작업의 계속되는 본질을 보여준다고 한다.

26 상실에 대한 주디스 버틀러의 접근 방식은 다음을 참고하라. 파멜라 수 앤더슨의 *Life, Death and (Inter)Subjectivity*, International Journal of Philosophy of Religion, December 2005.

27 한나 아렌트가 인간을 번영하게 하는 정치적 영역을 설명할 때, 그녀는 이런 대화가 우정의 중심에 놓여야 한다고 말한다(존 닉슨, 2015).

28 한나 아렌트는 정치 영역에서 다원성plurality을 아주 중요한 개념으로 주장하면서, 정당이 문제를 일으키는 것은 바로 개인을 집단의 의지에 포함하려는 시도 때문이라고 보았다.

29 Maev Kennedy, 'Grayson Perry to unveil Brexit vases in Channel 4 show Divided Britain', The Guardian(2017. 5. 30), https://www.theguardian.com/artanddesign/2017/may/30/grayson-perry-to-unveilbrexit-vases-channel-

4-show-divided-britain. (2019. 7. 18).

30 정치에 관한 아렌트의 견해는 존 닉슨의 같은 책을 참고하라.

31 찰스 테일러(1995)를 참고하라. 그는 다름을 인정하면서도 연합된 행동 의식을 갖는 정치적 참여가 가능한 대화에 관하여 다룬다. '대화는 다른 개인의 행동을 조율하는 것이 아니라, 강력하고 축소할 수 없는 공동의 행동, 우리의 행동을 말한다.'

32 아렌트는 시민 연대, 민주적인 참여, 지역 조직, 공동체가 중심이 되는 교육을 강조하며 공동체를 가능하게 하는 정치적 구조를 생각했다 (닉슨 2015).

33 질리언 에반스(2006)를 참고하라.

34 앨리스 워커의 *In Search of Our Mothers' Gardens*, 1983에서 흑인 페미니즘의 용어가 등장했다.

35 앨리스 워커의 『컬러 퍼플』(문학동네, 2020)을 참고하라. 셀리는 단순히 백인들의 억압을 받는 정도를 넘어서 흑인 공동체에서도 억압을 받는다.

36 일, 가족, 공동체에 관한 다차원적인 설명은 패트리샤 힐 콜린스의 『흑인 페미니즘 사상』(여성문화이론연구소, 2009)에 나와 있다.

37 이 주제의 발달에 관해 린지 맥고이가 '자선 활동의 새로운 황금시대'를 비평한 최근 저서를 참고하라(맥고이, 2015).

38 자신의 부를 많이 기부하는 만큼 빌 게이츠는 부유세에 반대하는 목소리를 크게 내고 있다. 토마 피케티와 나눈 대화에서 게이츠는 '당신 책에 나와 있는 모든 말에 동의하지만 세금은 더 내고 싶지 않습니다.'(맥고이, 2015)라고 말했다. 우리는 사업의 원인도 정확하게 모르고, 국가개입을 꺼려하는 자선 사업이 어떻게 더 나은 세상을 만들지 의문을 가질 법하다.

39 아렌트도 이와 비슷하게 비판한다. '불행이 없다면 연민은 존재하지 못한다. 따라서 권력을 향한 목마름이 약자의 존재에 관심을 부여한 만큼이나, 연민은 불행의 존재에 관심을 부여한 것과 마찬가지다 ⋯ 미덕의 원천이라 생각되는 연민은 잔인함 그 자체보다도 오히려 더 잔인함의 가능성을 가진 것이 입증되었다'(닉슨 2015).

40 『도덕의 기초에 관하여』에서 쇼펜하우어는 이 주장을 동물에도 확장하여, 고통을 느끼는 모든 생명에게 동정심을 가지고 대해야 한다고 말한다. 데이 비드 카트라이트는 니체의 비판을 일축하고 니체의 연민과 쇼펜하우어의 동정심이 다르다고 주장한다. 그는 니체가 언급한 연민과 경멸의 관계를 주 목하며, 니체의 연민에는 주체와 타자의 동등함이 없다고 말한다.

41 솔로몬은 니체의 주장을 받아들여 쇼펜하우어의 동정심은 주체와 타자의 동등함을 제대로 나타내지 못한다고 주장하며, 근본적인 덕으로 그가 정의 하는 측은mitgefühl의 개념을 소개한다.

42 '동정' 또는 '공감'으로 정의된다.

43 『도덕의 기초에 관하여』에서 그는 '자아ego와 비아non-ego의 경계가 그 순간 없어진다.'라고 언급한다.

44 이것보다 더 잘 알려진 도덕적 의무에 관심이 있다면 다음을 참고하라. 에마 뉘엘 레비나스, *Of God Who Comes to Mind* (Stanford University Press, 1998), pp. 137 – 51. Also Jantzen.

45 종교에서 다양성과 통합을 모두 인정하려면 존 힉의 *An Interpretation of Religion*(London: Macmillan, 1989)을 참고하라.

46 폴 틸리히의 『믿음의 역동성』(그루터기하우스, 2005)을 참고하라.

47 폴 틸리히는 『조직신학 1』에서 다음과 같이 언급한다. '무한한 것은 존재 자 체이며 … 모든 것은 존재 자체에 참여한다.'

48 『향연』에서 플라톤의 에로스 개념도 이것과 비슷하다. 플라톤의 에로스는 개인이 선을 향하도록 원동력을 주는 역할을 한다.

49 틸리히는 『존재의 용기』에서 '일신교적 신의 위에 존재하는 신'을 옹호하면 서, 일신론의 위험을 경고하는 통찰력을 보여준다. 종교 철학자들이여, 부디 받아 적길!

6장 | 우리 삶에 실패와 상실을 위한 공간이 생긴다면

1 구조화된 악에 관한 자세한 논의는 클로디아 카드의 *Confronting Evils: Terrorism, Torture, Genocide*(Cambridge, Cambridge University Press , 2010)를 참고하라.

2 메리언 파팅턴(2012) 참고.

3 종교 철학에 이 주제에 관한 풍부한 자료가 있다. 존 힉의 『신과 인간 그리고 악의 종교 철학적 이해』(열린책들 2007)에서 괴로움이 개인을 단련하기도, 파괴하기도 하는 것에 대한 논의가 나와 있다.

4 지그문트 프로이트(1937)를 참고하라.

5 아서 프랭크의 『몸의 증언』에 있는 래리 도시의 추천사를 보기 바란다. '우리는 모두 상처를 입었다. 그러나 우리의 이야기를 하면서 치유가 일어난다.'

6 시편 139장 8절.

7 폴 틸리히의 『흔들리는 터전』(뉴라이프, 2008)을 참고하라.

8 율라리아 클라크 'Storm over the Lake'(1963), Methodist Modern Art Collection, http://www.methodist.org.uk/our-faith/reflecting-on-faith/themethodist-modern-art-coll ection/index-of-works/storm-over-the-lakeeularia-clarke/. (2019. 7. 19).

9 이 인용문은 'Retrospect on an Unimportant Life', Oxford: Oxford University Press, 1950, used as an epigram by Susan Howatch in Glittering Prizes (London: HarperCollins, 1994), p. 337에 실려 있다.

10 『햄릿』, 2막 2장.

11 스토아 학파의 방법으로 삶의 아픔을 치유하는 논의에 관해서는 마사 누스바움의 *The Therapy of Desire*(Princeton, NJ: Princeton University Press, 1994) 9~12장과 베벌리 클라크의 *Sex and Death* (Cambridge: Polity Press, 2002) 5장을 참고하라.

12 앨런 루이스의 *Between Cross and Resurrection: A Theology of Holy Saturday*

(Grand Rapids, MI: Wm. B. Eerdmans, 2001)를 참고하라.

13 멈춤의 개념과 멈춤이 상실을 받아들이는데 미치는 중요성에 관해 나는 캐스린 매키니와 대화에서 많은 것을 얻었다.

14 빅터 프랭클의 『죽음의 수용소에서』(청아출판사, 2005)를 참고하라.

15 이 주장은 사라 메이틀랜드의 『침묵의 책』(마디, 2016)에 실려 있다. 다양한 종류의 침묵에 관심이 있다면 디아메이드 맥클로흐의 『그리스도교의 역사와 침묵』(기독교문서선교회, 2017)을 참고하라.

16 학술지를 샅샅이 보았지만 침묵에 관한 수많은 논문이 침묵을 문제시하는 것으로 보인다. 몇 가지 예시를 실어놓겠다. Enrique Gracia, 'Unreported Cases of Domestic Violence Against Women: Towards an Epidemiology of Social Silence, Tolerance, and Inhibition', Journal of Epidemiology Community Health, vol. 58(2004): 536 – 7; David Schwappach and Katrin Gehring, 'Trade-Offs between Voice and Silence: A Qualitative Exploration of Oncology Staff's Decisions to Speak Up about Safety Concerns', BMC Health Services Research, vol. 14(2014): 303; Louise Westmarland, 'Police Ethics and Integrity: Breaking the Blue Code of Silence', Policing and Society, vol. 15, no. 2(2005): 145 – 65.

17 R. S. 토마스, *Counterpoint* (Newcastle upon Tyne: Bloodaxe Books, 1990), p. 50.

18 은둔자들의 짧고 흥미로운 이야기에 관심이 있다면 로완 윌리엄스의 『사막의 지혜』(비아, 2019)를 읽어보기 바란다.

19 사라 메이틀랜드의 같은 책을 참고하라.

20 2009년 어머니와 아들이 캠핑을 하러 계곡에 들어갔다. GPS를 가지고 갔으나, 그들은 결국 국립공원의 외딴 지역에서 길을 잃었다. 닷새 동안 발견되지 못했는데 결국 아들은 죽고 어머니는 생존했다.

21 'Neighbours', 1936. https://artuk.org/discover/artworks/neighbours-27349. (2019. 7. 19).

22 Christ in the Wilderness'(1939-54): 'Consider the Lilies'. http://www.wikiart.

org/en/stanley-spencer/christ-in-the-wilderness-consider-thelilis. (2019. 7. 19).

23 'Christ Carrying the Cross'(1920). https://www.tate.org.uk/art/artworks/spencer-c hrist-carrying-the-cross-n04117. Accessed 19 July 2019.

24 'The Crucifi xion'(1958). https://www.wikiart.org/en/stanley-spencer/the-crucifi xion-1958(2019. 7. 19).

25 아우구스티누스의 이야기를 상기하게 해 준 동료 Nick Swarbrick에게 감사의 말을 전한다.

26 슬픔에 다가가는 이 방법에 관해서는 2018년 6월 11월 BBC Radio 4's Woman's Hour를 들어보길 바란다.

27 윌 셀프, 'Take to the Streets for a Walking Adventure', The Guardian, 1 February 2015.

28 로리 리, *When I Stepped Out One Midsummer Morning* (Harmondsworth: Penguin, 1969).

29 니체는 『우상의 황혼』에서 '걸으면서 떠오른 생각만이 가치 있다.'라고 말했다.

30 빅터 프랭클의 『죽음의 수용소에서』(청아출판사, 2005)를 참고하라.

31 빅터 프랭클의 같은 책을 참고하라.

참고문헌

Abbey, Edward([1984] 2005), The Best of Edward Abbey, San Francisco, CA
 Sierra Club Books.

Adkins, Lisa(2002), Revisions: Gender and Sexuality in Late Modernity,
 Buckingham : Open University Press.

Alighieri, Dante(1918), The Divine Comedy, translated by Courtney
 Langdon, Cambridge : Harvard University Press.

Allen, Ansgar(2015), 'The Cynical Educator', Other Education: The Journal
 of Educational Alternatives, vol. 4, no. 1, pp.4-15.

Anderson, Pamela Sue(2006), 'Life, Death and (Inter)Subjectivity: Realism and
 Recognition in Continental Feminism ', International Journal of
 Philosophy of Religion, vol. 60, pp.41-59.

Anderson, Pamela Sue(2009), ' "A Thoughtful Love of Life": A Spiritual Turn
 in Philosophy of Religion", Svensk Teologisk Kvartalskrift, vol. 85,
 pp.119-29.

Anderson, Pamela Sue(2017), 'Silencing and Speaker Vulnerability: Undoing
 an Oppressive Form of (Wilful) Ignorance', unpublished paper given at
 'Vulnerability and the Politics of Care' Conference, British Academy,
 9-10 February 2017.

Arendt, Hannah([1948] 1968), The Origins of Totalitarianism, New York :
 Harcourt.

Arendt, Hannah([1958] 1998), The Human Condition, Chicago, IL: University of Chicago Press.

Arendt, Hannah([1963] 1977), Eichmann in Jerusalem: A Report on the Banality of Evil, Harmondsworth: Penguin.

Ari è s, Philippe(1976), Western Attitudes toward Death from the Middle Ages to the Present, London : Marion Boyars.

Armstrong, Karen(2004), The Spiral Staircase: My Climb Out of Darkness, New York : Anchor .

Axford, Barrie(2013), Theories of Globalisation, Cambridge : Polity Press .

Baker, Jeff(July 2010). 'Q&A: Bret Easton Ellis Talks about Writing Novels, Making Movies', California Chronicle.

Banyard, Kat(2010), The Equality Illusion, London: Faber & Faber .

Barth, Karl(1934), 'No ! Answer to Emil Brunner', in Natural Theology, edited by Emil Brunner and Karl Barth and translated by Peter Fraenkel, Oregon : Wipf and Stock, 2002.

Bauman, Zygmunt(1992), Mortality, Immortality, and Other Life Strategies, Cambridge : Polity Press.

Bauman, Zygmunt(1996), 'From Pilgrim to Tourist: Or a Short History of Identity', in Questions of Cultural Identity, edited by Stuart Hall and Paul du Gay, London : Sage, pp.18–36.

Bauman, Zygmunt(2000), Liquid Modernity, Cambridge : Polity Press.

Beauvoir, Simone de([1949] 1972), The Second Sex, London : Penguin.

Beauvoir, Simone de([1970] 1996), The Coming of Age, New York : W. W. Norton.

Beecham, David(1996), Bureaucracy, 2nd edition, Buckingham : Open University.

Bellah, Robert(1964), 'Religious Evolution' in American Sociological Review, vol. 29, no. 3, pp.358-74.

Bonhoeffer, Dietrich([1953] 1971), Letters and Papers from Prison, London : SCM.

Bourdieu, P. et al.(1999), The Weight of the World: Social Suffering in Contemporary Society, Cambridge : Polity Press.

Britton, Ronald(1989), 'The Missing Link: Parental Sexuality in the Oedipus Complex', in The Oedipus Complex Today, edited by John Steiner, London : Karnac, pp.83-101.

Brown, Peter(1988), The Body and Society: Men, Women and Sexual Renunciation in Early Christianity, New York : Columbia .

Brown, Wendy(2015), Undoing the Demos: Neoliberalism's Stealth Revolution, New York : Zone Books.

Bulman, May(2016), 'Andrea Leadsom on Theresa May and Motherhood', 9 July, https://www.independent.co.uk/news/uk/politics/andrea-leadsominterview-theresa-may-mother-tory-leadership-campaign-a 7128331.html. Accessed 1 March 2019.

Burns, Anna(2018), Milkman, London : Faber & Faber.

Burrows, Roger(2012), 'Living with the H-Index? Metric Assemblages in the Contemporary Academy', Sociological Review, vol. 60, no. 2, pp.355-72.

Butler, Judith(1990), Gender Trouble, London : Routledge.

Butler, Judith(1993), Bodies That Matter, London : Routledge.

Butler, Judith(2004a), Undoing Gender, London : Routledge.

Butler, Judith(2004b), Precarious Life: The Powers of Mourning and Violence, London : Verso.

Card, Claudia(2010), Confronting Evils: Terrorism, Torture, Genocide, Cambridge, Cambridge University Press.

Carter Heyward, Isabel(1982), The Redemption of God: A Theology of

Mutual Relation, New York : University Press of America.

Carter Heyward, Isabel(1995), When Boundaries Betray Us, San Francisco, CA : HarperSanFrancisco.

Cartwright, David(1988), 'Schopenhauer's Compassion and Nietzsche's Pity', Schopenhauer Jahrbuch, vol. 69, pp.557–67.

Cederström, Carl, and André Spicer(2015), The Wellness Syndrome, Cambridge : Polity Press .

Clack, Beverley(1999), Misogyny in the Western Philosophical Tradition: A Reader, Basingstoke : Macmillan Press .

Clack, Beverley(2002), Sex and Death: A Reappraisal of Human Mortality, Cambridge : Polity Press.

Clack, Beverley(2012), 'Being Human: Religion and Superstition in a Psychoanalytic Philosophy of Religion', Royal Institute of Philosophy Supplement, edited by Constantine Sandis and M. J. Cain, Volume 70, Cambridge : Cambridge University Press, pp.255–79.

Clack, Beverley(2013), Freud on the Couch: A Critical Introduction to the Father of Psychoanalysis, London : One World Publishers.

Clack, Beverley, and Brian R. Clack([1998] 2008), The Philosophy of Religion: A Critical Introduction, 2nd edition, Cambridge : Polity Press.

Clack, Beverley, and Michele Paule, eds(2019), Interrogating the Neoliberal Lifecycle: The Limits of Success, Cham, Switzerland : Palgrave Macmillan.

Clack, Brian R.(2014), Love, Drugs, Art, Religion: The Pains and Consolations of Existence, Farnham : Ashgate.

Clack Brian R., and Tyler Hower, eds(2018), Philosophy and the Human Condition, Oxford : OUP.

Collini, Stefan(2012), What Are Universities For?, London : Penguin.

Collins, M. L., and C. Pierce(1980), 'Holes and Slime: Sexism in Sartre's

Psychoanalysis', in Women and Philosophy, edited by C. C. Gould and M. W. Wartofsky, New York : Pedigree, pp.112–27.

Collins, Patricia Hil(1991), Black Feminist Thought, London : Routledge.

Cooper, David(1990), Existentialism: A Reconstruction, Oxford : Blackwell.

Crawford, Matthew(2010) Shop Class as Soulcraft: An Inquiry into the Value of Work, Harmondsworth : Penguin.

Crozier, Susan(2019), 'Towards a Manifesto: On the Love of Failure', in Beverley Clack and Michele Paule, Interrogating the Neoliberal Lifecycle : The Limits of Success (Cham, Switzerland: Palgrave Macmillan, 2019), pp.169–88.

Davies, William(2014), The Limits of Neoliberalism: Authority, Sovereignty and the Logic of Competition, London : Sage.

Davies, William(2015), 'The Chronic Social: Relations of Control Within and without Neoliberalism', New Formations, vol. 18, no. 84/85, pp.40–57.

Day, Keri(2016), Religious Resistance to Neoliberalism: Womanist and Black Feminist Perspectives, London : Palgrave Macmillan.

Dekkers, Midas(2000), The Way of All Flesh, London : Harvill Press.

Deleuze, Gilles(1992), 'Postscript on the Societies of Control', October, vol. 59, pp.3–7 .

Didion, Joan(2006), The Year of Magical Thinking, London : Harper Perennial.

Didion, Joan(2011), Blue Nights, London : Fourth Estate.

Dor, Joel(2004), Introduction to the Reading of Lacan, New York : Other Press.

Ecclestone, Kathryn, and Dennis Hayes(2008), The Dangerous Rise of Therapeutic Education, London : Routledge.

Eco, Umberto(2007), On Ugliness, London : Harvill Secker.

Eliade, Mircea(1959), The Sacred and the Profane: The Nature of Religion, New York : Harcourt Brace .

Ellis, Bret Easton(1991), American Psycho, London : Picador .

Euripides(1963), Medea and Other Plays, translated by Philip Vellacott, Harmondsworth : Penguin.

Evans, Gillian(2006), Educational Failure and Working Class White Children in Britain, London : Palgrave.

Faludi, Susan(1999), Stiffed: The Betrayal of the Modern Man, London : Chatto & Windus.

Farris, Paul, Neil Bendle, Philip Pfeifer and Daniel Reibstein(2009), Key Marketing Metrics, Edinburgh : Pearson Education.

Foucault, Michel(2008), The Birth of Biopolitics, London : Palgrave Macmillan.

Frank, Arthur([1991] 2002), At the Will of the Body: Reflections on Illness, Boston, MA : Houghton Mifflin Harcourt Frank, Arthur(1995), The Wounded Storyteller, Chicago, IL : University of Chicago Press.

Frank, Arthur(2004), The Renewal of Generosity: Illness, Medicine and How to Live, Chicago, IL : University of Chicago Press.

Frankl, Viktor(2004), Man's Search for Meaning, London : Rider.

Freud, Anna([1937] 1993), The Ego and the Mechanisms of Defence, London : Karnac.

Freud, Anna(1967), 'About Losing and Being Lost', The Psychoanalytic Study of the Child, vol. 22, pp.9-19.

Freud, Sigmund(1901 [1907]), The Psychopathology of Everyday Life, Standard Edition of the Complete Works of Sigmund Freud (hereafter SE), Volume 6, translated and edited by J. Strachey, London : Hogarth Press/ Virago.

Freud, Sigmund(1907), 'Obsessional Practices and Religious Rituals', SE 9, pp.115-27.

Freud, Sigmund(1916-17), Introductory Lectures on Psychoanalysis, SE 15 and 16.

Freud, Sigmund(1919), 'The Uncanny', SE17, pp.217-56.

Freud, Sigmund(1920a), 'Beyond the Pleasure Principle', SE18, pp.1-64.

Freud, Sigmund(1920b), 'The Psychogenesis of a Case of Homosexuality in a Woman', SE18, pp.145-72.

Freud, Sigmund(1923), 'The Ego and the Id', SE 19, pp.3-66.

Freud, Sigmund(1925), 'Some Psychical Consequences of the Anatomical Distinction between the Sexes', SE 19, pp.243-58.

Freud, Sigmund(1927), The Future of an Illusion, SE 21, pp.1-56.

Freud, Sigmund(1930) Civilisation and Its Discontents, SE 21, pp. 57-145.

Freud, Sigmund(1931), 'Female Sexuality', SE 21, pp.223-43.

Freud, Sigmund(1937), 'Analysis Terminable and Interminable', SE 23, pp. 209-53.

Gane, Nicholas(2012), 'The Governmentalities of Neoliberalism : Panopticism, Post-Panopticism and Beyond', Sociological Review, vol. 60, pp.611-34.

Gawande, Atul(2014), Being Mortal: Illness, Medicine, and What Matters in the End, London : Profile Books.

Giddens, Anthony(1991), Modernity and Self-Identity: Self and Society in the Late Modern Age, Cambridge : Polity Press.

Gillard, Julia(2014), My Story, London : Bantam Press.

Gilligan, Carol(1982), In a Different Voice, Cambridge, MA : Harvard University Press.

Goodchild, Philip(2002), Capitalism and Religion: The Price of Piety, London

: Routledge.

Gould, Philip(2012), When I Die: Lessons from the Death Zone, London : Little, Brown.

Gracia, Enrique(2004), 'Unreported Cases of Domestic Violence against Women: Towards an Epidemiology of Social Silence, Tolerance, and Inhibition', Journal of Epidemiology and Community Health, vol. 58, pp.536-7.

Gray, John(2011), The Immortalisation Commission: Science and the Strange Quest to Cheat Death, New York : Farrar, Straus and Giroux.

Green, Andre(2001), 'The Dead Mother', in Life Narcissism, Death Narcissism, London : Free Association Books, pp.170-200.

Green, Andre(2011), Illusions and Disillusions of Psychoanalytic Work, London : Karnac.

Greer, Germaine(1991), The Change: Women, Aging and the Menopause, New York : Ballentine Books.

Greer, Germaine(1999), The Whole Woman, London : Doubleday.

Gross, Kate(2015), Late Fragments: Everything I Want to Tell You (About This Magnificent Life), London : William Collins.

Grosz, Stephen(2013), The Examined Life: How We Lose and Find Ourselves, London : Chatto & Windus.

Hacking, Ian(1990), The Taming of Chance, Cambridge, MA : Cambridge University Press.

Hall, Donald(1998), Without, Boston : Houghton Mifflin.

Hamilton, Kenneth(1965), 'Homo Religiosus and Historical Faith', Journal of American Academy of Religion, vol. 33, no. 3, pp.213-22.

Hardy, Thomas([1891] 1981), Tess of the D'Urbervilles, London : Pan.

Harvey, David(2005), A Brief History of Neoliberalism, Oxford : OUP.

Hatab, Lawrence(2005), Nietzsche's Life Sentence, London : Routledge.

Hayek, Friedrich(1944), The Road to Serfdom, London : Routledge.

Heidegger, Martin([1947] 1983), 'Letter on Humanism', in Basic Writings, London : Routledge, pp. 213-265.

Heidegger, Martin(1962), Being and Time, Oxford : Blackwell.

Hekman, Susan(2014), The Feminine Subject, Cambridge : Polity Press.

Hick, John([1966] 2010), Evil and the God of Love, London : Palgrave Macmillan.

Hick, John(1985), Death and Eternal Life, London : Macmillan.

Hick, John(1989), An Interpretation of Religion, London : Macmillan.

Hinton, Perry(2000), Stereotypes, Cognition and Culture, London : Routledge.

Howatch, Susan(1994), Glittering Prizes, London : HarperCollins.

Irigaray, Luce(1985), Speculum of the Other Woman, translated by Gillian Gill, Ithaca, NY : Cornell University Press.

Isherwood Lisa(2007), The Fat Jesus: Christianity and Body Image, New York : Seabury Books.

Jantzen, Grace(1998), Becoming Divine: Towards a Feminist Philosophy of Religion, Manchester : Manchester University Press.

Jones, Richard G. and Ivor H. Jones, eds(1983), Hymns and Psalms, London:Methodist Publishing House.

Kant, Immanuel([1764] 1960), Observations on the Feeling of the Beautiful and Sublime, Los Angeles : University of California Press.

Kaufman, Sharon(2005), …And a Time to Die: How American Hospitals Shape the End of Life, Chicago, IL : University of Chicago Press.

Kennedy, Maev(2017), 'Grayson Perry to unveil Brexit vases in Channel 4 show Divided Britain', The Guardian, Tuesday 30 May, https://www.

theguardian.com/artanddesign/2017/may/30/grayson-perry-to-unveilbrexit-vases-channel-4-show-divided-britain. Accessed 18 July 2019.

Kenyon, Jane(1996), Otherwise, Saint Paul, MN : Graywolf Press.

Kingsolver, Barbara(2001), 'Making Peace', in Traveller's Tales, American South West, edited by Sean O'Reilly and James O'Reilly, San Francisco, CA : Travellers Tale Guides, pp.12–21.

Klein, Melanie(1945), 'The Oedipus Complex in the Light of Early Anxieties', in The Writings of Melanie Klein, Volume 1, London : Vintage, 1988, pp.370–419.

Klein, Melanie([1946] 1997), 'Notes on Some Schizoid Mechanisms', in Envy and Gratitude and Other Works 1946–1963, London : Vintage, pp.1–24.

Kohon, Gregorio, ed.(1999), The Dead Mother, London : Karnac.

Kostova, Elizabeth(2006), The Historian, London : Time Warner.

Kristeva, Julia([1977] 2002), 'Stabat Mater', in French Feminists on Religion: A Reader, edited by Morny Joy, Kathleen O'Grady and Judith Poxon, London : Routledge, pp.113–38 .

Kristeva, Julia(1982), Powers of Horror: An Essay on Abjection, New York : Columbia University Press.

Kristeva, Julia(1989), Black Sun: Depression and Melancholia, New York : Columbia University Press.

Kristeva, Julia(2001), Melanie Klein, New York : Columbia University Press.

Laing, Olivia(2016), The Lonely City: Adventures in the Art of Being Alone, New York : Picador.

Lane, Belden(1998), The Solace of Fierce Landscapes: Exploring Desert and Mountain Spirituality, Oxford : OUP .

Lane, Belden(2015), Backpacking with the Saints: Wilderness Hiking as

Spiritual Practice, Oxford : OUP.

Lee, Laurie(1969), As I Walked Out One Midsummer Morning, London : Andre Deutsch.

Le Doeuff, Mich è le([1980] 1989), The Philosophical Imaginary, London : Athlone Press.

Le Doeuff, Mich è le([1989] 2007), Hipparchia's Choice: An Essay Concerning Women, Philosophy, Etc., New York : Columbia University Press.

Lemke, Thomas(2001), ' "The Birth of Bio-Politics": Michel Foucault's lecture at the Coll è ge de France on neo-liberal governmentality', Economy and Society, vol. 30, no. 2, pp.190−207.

Levinas, Emmanuel(1996), Basic Philosophical Writings, edited by Adriaan Peperzak, Simon Critchley and Robert Bernasconi, Bloomington : Indiana University Press.

Lewis, Alan(2001), Between Cross and Resurrection: A Theology of Holy Saturday, Grand Rapids, MI : Wm. B . Eerdmans.

Lloyd, Genevieve(1984), The Man of Reason: 'Male' and 'Female' in Western Philosophy, London : Methuen.

Lock, G., and H. Martins(2011), ' Quantified Control and the Mass Production of 'Psychotic Citizens', EspacesTemps.net . http://espacestemps.net/document8555.html.

Lorde, Audre([1980] 1997), Cancer Journals, San Francisco, CA : Aunt Lute Books.

MacCulloch, Diarmaid(2013), Silence: A Christian History, London : Penguin.

Maitland, Sara(2010), A Book of Silence, London : Granta, Kindle Edition.

Mannion, Gerard(2003), Schopenhauer, Religion and Morality, Farnham : Ashgate.

Marx, Karl([1844] 1981), Economic and Philosophic Manuscripts of 1844, Moscow : Lawrence and Wishart.

McGoey, Linsey(2015), No Such Thing as a Free Gift: The Gates Foundation and the Price of Philanthropy, London : Verso.

McLuhan, Marshall(2005), The Relation of Environment to Anti-Environment, Berkeley, CA : Gingko Press.

Merton, Thomas(1968) Conjectures of a Guilty Bystander, New York : Image Books.

Miller, David L.(1966), ' "Homo Religiosus" and the Death of God ', Journal of Bible and Religion, vol. 34, no. 4, pp.305-15.

Minnich, Elizabeth(2017), The Evil of Banality, Lanham, MD : Rowman and Littlefield.

Mirowski, Philip(2014), Never Let a Serious Crisis Go To Waste: How Neoliberalism Survived the Financial Meltdown, London : Verso.

Morris, Heather(2018), The Tattooist of Auschwitz, London : Zaffre.

Nelson, James(1994), ' Embracing Masculinity ', in Sexuality and the Sacred, edited by James Nelson and Sandra P Longfellow, London : Westminster Press, pp.195-215.

Neuberger, Julia, and John A White, eds(1991), A Necessary End: Attitudes to Death, London : Papermac.

Nietzsche, Friedrich([1882] 2001), The Gay Science, Cambridge : Cambridge University Press .

Nietzsche, Friedrich([1888] 1990), Twilight of the Idols / Anti-Christ, Harmondsworth : Penguin.

Nietzsche, Friedrich([1888] 2004), Ecce Homo, London : Penguin.

Nietzsche, Friedrich([1878-80] 1996), Human, All Too Human, Cambridge : CUP.

Nixon, Jon(2015), Hannah Arendt and the Politics of Friendship, London : Bloomsbury.

Nussbaum, Martha(1986), The Fragility of Goodness, Cambridge : Cambridge University Press.

Nussbaum, Martha(1994), The Therapy of Desire, Princeton, NJ : Princeton University Press.

Nussbaum, Martha(2004), Hiding from Humanity: Disgust, Shame and the Law, Princeton, NJ : Princeton University Press.

Oakley, Mark(2001), The Collage of God, London : DLT.

O'Connell, Mark(2017), To Be a Machine: Adventures Among Cyborgs, Utopians, Hackers, and the Futurists Solving the Modest Problem of Death, London : Granta .

Pagels, Elaine(1988), Adam, Eve and the Serpent, Harmondsworth : Penguin.

Palahniuk, Chuck(2003), Lullaby, London : Vintage.

Palmer, Michael(1997), Freud and Jung on Religion, London : Routledge.

Partington, Marian(2012), If You Sit Very Still, Bristol : Vala Publishing Co-operative .

Peck, Jamie(2010), Constructions of Neoliberal Reason, Oxford : OUP.

Plato(1941), The Republic, translated by Francis MacDonald Cornford, Oxford : OUP.

Plato(1994), Symposium, translated by Robin Waterfield, Oxford : OUP.

Plumwood, Val(1993), Feminism and the Mastery of Nature, London : Routledge.

Potter, Dennis(1994), Seeing The Blossom, London : Faber & Faber.

Radnor, Abigail(2012), 'Are We the Lost Generation?', Times Magazine, 11 August, pp.34-39.

Rohr, Richard(2011), Falling Upwards, San Francisco, CA : Jossey-Bass.

Rose, Nikolas(1999), Governing the Soul: The Shaping of the Private Self, London : Free Association.

Rose, Nikolas(2000), 'Government and Control', British Journal of Criminology, vol. 40, pp.321–39.

Rosenbaum, Stephen(1993), 'How to Be Dead and Not Care: A Defence of Epicurus', in The Metaphysics of Death, edited by John Martin Fischer, Stanford : Stanford University Press.

Ryan, Frances(2015), 'Death Has Become a Part of Britain's Benefit System', The Guardian, 27 April.

Sarton, May([1978] 1981), A Reckoning, New York : W. W. Norton.

Sartre, Jean-Paul([1943] 1969), Being and Nothingness, translated by H. E. Barnes, London : Methuen.

Sartre, Jean-Paul(1971), Sketch for a Theory of the Emotions, London : Routledge. Schopenhauer, Arthur ([1839] 1995), The Basis of Morality, Indianapolis : Hackett.

Schopenhauer, Arthur([1851] 1970), Essays and Aphorisms, Harmondsworth : Penguin.

Schopenhauer, Arthur([1862] 1974), Parerga and Paralipomena, Volume 2, Oxford : OUP.

Schupmann, Benjamin(2014), 'Thoughtlessness and Resentment: Determinism and Moral Responsibility in the Case of Adolf Eichmann', Philosophy and Social Criticism, vol. 40, no. 2, pp.127–44.

Schwappach, David, and Katrin Gehring(2014), 'Trade-Offs between Voice and Silence: A Qualitative Exploration of Oncology Staff's Decisions to Speak Up about Safety Concerns', BMC Health Services Research, vol.14, p. 303.

Scott, James(1998), Seeing Like a State, New Haven, CT : Yale University

Press.

Self, Will(2015), 'Take to the Streets for a Walking Adventure', The Guardian, 1 February.

Seneca(1969), Letters from a Stoic, translated by Robin Campbell, Harmondsworth : Penguin.

Sennett, Richard(2006), The Culture of the New Capitalism, New Haven, CT : Yale University Press.

Shakespeare, Lyndon(2016), Being the Body of Christ in the Age of Management, Eugene, OR : Cascade Books.

Solomon, Robert(2003), Living with Nietzsche, Oxford : Oxford University Press.

Spohrer Konstanze(2011), 'Deconstructing "Aspiration": UK Policy Debates and European Policy Trends', European Educational Research Journal, vol. 10, no. 1, pp.53−63 .

Srnicek, Nick, and Alex Williams(2016), Inventing the Future: Postcapitalism and a World without Work, London : Verso.

Standing, Guy(2011), The Precariat: The New Dangerous Class, London : Bloomsbury.

Stangneth, Bettina(2014), Eichmann before Jerusalem: The Unexamined Life of a Mass Murderer, New York : Vintage.

Stoddard, Karen(1983), Saints and Shrews: Women and Ageing in American Popular Film, Westport, CT : Greenwood Press.

Stone, Alison(2017), 'Beauvoir and the Ambiguities of Motherhood', in A Companion to Simone de Beauvoir, edited by Laura Hengehold and Nancy Bauer, Oxford : Wiley Blackwell.

Taylor, Charles(1995), Philosophical Arguments, Cambridge MA : Harvard University Press.

Thaler, Richard, and Cass Sunstein(2008), Nudge: Improving Decisions about Health, Wealth and Happiness, New Haven, CT : Yale University Press.

Thomas, Keith, ed.(1999), Oxford Book of Work, Oxford : OUP.

Thomas, R. S.(1990), Counterpoint, Newcastle upon Tyne : Bloodaxe Books.

Tillich, Hannah(1973), From Time to Time, New York : Stein and Day.

Tillich, Paul([1949] 1962), The Shaking of the Foundations, Harmondsworth : Penguin.

Tillich, Paul(1951), Systematic Theology, Volume 1, Chicago, IL : University of Chicago Press.

Tillich, Paul([1952] 1977), The Courage to Be, Glasgow : Fount.

Tillich, Paul([1957] 2009), Dynamics of Faith, New York : HarperCollins.

Tillich, Paul(1965), Theology of Culture, Oxford : OUP.

T ó ib í n, Colm(2013), The Testament of Mary, London : Penguin.

Tolstoy, Ivan([1880] 1981), The Death of Ivan Ilyich, New York : Bantam Books.

Tyler, Peter(2016), The Pursuit of the Soul: Psychoanalysis, Soul-Making and the Christian Tradition, New York : Bloomsbury.

Tylor, E. B(1891), Primitive Culture, London : John Murray.

Verbitsky, Horacio(2005), Confessions of an Argentine Dirty Warrior, New York : New Press.

Villa, Dana(1996), 'The Banality of Philosophy: Arendt on Heidegger and Eichmann', in Hannah Arendt: Twenty Years Later, edited by L. May and J. Kohn, Cambridge: MA : MIT Press, pp.179−96.

Walker, Barbara(1985), The Crone: Woman of Age, Wisdom, and Power, San Francisco, CA : HarperCollins.

Walker, Robert(2014), The Shame of Poverty, Oxford : OUP.

Walton, Heather(2014), 'Seeking Wisdom in Practical Theology', Practical

Theology, vol. 7, no. 1 pp.5-18.

Weber, Max([1947] 1964), The Theory of Social and Economic Organisation, New York : Simon & Schuster.

Westlake, Martin(2001), Kinnock: The Biography, London : Little, Brown.

Westmarland, Louise(2005), 'Police Ethics and Integrity: Breaking the Blue Code of Silence', Policing and Society, vol. 15, no. 2, pp.145-65.

Wieland, Karin(2015), Dietrich and Riefenstahl: Hollywood, Berlin, and a Century in Two Lives, New York : W. W. Norton.

Williams, Rowan(2003), Silence and Honey Cakes: The Wisdom of the Desert, Oxford : Lion Hudson.

Williams, Tennessee([1947] 1962), A Streetcar Named Desire and Other Plays, London : Penguin.

Winnicott, Donald([1971] 2005), Playing and Reality, London : Routledge.

Wolf, Naomi(1990), The Beauty Myth, London : Vintage.

Young-Bruehl, Elisabeth(1996), 'Hannah Arendt among Feminists', in Hannah Arendt: Twenty Years Later, edited by L. May and J. Kohn, Cambridge: MA : MIT Press, pp.307-24.

Zita, Jacqueline(1993), 'Heresy in the Female Body: The Rhetorics of Menopause', in The Other Within, edited by Marilyn Pearsall, Boulder, CO : Westview Press, 1997, pp.95-112.

Zola, Emile([1880] 1982), Nana, Harmondsworth : Penguin.

실패에 대하여

초판 1쇄 발행 2021년 10월 5일

지은이   베벌리 클락
옮긴이   서미나
펴낸이   조미현

책임편집   박이랑
디자인   한미나

펴낸곳   (주)현암사
등록   1951년 12월 24일 (제10-126호)
주소   04029 서울시 마포구 동교로12안길 35
전화   02-365-5051
팩스   02-313-2729
전자우편   editor@hyeonamsa.com
홈페이지   www.hyeonamsa.com

ISBN 978-89-323-2171-4 03100